La France et l'islam

DU MÊME AUTEUR

Les Problèmes juridiques des minorités européennes du Maghreb, CNRS, 1968.

Algérie, Cultures et Révolution, Le Seuil, 1976.

L'Islamisme radical, Hachette, 1987.

Bruno Etienne

La France et l'islam

HACHETTE

Documents de couverture :
Février 1988, La prière à la Mosquée de Paris (© Sygma) ;
Rabat : 1896, réception à la Chambre du premier député français musulman.

Cet essai est dédié à

Marisa Almira

et à
Michel Alchech
Nacera Bouabdallah
Malika Chaafi
Jocelyne Cesari
Louis Fedi
Sophie Sahakian

qui m'ont appris que quelque part en Méditerranée
se croisaient
dans l'harmonie de ce site maternel
le Nord et le Sud
la tradition et la modernité
l'Orient et l'Occident...

AVERTISSEMENT

Cet ouvrage est la suite logique de *L'Islamisme radical,* paru en 1987, et plus particulièrement du chapitre IX : « L'Islam minoritaire », dans lequel j'abordais le problème de l'islam en France. Entre-temps j'ai été amené à témoigner devant la commission de réforme du code de la nationalité présidée par Marceau Long. Une expérience féconde à plus d'un titre, qui m'a encouragé à continuer mes recherches et par-dessus tout m'a convaincu de la nécessité et de la possibilité d'en communiquer les résultats à un plus large public.

Contrairement à d'autres (Stéphane Hessel et Robert Hannoun), le rapport de la commission des sages a été publié immédiatement et intégralement sous le titre significatif : *Être français aujourd'hui et demain,* et l'accueil qu'il a reçu démontre à l'envi combien la société civile est prête à assumer des discussions difficiles et une réflexion complexe que la classe politique n'encourage qu'avec réticence.

Par ailleurs, depuis la parution de *L'Islamisme radical,* de nombreux événements se sont produits en France (outre les élections de 1988 dont le thème principal portait sur l'altérité musulmane en France) qui m'ont amené, *volens nolens* après l'avoir suggéré, à participer à la constitution des « fédérations islamiques ». Je rompais de la sorte avec les conseils de Max Weber qui met en garde les professeurs contre la tentation du prophétisme, pour me retrouver acteur dans le système... J'ose espérer que cette expérience ne m'a pas fait perdre le sens critique ni fait renoncer au souci épistémologique. L'objet que je présente ici, même et surtout s'il fait appel à l'imaginaire comme variable déterminante, est un objet largement construit et objectivé. Gilles Kepel a publié les résultats de son enquête sur l'islam en France[1] ; moi-même et mon équipe avons largement balisé tout le champ islamique. Il est donc désormais possible de penser la question de l'islam en France en termes non sociologiques *stricto sensu* et de l'organiser autour de la problématique suivante : le débat sur les Beurs, le code de la nationalité, le terrorisme, bref sur l'islam, depuis la mort de Malek Oussekine[2] (que je considère comme un formidable tournant symbolique), en dit bien plus long sur la société française que sur l'islam lui-même. Cet essai prétend expliquer comment nous en sommes arrivés là et les conséquences de la nouvelle donne que constitue la *sédentarisation* des musulmans en France, alors que celle-ci est confrontée à l'Acte unique européen[3]. Rappelons-le, cet Acte prévoit de réaliser, d'ici le 31 décembre 1992, le marché intérieur c'est-à-dire un espace sans frontières dans lequel la libre circulation des personnes, des capitaux, des marchandises et des services sera assurée...

La sédentarisation de migrants de confession musulmane, et de leurs enfants devenus français, se traduit par l'apparition d'une minorité dans laquelle on peut distinguer au moins trois types différents d'individus : les musulmans français, les musulmans de France et les musulmans en France — distinctions établies en fonction de la durée et du degré d'insertion. Le statut juridique de ces trois catégories n'est en effet pas le même, puisque les législations sur les cultes, et sur les associations étrangères sont différentes. C'est dire que l'islam en France, l'islam de France et l'islam français, par-delà les phénomènes migratoires, sont devenus un problème franco-français[4].

1. G. Keppel, *Les Banlieues de l'islam,* Seuil, 1987.

2. Novembre-décembre 1986. Lors des manifestations contre la loi Devaquet, les Beurs se mobilisent non pas comme différents mais comme lycéens. Les brigades volantes de la préfecture de Police pourchassent les étudiants jusque dans les couloirs d'immeubles, faisant de nombreux blessés et un mort, M. Oussekine.

3. Adopté au sommet de Luxembourg en décembre 1985, entré en vigueur depuis le 1er janvier 1987, après ratification par chacun des Etats membres.

4. Il n'existe pas, en effet, de problème en soi. Un problème n'apparaît que lorsqu'il y a un construit social pour le traiter. Il ne fait pas plus l'objet d'un traitement politique parce qu'il se pose dans un domaine contrôlé par

Il faut donc poser une question liée à l'idéal républicain en cette année du bicentenaire de 89 : comment repenser la laïcité pour l'an 2000 en tenant compte de ces deux facteurs, l'Europe et l'islam, tout en essayant de clarifier quelques notions à la mode qui sont utilisées à tort et à travers par les journalistes et les hommes politiques telles que *communauté, identité,* ou *société civile* par exemple ?

Autrement dit, la patrie des Droits de l'Homme peut-elle donner une fois de plus au monde l'exemple d'une réflexion sur ses pratiques sociales et historiques ? La présence massive de l'altérité musulmane peut-elle nous aider à comprendre comment la Révolution, puis la République ont traité l'Autre et plus particulièrement les minorités culturelles et religieuses ? Voilà quelques-unes des interrogations sur lesquelles nous allons réfléchir et à partir desquelles nous essaierons de brosser les grands traits d'une politique, respectueuse de tous et de chacun, quelles que soient les communautés d'appartenance.

Personne ne peut sérieusement croire que les Beurs (commodité de langage plus que catégorie précise), surtout ceux qui réclament le droit à la ressemblance, menacent plus l'identité française (en supposant qu'elle soit clairement définissable) que l'Acte unique européen ou même que les programmes massivement importés de certaines chaînes de télévision. Les défenseurs de cette identité devraient, sur ce plan, rehausser la délation au rang de devoir patriotique, signaler, par exemple, à la CSA le nombre de feuilletons « étrangers » qui influencent notre jeunesse : un programme hebdomadaire moyen propose à nos enfants 700 à 800 crimes et actes de violences, une bonne vingtaine de viols, une centaine de braquages, des milliers de coups de feu, des centaines de dérapages automobiles, des monstres mécaniques d'une violence inouïe..., mais la morale est toujours sauve puisque ces chers petits n'entrevoient pas de sexe...

Nos patriotes devraient en même temps s'engager civiquement à

---

l'Etat ou le gouvernement. Il n'est posé que lorsque des acteurs sociaux se mobilisent stratégiquement pour cristalliser un état social appelant débat ou intervention publique : cet état devient problème parce qu'il est un construit idéologique.

ne pas utiliser de femmes de ménage, de « bonnes » lusitaniennes ou maghrébines (non déclarées bien entendu), à ne pas rouler en voiture japonaise ou allemande, etc., bref devraient produire ET consommer « français »... (hélas ! pour notre Solex national, il est désormais trop tard...). Les communistes et les nationalistes, fiers de leur magnifique ignorance des règles du marché et de la mondialisation de la marchandise, donc de la culture, se retrouveraient ainsi une fois de plus unis dans un même combat pour le plus grand bonheur des humoristes... Passe encore pour le fast-food que je laisse bien volontiers avec le « basic language » (casting, marketing, sponsoring... et même week-end), mais j'aime aussi la pizza, les spaghetti, la paëlla et le couscous (moins !), la cuisine chinoise plutôt viêtnamienne, les gâteaux arabes et pieds-noirs. De leur côté, les ministres s'engageraient à ne pas trop encourager les concerts de Madona ou de Michael Jackson tandis que les télévisions publiques ne se croiraient pas obligées de concurrencer les autres chaînes sur le registre du *Panem circensesque*..., et des feuilletons japonais ou américains en perpétuelle « rediffusion ». La France est un des rares pays à avoir un ministère de la Culture... est-il besoin de le rappeler ?

A travers l'analyse de l'islam en France, l'arsenal des sciences sociales nous permet de réunir un certain nombre de propositions pour répondre aux questions que pose l'altérité. Mais, dans le cadre de cet examen, je ferai le plus souvent appel à l'imaginaire[5] de la société et à la représentation[6] tant il est vrai que les données

5. J'appelle *imaginaire* l'ensemble des représentations dans une culture donnée et je suivrai pour utiliser ce concept quelques conseils de C. Castoriadis et de G. Durand. Par contre, je le distinguerai de « inconscient » que j'utiliserai, par exemple à propos de la guerre d'Algérie, au sens que lui donne Lacan : « chapitre censuré de mon histoire ».

Cornelius Castoriadis, *L'Institution imaginaire de la société,* Paris, Le Seuil, 1975. Le social-historique est une genèse ontologique, une création continuée, une auto-altération qui se fait être comme institution. Celle-ci comporte toujours un magma identitaire que constituent les significations sociales imaginaires...

Gilbert Durand, *Les Structures anthropologiques de l'imaginaire,* Paris, Dunod, 1969.

Jacques Lacan, *Ecrits (Fonction et champ de la parole et du langage en psychanalyse),* Paris, Le Seuil, 1966.

6. J'appelle *représentation,* selon la définition de Moscovici, le reflet d'une relation sujet-objet en tant que produit de l'activité mentale qui

scientifiques ne changent pas grand-chose au problème. Car les obstacles à l'exposition puis à la compréhension de cet ensemble de phénomènes ne sont pas simplement d'ordre épistémologique : le danger qui menace la compréhension tient plus à la rapidité de l'information qu'à la profondeur et à la difficulté de la connaissance. Même en faisant abstraction de l'hébétude médiatique, deux types de dangers nous guettent : le syndrome journalistique et la simplification abusive d'une part ; l'en-deux-motisme et le de-deux-choses-l'une d'autre part. Ou, si l'on préfère, le poujadisme du bon sens, qui apparaît à l'horizon des certitudes comme l'assassin de la vérité. Dans un texte admirable des *Mythologies,* Barthes avait expliqué, bien avant le phénomène Le Pen, cette caractéristique française : le réel-petit-bourgeois implique le refus de l'altérité, la négation du différent, le bonheur de l'identité et l'exaltation du semblable en instaurant le bon sens comme philosophie générale de l'humanité, tout en posant la culture comme maladie...

Après les erreurs commises par l'humanisme d'une gauche peccamineuse qui avait oublié que l'enfer est pavé de bonnes intentions et qu'une société ne se réforme pas par décret, il est temps de s'arrêter un instant pour (se) poser quelques questions :

Quelle quantité d'altérité une société moderne peut-elle supporter sans l'absorber ni perdre son identité ?

Qu'est-ce que l'identité nationale ?

Le phénomène Le Pen n'est-il qu'un épiphénomène ? Que signifie-t-il ? Est-il à la fois la résurgence d'une droite populiste (populaire et autoritaire), depuis Badinguet et Boulanger jusqu'à Poujade et Le Pen, ou bien la reconstitution d'un potentiel électoral d'extrême droite, ou simplement la demande sociale de fonction tribunicienne ?

Pour répondre à ce faisceau de questions, qui sont en amont de celles que je pose, il faut suivre le conseil de Taguieff[7] : suspendre

---

constitue un « univers d'opinions » et de croyances organisées autour d'une signification centrale par rapport à cet objet. Ici l'Autre. Il s'agit donc d'une référence idéologique collective (in-)consciente qui sert de base à l'adoption d'attitudes par l'individu acteur social ; celui-ci est prêt à répondre d'une certaine manière à une certaine stimulation. Serge Moscovici, *La Psychanalyse, son image et son public,* Paris, 1961, PUF, « Bibliothèque de la psychanalyse ».

7. Pierre-André Taguieff, *La Force du préjugé. Essai sur le racisme et ses doubles,* Paris, La Découverte, 1988.

enfin l'obligation d'agir à tout prix, fût-ce avec précipitation, pourvu qu'on agisse. « Agir ! Agir ! C'est l'appel qui retentit de bien des côtés ; mais ceux qui le lancent avec le plus de force sont précisément ceux chez qui le savoir est le moins avancé », écrivait déjà, en 1802, Friedrich W. J. Schelling dans ses *Leçons sur la méthode des études académiques.*

C'est pourquoi cet essai comporte une partie plus positiviste, aboutissement d'un travail de plusieurs années, et *in fine* des propositions précises qui pourraient laisser croire que je passe de la science au politique dans la confusion des genres. Si je me suis résolu à cette audace, ce n'est pas en tant que simple citoyen, mais plutôt en réponse à l'accusation trop souvent renouvelée selon laquelle les universitaires ne daigneraient pas sortir de leur tour d'ivoire. Il n'était pas question, étant donné l'actualité du sujet, de présenter à un public plus large que celui des cénacles universitaires, un travail sophistiqué répondant à tous les canons d'une méthodologie d'ailleurs contestée. J'ai donc fait disparaître la trame, les échafaudages et les arcanes au profit des résultats les plus apparents. Et qu'importe si ma réputation scientifique y perd, du moment que le lecteur-citoyen y gagne ! J'aurai alors réalisé, à mes risques et périls, un vieux rêve : la sociologie éclairant le Souverain..., l'aidant à agir en connaissance de cause et non irrationnellement.

Prolégomènes impressionnistes

Quinze août 1988 : fin de l'année mariale. Les journaux rappellent le serment de Louis XIII qui consacra la France à la Vierge Marie. *Le Figaro* lui consacre ses éditoriaux et Jean Guitton un article de réflexion. Les pèlerins affluent à Lourdes ; à Paris deux processions concurrentes, traditionaliste et moderniste, se disputent les brevets de mariolâtrie après l'affaire de Mgr Lefevbre (excommunié en ce même été) qui n'intéresse pas grand-monde. La France ne serait-elle plus la fille aînée de l'Eglise catholique ? Tandis que nous vient d'Amérique le parfum d'un scandale hollywoodien à propos d'un énième film sur la vie du Christ (*La Dernière tentation du Christ* de Martin Scorcese), qui balaiera comme vent d'automne la rentrée 88 du cru « ouverture/société civile » d'une gauche cherchant désespérément à sortir d'elle-même et de son passé.

Prémices d'une année 89 fertile en versets sataniques qui allaient raviver les antagonismes.

Pour ma part, j'assiste à trois corridas à Bayonne pendant cette fin de semaine tandis que *Témoignage chrétien* publie les propos ulcérés du président de la Fédération protestante de France : « On a dit que cette consécration de la France à Marie [confirmée par le pape Pie XII qui fit de l'Assomption un dogme] correspondait à l'attente de tout un peuple... de quel peuple s'agit-il ?... S'il s'agit du peuple français, je fais remarquer que la France de 1638 n'était pas entièrement catholique ; les protestants étaient présents dans l'hexagone et je regrette qu'on commémore cette consécration à Marie, en oubliant que cinquante ans plus tard, on imposait par la force une seule religion, la religion catholique, en révoquant l'édit de Nantes... La France pluriculturelle et plurireligieuse de 1988 ne peut se réduire à la France catholique. »

Voilà un débat qui tombe fort à propos, au moment où je m'interroge sur cette réflexion au cœur de mon essai : comment l'Etat peut-il gérer le cultuel autre que catholique ?

Août 1988 toujours. Dans le petit village des Pyrénées où j'achève mes vacances, je pense à la Saint-Barthélemy (24 août 1572) en écoutant l'angélus : j'aime cette harmonie vespérale alors que la brume monte lentement de la vallée où tant de pèlerins passaient autrefois pour aller à Compostelle. Saint-Bertrand-de-Comminges dresse sa masse sublime comme un signe de piste. J'imagine le roi de Navarre, futur Henri IV, se promenant peut-être par là, en voisin, en cette année 1572, oubliée, enfouie dans nos mémoires et qui marquera pourtant une date essentielle dans notre histoire de France. Non pas tant pour les quelque douze mille morts (en six semaines), que pour l'édit de Nantes qui allait poser les jalons de notre conception d'un Etat neutre en matière religieuse. Cet angélus me rappelle chaque fois l'histoire que me conta un jour l'un de mes amis. Son vieux père, qui a choisi de finir ses jours en Israël, était venu en France, comme beaucoup, après avoir fui la Pologne. Tailleur, homme des Lumières presque « communiste », le « type-idéal » décrit par Jacob Katz[8] — il aimait bien les cloches, lui aussi... Enfin, il avait philosophé en tirant l'aiguille : « Quand les cloches sonnaient, le dimanche, là-bas, chez nous, nous fermions portes et volets car elles annonçaient souvent un malheur ; il y avait

8. Jacob Katz, *Hors du ghetto,* Hachette, 1984.

bien toujours un Polonais catholique plein de vodka prêt à se faire un juif après la messe... Mais c'était il y a longtemps dans mon Stettin... Aujourd'hui, à Paris, j'aime bien le son des cloches... »

J'essaie d'imaginer qu'un jour un vieux pied-noir racontera la même histoire à ses petits-enfants et concluera avec cet air nostalgique de ceux qui ont tout perdu : « C'était beau le chant du " muezzin ", dans mon petit village du Sahel... » Moi aussi, j'aime l'appel du muezzin, au Caire ou à Laghouat, un peu moins lorsque la sono ressemble à celle de Johnny Halliday et que le disque me jette à bas de mon lit à 3 heures du matin... Dieu n'est pas sourd, que je sache !

En fait, le problème est peut-être que les Français n'ont pas la sagesse millénaire de M. Elbaum ou de M. Tzitrone et ne veulent oublier ni la Saint-Barthélemy ni l'Algérie parce qu'ils ont au fond d'eux-mêmes intérêt à la part maudite de leur histoire : il y a là une énigme que j'aimerais bien résoudre avant de m'en aller vers mon Orient à moi... l'Orient éternel.

INTRODUCTION

LA FRANCE, L'EUROPE ET L'ISLAM

I

La France césaro-papiste

Deux affirmations me paraissent essentielles, notamment parce qu'elles débouchent sur la question générale qui nous préoccupe aujourd'hui :

Premièrement la France républicaine, ancienne puissance musulmane, redevient une puissance musulmane ; deuxièmement l'histoire des relations de la France avec l'islam depuis François Ier est constitutive de l'imaginaire français.

En d'autres termes, il s'agit de savoir comment penser une laïcité pour l'an 2000 à partir de ces deux variables et comment accorder l'application de l'Acte unique européen en 1992 avec la présence massive de musulmans en Europe et de musulmans français. Cette nouvelle situation a déjà soulevé des passions, provoqué des débats et fait l'objet de polémiques, y compris électorales.

Il est clair que la société française en vient à se poser des questions qu'elle occultait jusque-là, sans doute à cause du traumatisme produit par la guerre d'Algérie et des séquelles qui s'ensuivirent. Comme il apparaît à l'évidence que la plupart des réponses à ces questions se trouvent dans la société française elle-même et non dans le seul problème de l'altérité, en l'occurrence le musulman présent en Europe. Certes, l'Autre est différent, du moins en apparence. L'islam *minoritaire et transplanté* pose problème à la société d'accueil ou plutôt de résidence (la France et l'Europe), aux sociétés d'origine qui acceptent difficilement de perdre leurs enfants[1] et aux acteurs sociaux eux-mêmes, en groupe ou indivi-

1. Le roi du Maroc vient de rappeler sa position, qui demeure constante : il n'est pas question que ses sujets participent à la vie politique de leur lieu de résidence.

duellement. Il y a là un coût psychologique, économique et social qu'il faudra bien payer et le mieux, à mon sens, est de savoir ce qui nous attend...

En fait, le premier problème est constitué par la tradition française en matière de revendications du droit à la différence culturelle et cultuelle. L'Etat-Nation, Etat de droit, et l'idéologie républicaine, jacobine et césaro-papiste, héritière de la monarchie, empêchent toute lecture de la différence en termes de sciences sociales et favorise du coup le pathos et les fantasmes. Il est utile à la fois de comprendre comment cela est arrivé historiquement puis de comparer avec d'autres situations, par exemple celle de l'Amérique du Nord où Tocqueville avait perçu avant tout le monde que la démocratie passait par la vie associative. Apparemment, la vie culturelle française est elle aussi liée au phénomène associatif. Mais il n'en est rien ; le prouvent à la fois le vocabulaire trivial qui utilise le mot « communauté » (non pas au sens weberien de *Gemeinschaft,* ni par référence à la solidarité mécanique de Durkheim ou de *vereine/anstalt,* institution installée), et la pratique juridique française qui gère le culturel et le cultuel par des lois associatives (1901 et 1905). Cette distinction introduit des logiques et des légitimités différentes qu'il faut expliciter.

Dans l'histoire de France, il est possible de distinguer la vie culturelle de la vie cultuelle grâce au lent processus qui aboutit à leur séparation. Le problème s'est compliqué avec l'effondrement de l'Empire colonial et par le croisement de trois phénomènes :

— L'arrivée massive d'ex-colonisés et d'ex-colonisateurs qui a modifié l'unité culturelle, chèrement conquise par la monarchie puis confirmée et parachevée par la IIIe République.

— Avec les progrès de l'ethnologie, l'apparition du relativisme culturel.

— La présence de micro-mémoires et de minorités qui n'avaient pas de créneaux de revendications légitimes jusqu'à Mai 68.

Le débat sur les méfaits respectifs de l'européocentrisme et du relativisme culturel a rebondi de façon inattendue avec le livre d'Alain Finkielkraut[2] qui assimile, un peu vite à mon goût, des penseurs comme Jacques Berque et Claude Lévi-Strauss à Alain de

2. *La Défaite de la pensée,* Gallimard, 1987. Cet ouvrage a été très largement diffusé et discuté comme un tournant de la pensée critique du sanglot de l'homme blanc.

Benoist... Il ne me semble pas, en effet, que le risque soit bien grand aujourd'hui de voir disparaître l'hégémonie occidentale à cause d'une hypothétique menace zoulou... Il n'est que d'examiner sérieusement les manuels scolaires. Par exemple, le *Bulletin officiel de l'Education nationale* du 28 juin 1984 suggère aux instituteurs d'insister sur l'homme de Cro-Magnon plus que sur Lucy l'Africaine, sur l'ancienneté de l'Etat-Nation français ou sur le fait qu' « après Poitiers », les Arabes ne reviendront plus au nord des Pyrénées..., dernière affirmation doublement fausse puisque le Sud-Ouest demeure largement musulman jusqu'au XIIe siècle au moins, et que les « Arabes » sont généralement des Berbères ou des hispano-mauresques voire des Catalans, des Majorquins ou même des Basques. Les vieilles chroniques les nomment le plus souvent Sarrasins, du bas latin « *sarracinus* », mot tiré de l'arabe *Charraqiyin,* les gens venus de l'est, alors qu'ils venaient de l'ouest, d'Espagne, surtout des Baléares et au mieux de Sicile...

Il est opportun de rappeler qu'*aucun manuel ne rapporte le fait que la France a largement intégré cette première vague islamique.* Du VIIIe aux alentours du XIVe siècle — pour certaines vallées de l'Ariège par exemple — le Sud-Ouest, l'Aquitaine et une partie du Sud-Est de la France ainsi que quelques villages des Alpes et du couloir rhodanien, sont non seulement en relations constantes avec l'islam espagnol, et pas toujours en termes conflictuels, mais encore de fortes minorités musulmanes vivent et survivront longtemps après la croisade des Albigeois et la « Reconquête » catastrophique de saint Dominique.

La mémoire du Sud n'est pas du tout celle du Nord — catholique et pré-centralisateur. J'en veux pour preuve les noms de personnes et de lieux : Rochemaure, Castelsarrazin mais aussi Albaladejo, André Cayatte né à Carcassone, Eric Frej chanteur occitan né à Foix ou encore Lascar, Lascaris..., la centaine de mots arabes qui est entrée dans la langue française (alcool, algèbre, chiffre, élixir, logarithme, safran, soufre, magasin, coupole, coton, riz, sans oublier alchimie et alambic, etc.), et le fait que nous utilisons les chiffres arabes. Ce qui n'empêche pas Michelet d'écrire sans vergogne à propos des Occitans et Languedociens : « Les mangeurs d'aïl, d'huile et de figues, rappelaient aux croisés l'impureté du sang moresque et juif et le Languedoc leur semblait une autre Judée[3]. »

3. *Histoire de France,* p. 528.

Par ailleurs une étude, même rapide, des manuels scolaires du second cycle, démontre aussi que les choses ont changé : nous n'en sommes plus tout à fait à Lavisse ni au Malet-Isaac, chantre de notre grandeur coloniale. Mais les temps de l'équidistance entre les cultures ne sont pas pour autant encore venus... Ainsi les collégiens apprennent-ils que l'islam est la réponse que Mahomet (*sic*) a trouvée « à l'idéal guerrier inhérent au genre de vie des Bédouins[4] » et qu'il a traduite dans le Jihad... Et si quelquefois le rôle de transmission de la pensée grecque par les Arabes et l'Andalousie est évoqué, le plus souvent les croisades, réduites à leur expression religieuse, font appel à un imaginaire produisant confusion et amalgame dans lesquels se retrouvent pêle-mêle, en dehors de toute chronologie, la guerre d'Algérie, le Liban et le terrorisme iranien. Pourtant Fernand Braudel, par-delà ses travaux sophistiqués sur la Méditerranée, avait écrit déjà en 1955 une *Grammaire des civilisations* à l'usage des classes terminales... Ajoutons que certains textes récents (circulaire du 5 février 1987) suppriment l'étude des civilisations non européennes dans les cours d'histoire de seconde, peut-être parce que beaucoup d'enseignants ne les abordaient pas... Enfin, comment une société qui a eu un empire colonial gigantesque couvrant pendant un siècle une partie du monde arabe et musulman, enseigne-t-elle si peu la décolonisation et la langue arabe[4] ? Cette façon de ne pas apprendre l'Histoire des France-s est caractéristique du processus de socialisation et d'intégration nationale qu'a imposé la République avec l'accord et la participation de la plupart des acteurs sociaux. Une complicité qui a produit des effets très précis sur deux plans : éradication des cultures périphériques et traitement tout à fait original des différences culturelles.

Dans la France actuelle, des revendications culturelles de droit à la différence se font jour sur plusieurs plans. Aux cultures régionales se sont en effet surajoutées plusieurs variétés *culturalo-folkloriques*.

4. La réflexion sur ce type de problème a fait l'objet de communications, malheureusement méconnues (ce qui est un signe) au colloque de... Stuttgart en août 1985, par exemple de H. Moniot : « Société et civilisations non occidentales dans l'enseignement de l'Histoire en France. » Mais aussi les interventions et analyses de mes collègues aixois J.-C. Garcin et D. Grill aux Agoras méditerranéennes dans *Historiens et géographes*, mars 1986 ; cf. également l'ouvrage de S. Citron, *Le Mythe national*, Éd. Ouvrières/EDI, 1987.

La culture pied-noir par exemple, qui englobe la sous-culture pied-noir proprement dite (cuisine, folklore, bribes de littérature orale), comprend l'espagnole, une partie de la juive et l'italo-maltaise ; mais aussi une culture plus judéo-arabe, hébraïque, sépharade par opposition à la culture yiddish.

Les minorités du Sud-Est asiatique produisent également des phénomènes culturels comparables bien que très différents (cuisine, langues et religions plus sophistiquées, arts martiaux). Il en va de même pour les Turcs, les Arméniens, les Antillais, les Haïtiens, etc., dont il est légitime d'étudier la culture, parce qu'elle est exotique !

Mais la véritable coupure entre les cultures et l'Etat ne concerne pas seulement les minorités extérieures : elle passe par les minorités culturelles territoriales (Basques, Corses, Bretons) installées dans l'ancienne France, et par les minorités non territorialisées (Juifs, Gitans, Tziganes). Auxquelles il faut encore ajouter la constitution de micro-mémoires (pied-noir, juive, kabyle, arabo-musulmane, arménienne, tzigane ou/et gitane) issues de populations implantées, qui gardent des liens avec leur culture d'origine (liens familiaux ou étatiques dans le cas d'Israël et des Etats maghrébins).

D'où la question : comment peut-on être citoyen d'un Etat de droit *et* solidaire de sa fratrie, de son groupe exclusif ?

Pour la France, la réponse est simple : seule compte la solidarité nationale qui fait de tout national un citoyen partageant la même culture politique...

Notre histoire est pourtant celle d'une lente destruction des solidarités primordiales et de leur difficile transfert à l'échelon national — sans que personne d'ailleurs dise clairement en quoi consiste cette identité[5] nationale sinon en son creux négatif : ce n'est pas la communauté de base, le système paroissial, ni le patois... Il faut comprendre en effet que la logique et la légitimité se

5. « Identité » ne me paraît pas un concept clair en soi, même si on l'affuble d'un adjectif qualificatif. C'est pourquoi je lui consacrerai une section dans un chapitre *infra*. G. Devereux, *Ethnopsychanalyse complémentariste*, Flammarion, « Champs », 1985, que j'utiliserai beaucoup, cite un cas limite (p. 172) : « Je crois comprendre que selon les Sabras d'Israël, il y a une " bonne " et une " mauvaise " personnalité ethnique juive (type : Sabra versus Juif du ghetto). Une estimation inverse est attribuée à ce modèle par les juifs hassidiques d'Israël. Donc A n'égale jamais A. »

croisent dans l'Etat jacobin : la logique[6] étant la détermination des règles qui assurent la légitimité d'un phénomène ou d'une connaissance[7]. Est donc logique ce qui est conforme aux principes rationnels c'est-à-dire aux règles de la logique formelle. Autrement dit la logique de l'Etat jacobin centralisateur est interne à lui-même en ce qu'il produit un ensemble de propositions cohérentes. Or sa doxa inconsciente, indiscutée, son orthodoxie, est enracinée dans le césaro-papisme, mélange de centralisme et de magistère institutionnalisé par la collusion du pouvoir politique et de la hiérarchie catholique. Le pouvoir civil qui entend régenter les affaires religieuses, subit cependant son influence dans l'immense domaine qui touche à la moralité publique.

La première proposition cohérente produite par l'Etat de droit, caractéristique de l'Etat jacobin césaro-papiste, est qu'il gère la culture différente, minoritaire ou régionale, dans le cadre de sa folklorisation ; il la rend ainsi blême et inoffensive, par le biais d'associations folkloriques, légitimées par la reconnaissance légale.

Mais le projet de fond reste toujours la disparition de la différence par l'assimilation à la culture légitime, qui est évidemment celle du centre. Le cultuel (*cujus regio, ejus religio :* on a la religion de son roi[8]) est régi par le même principe légalo-logique mais sur le modèle unique d'une église institutionnalisée dont le paradigme est l'Eglise catholique. Il est aisé de comprendre à partir de cette définition pourquoi l'Etat monarchique puis la République ont eu tant de problèmes pour unifier la France.

Le terme de légitimité, lui, évoque essentiellement le fondement du pouvoir et les justifications de l'obéissance ; il peut donc paraître paradoxal de l'appliquer à des revendications culturelles qui, dans le

6. En revanche, la logique jacobine seule attribue la légitimité aux revendications culturelles et cultuelles, au moins depuis François Ier (à cause de l'édit de Villers-Cotterêt qui imposa en 1539 la langue *françoise* pour la rédaction des actes et des relations avec le pouvoir central).

7. La logique aristotélicienne est une discipline normative qui a pour objet de déterminer les conditions formelles de toute pensée valide alors que la logique moderne est plutôt un système hypothético-déductif ayant pour base une axiomatique. L.-M. Morfaux, *Vocabulaire de la philosophie et des sciences humaines,* A. Colin, 1980, p. 197.

8. Puisqu'il s'agit de l'islam, il est amusant de rappeler que ce principe existe aussi. Par exemple, un dicton marocain affirme que l'on a la religion de son roi : « *Al-Nas 'ala Al-Din Mulukihim.* »

cadre que je viens de définir, ne peuvent être qu'illégitimes ou du moins suspectes. En effet, les revendications culturelles ne sont reconnues comme telles que dans un rapport de force, dont l'histoire de France donne de nombreux exemples dramatiques à travers la lente séquence d'éradication des cultures périphériques aboutissant à l'interdit de l'usage des patois à l'école.

Il faut attendre mai 1981 pour que plusieurs décisions législatives renversent ce courant : jusque-là, la politique traditionnelle de l'Etat-de-droit jacobin-centralisateur-césaro-papiste avait brisé les particularismes locaux — le réveil des vertus paysannes sous Vichy était apparu antirépublicain autant qu'illégitime... même si ce bon Giono s'y laissa pourtant prendre, ce qui nous valut un beau roman comme *Regain*. Les nostalgiques du passé se mêlant toujours aux militants des pouvoirs régionaux, nous avons assisté à de mémorables batailles en Corse et à Montpellier... parce que, comme l'affirme si justement notre hymne « régional » : « *D'oun viel poble fier e libro sian besaï la finissioun.* » Nous sommes bien la fin d'un vieux peuple, qui n'est plus ni libre et qui n'a pas toujours été fier...

Tout est consommé, en effet, les nouvelles politiques culturelles produisant le parachèvement du changement... Le premier signe est venu en 1988 avec la reconnaissance par l'Assemblée de Corse de l' « identité corse » : s'ouvre désormais une période de retribalisation et de reconstitution d'un système « parochial » au moment même où l'Europe se met en place. La France est donc « attaquée » par le bas et par le haut.

Les cultures ou le Kulturkampf[9] *?*

La France est un des rares pays au monde à posséder un grand ministère qui gère la culture « nationale » et ses cultures périphériques. Sans reprendre ici l'ensemble du débat sur la constitution de la Nation, il n'est pas sans intérêt de resituer le mythe de cette Nation[10] incréée, transhistorique et presque transcendante qui se nomme la France : « La Nation est cet être permanent qui existe

9. Le phénomène est à la fois comparable et fort différent en Allemagne et en Italie ; que l'on songe à Manzoni et Verdi par exemple.
10. S. Citron, *Le Mythe national, op. cit.*

avant tout, est à l'origine de tout », proclamait l'abbé Sieyès (*Qu'est-ce que le Tiers Etat?*), avant que Renan et Barrès ne se préoccupassent d'en donner une définition que confirma Staline... bien qu'elle ressemblât furieusement à celle donnée par Fustel de Coulanges...

Nul n'ignore que la France « révolutionnaire » a exporté l'idée selon laquelle les frontières d'un Etat correspondent à celles de la Nation, d'une culture et d'une langue. Elle établissait ainsi la superposition automatique de la citoyenneté, de la nationalité et de l'identité culturelle, qui fait problème aujourd'hui. C'est en effet par l'unification linguistique que depuis l'édit de Villers-Cotterêt s'est organisée l'hégémonie. Domination qui permit parallèlement l'émergence d'un Etat — entité institutionnelle distincte de la société civile et périphérique [11]. Il y a donc une logique de l'Etat de droit qui n'est pas une évidence, ni pour le citoyen ni pour certains marxistes (par exemple les Austro-Hongrois [12]), ni pour les régionalistes [13], ni pour les Etats soi-disant biculturels comme le Canada [14].

Selon la même logique, la gauche du XIXe et en partie celle du XXe siècle postulèrent que la problématique de l'égalité devait aboutir à l'uniformisation des citoyens par l'inculcation d'un langage commun. La gauche du début du XXe, en tout cas, celle qui fit la République des Jules à travers l'école et le Malet-Isaac, croyait l'égalité fondée sur l'identique (mythique de A = A), sur la légalité puisque, tout citoyen sachant lire et écrire grâce à la scolarisation

11. Quelle confusion dans le faux débat sur la *société civile* pendant la campagne électorale de 1988. Heureusement les politologues (Dominique Colas dans *Libération* du 16 juillet 1988 et Paul Thibault dans le numéro du 20 juillet, puis Jacques Chevallier dans celui du 24 août, enfin Alain Touraine, le 30) rappelèrent quelques définitions et enjeux, mais le mot n'est pas encore passé de mode... ce qui me renvoya une fois de plus à un vieux maître sous-estimé de la sociologie française qui réfléchissait déjà au début du siècle sur la cohésion sociale et la division de la sociologie dans un article puissant : Marcel Mauss, « Nation, nationalité, autres nationalismes... » *Œuvres,* t. 3, Ed. Minuit, 1969, pp. 571-625.

12. Otto Strasser, Anton Pannekoek, *Nation et lutte des classes,* traduit par Claude Weill, coll. 10/18.

13. Marc Maugue, *Contre l'Etat Nation,* « Regards sur le monde », Denoël, 1979.

14. J. Mascotto et P.-Y. Soucy, *Sociologie politique de la question nationale,* Editions coopératives Albert Saint-Martin, Montréal, Québec, 1979.

(école laïque, gratuite et obligatoire), nul ne saurait ignorer la loi. De Durkheim à Gramsci, les théoriciens ont compris que la langue était le vecteur de la cosmogonie, des valeurs centrales de cohésion qui unifient les nations des Etats vainqueurs de leurs particularismes locaux. Mancini, Verdi, Garibaldi et Fichte pensaient de même pour l'Italie et l'Allemagne, venues au nationalisme longtemps après la France.

Seuls les régionalistes sont lucides mais guère efficaces sur ce génocide culturel qui serait qualifié d'ethnocide s'il s'était produit ailleurs... A ceux (encore jacobins) qui trouveraient excessif le mot ethnocide, je peux proposer la formule célèbre de Lévy-Bruhl, ethnographe peu susceptible de relativisme : « Lorsque le folklore apparaît, c'est que les traditions sont mortes. » Or, l'Etat jacobin ne supporte que le folklore. Il gère donc les différences dans un registre folklorisé par le biais de ces *associations* que nous appelons en Provence *de maintenance.* Cette politique a produit en France, entre autres dégâts, les plus mauvaises chansons et « danses folkloriques » que le monde connaisse, comme on peut en juger lors des rencontres internationales... Heureusement il nous reste quelques Antillais pour y représenter la France.

Mais plutôt que de pleurer sur mes aïeux provençaux (qui d'ailleurs étaient « jacobins » et croyaient à l'ascension sociale par l'école !), je voudrais illustrer mon propos par un cas fort mal analysé de « folklorisation légale » : celui de la corrida dans le Sud de la France.

Pourquoi la corrida dans un essai sur l'islam ? Par-delà les raisons que je vais exposer, y compris parce que le Sud de la France a été longtemps « islamisé » sinon musulman, y compris parce que le Ruedo, cercle magique de l'arène, est orienté comme une mosquée et que les « olé » viennent du « W-Allah » de l'Espagne musulmane ; surtout parce que la corrida fait partie de ma culture spécifique[15] en tant que méditerranéen : « *La Méditerranée (ou plutôt son doublet imaginaire : la Méditerranéité) est le système global des lieux de la mémoire humaniste et de l'* « *antique* »*, où se combinent la lucidité gréco-latine, la révélation judéo-chrétienne et la dimension initiatique et hermétique de l'Egypte*[16]. »

15. Cf. mon article sur ce sujet : « Ecritures saintes, désert, monothéismes et imaginaire », *Le Maghreb dans l'imaginaire français, la colonie, le désert et l'exil,* Aix, Edisud et ROMM, 1985.
16. M. Beaujour, *Miroirs d'encre,* Le Seuil, 1980, p. 137.

Je voudrais évoquer brièvement la corrida parce que j'admire la *Minautauromachie* de Picasso, notamment à travers la lecture de Michel Leiris ; et parce que sur le point du relativisme culturel, je m'inscris en faux contre les thèses qui renvoient la faute sur l'Unesco, ou Levi-Strauss [17]... Je ne pense pas que l'Assomption, le Yom Kippour, ou l'Aïd al-Kebir, soient plus ou moins « importants » pour la survie de l'humanité que la Feria, la fête du Toro. Cris, hurlements, lamentations de Jéricho, j'entends tous ceux qui protestent. Que ceux-là se souviennent de la Saint-Barthélemy, de la guerre du Kippour/Ramadan (*sic !*), de l'Amérique latine décrite par le dominicain Las Casas, de la guerre des Boers, de l'Irlande, sans oublier le Pakistan, l'Iran, etc., bref, de tous les hommes massacrés depuis des siècles au nom des trois religions monothéistes, et les morts dus au football, ce moderne « opium du peuple » — version décadente du *Panem circensesque.*

Que les monothéistes nous laissent participer au culte du Toro : il n'a jamais tué que quelques hommes... Le « matador » n'est pas un matamore... un tueur de Maures, mot d'origine espagnole qui apparaît dans la langue française au XVIe siècle en même temps qu'algarade, mot d'origine arabe...

J'appartiens en effet à cette petite tribu semi-nomade qui commence, lentement, son pèlerinage annuel vers Pâques en Arles puis à Nîmes, qui file en juin à Vic-Fezensac pour atteindre Mont-de-Marsan en juillet ; qui se retrouve entre Bayonne et Dax en août avant de se regrouper à Bilbao et ensuite, repassant par Bayonne, finit à la corrida des vendanges en Arles. Une tribu qui a la « passion de l'appartenance » (*aficion*), qui comprend des avocats, des médecins, des universitaires, des écrivains, possède son langage, ses rituels, ses lieux (toujours les mêmes places « *ombre e sol* » dans chaque arène comme à l'église), ses polémiques, ses scandales, ses

17. Il va sans dire que je préfère les réflexions fécondes de Steiner et sa thèse sur le monothéisme. G. Steiner, *Dans le château de Barbe-Bleue. Notes pour une redéfinition de la culture,* Paris, Gallimard, « Folio-Essais », 1986. Ses formulations sont terribles : la Révélation est qualifiée de « brutale » et le credo « sans appel du Sinaï... une exaction... démesurée et implacable... » ; quant à Dieu il est qualifié d' « insupportable et lancinante Absence... » ; la blessure ne s'est jamais cicatrisée... et la cause de l'Holocauste (p. 52) dans ce désir de l'Occident de tuer le juif qui a inventé ce Dieu-là...

Comment ne pas préférer la corrida ?

controverses interminables sur ses dieux (*hombres* ou fauves)... bref, sa culture. Elle côtoie sans s'y mêler des tribus semblables, certaines plus ancrées dans le Sud-Est ou le Sud-Ouest, d'autres plus centrées sur l'Andalousie, d'autres enfin tournées vers le Pays basque. Toutes ont l'*aficion* chevillée au corps... sans exogamie mais sans exclusives territoriales. L'arène est un lieu sacré qui ordonne le monde et le matador est le seul prêtre qui joue sa vie dans le sacrifice [18]...

La diffusion de corridas par la chaîne de TV Canal + depuis plusieurs étés a soulevé une polémique virulente sur l'illégalité de la corrida. Plus exactement sur une question plus profonde : le débat est-il honteusement « folklorique » ou bien le vecteur d'un enjeu plus important entre culture régionale et unification culturelle ? Par exemple l'autre puissante culture de cette partie du Sud de la France — « l'archipel Aquitaine » — est le rugby. L'Agenois Michel Serres le définit comme un « art miraculeux d'être ensemble ». Mais cette culture comprend aussi la chasse à la palombe qui, elle, fait l'objet de violentes contestations : comment dissocier ce que les peuples ont uni ? Peut-on découper une culture en tranches dont certaines seraient « bonnes » et d'autres « mauvaises » ? Selon quels critères ? Ceux émis dans les bistrots de la rive gauche ?

La vraie question porte donc sur le conflit entre l'Etat unificateur et les résidus de culture résistante. Il s'agit alors d'un conflit de légitimités puisque l'Etat ne peut légitimer ses pratiques que par l'intérêt général. Existe-t-il un non-dit orthodoxe sur la culture folklorique noble, respectable, ou devons-nous moraliser les « mauvaises » cultures ravalées au rang de sous-cultures... réservées aux barbares et autres sous-humanités ?

Enfin, comment éviter le processus inverse : le glissement du cultuel au culturel qui a transformé Noël en agapes profanes et le Ramadan en période de « bamboula » alors qu'il est un temps d'ascèse ?

La réponse est dans les textes de l'Etat de droit et dans la pratique. Certes, la revendication de l'*aficion,* le droit à la corrida, est culturellement et moralement illégitime au même titre que les

18. Comme j'évoquerai l'Holocauste, Malek Oussekine et l'altérité, je dois signaler une source puissante : P. Solié, *Le Sacrifice fondateur de civilisation et d'individuation,* Paris, Albin Michel, « Sciences et symboles », 1988.

combats de coqs (résidus coloniaux), la chasse (tradition républicaine) ou la boxe ou l'excision ? mais pas la circoncision. Or, la corrida est culturellement légitime parce qu'elle est... légalement équivoque ! En effet, les corridas sont *légales* en France « dans les villes de tradition ininterrompue » et ce, depuis 1850 [19].

Un fait nouveau est cependant intervenu : l'entrée de l'Espagne dans la CEE. L'affaire réglée, aussitôt ladite CEE s'est empressée, au nom de l'harmonisation des législations et de la morale démocratique, de réclamer qu'il soit mis un terme aux combats de taureaux... Le monde taurin avec ses *aficionados,* ses clubs, ses revues spécialisées, ses petites tribus comme la mienne, tente, en s'adossant à la légitimité étrangère « tras los montes », de résister à l'Etat jacobin, qui laisse assassiner en toute impunité les Malek Oussekine [20] ou immole à son gré divers boucs émissaires — sorciers et hérétiques sous la monarchie, étrangers sous la République — et qui, dans le même mouvement, fait mine de s'apitoyer sur la mort d'un taureau et exigerait que cessent de tels rites. Autrement dit, la revendication du maintien des corridas est illégitime car elle est la dernière transgression culturelle et cultuelle [21] d'un monde barbare... D'autant que la pratique tauromachique est enracinée dans un Etat étranger, dans une culture allogène et dans des mythes préchrétiens et anticatholiques, l'Eglise excommuniant tout participant à une corrida...

Voilà la clé du problème : une minorité qui peut mobiliser à son profit un Etat étranger est dangereuse pour l'Etat jacobin... Nous la retrouverons plus loin à propos des protestants, des juifs, des musulmans.

19. Depuis la loi Grammont concernant la cruauté du traitement des animaux domestiques et depuis la loi du 24 avril 1851 qui précise que ladite loi Grammont ne s'applique pas aux courses de taureaux attestées par une tradition. Cette loi fait l'objet chaque année d'interprétations contraires lorsque, s'appuyant sur l'article 453 du Code pénal, des associations portent plainte pour sévices et actes de cruauté envers les animaux. Et les tribunaux de répondre invariablement depuis bientôt cent ans que les « toros » ne sont pas des animaux domestiques, contrairement à un arrêt de la Cour de cassation du 16 février 1895.

20. Pour ses catharsis. Et toujours la *sorcière basque* comme le montre si bien Michelet dans un ouvrage qui sent un peu le soufre il est vrai...

21. Sans référer à Mithra, la corrida constitue un rituel.

Mais justement, qu'est-ce qu'une « minorité » ? Les dictionnaires français et anglais donnent tous une définition surprenante. Le Robert affirme qu'il s'agit « d'une collectivité de race, de langue ou de religion caractérisée par un vouloir-vivre collectif, englobé dans la population majoritaire d'un Etat dont ses affinités tendent à l'éloigner ». Race, langue, religion. Le terme « race » apparaît dans la législation française avec la loi du 3 octobre 1940 qui définit le Juif par l'ascendance (« une personne issue de trois grands-parents de race juive... »). Sous Vichy, le mot devient l'antonyme de « aryen »... Il faudrait revoir les définitions des dictionnaires contemporains en tenant compte des apports de la psychopathologie et des principes qui meuvent les minorités actives[22]. Nous verrons plus loin combien l'utilisation exagérée, voire abusive des concepts comme communauté, identité, minorité, cache mal de réels problèmes, en particulier celui de la coïncidence historique de la culture française avec la citoyenneté et la nationalité.

Mon exemple de la corrida n'était donc pas si innocent : que vont décider la France, l'Espagne et l'Europe face à ce problème, au moment où la Catalogne française lorgne vers la Catalona-Sud, où le Pays basque n'est plus un réduit, tandis que la Belgique envisage de se diviser en deux ? A moins que les Français jugent normal que les Belges francophones deviennent français mais pas que les Basques, ni les Catalans nous quittent...

Mais alors, toute culture préjacobine, antijacobine, ou non jacobine, antérieure à l'Etat-Nation ou simplement ni étatique ni nationale, doit être vouée aux gémonies et disparaître dans les oubliettes ou les poubelles de l'histoire ? La modernisation de la France rurale a produit la fin des terroirs[23] ; pourtant il est plus noble, apparemment, de parler breton que l'argot des *aficionados*. La culture populaire peut-elle ainsi être découpée en culture « sauvable » et en culture « irrécupérable » ?

La réponse historique et constitutionnelle a toujours été claire : seule une Nation, une culture, un territoire, un peuple, une citoyenneté, une nationalité et, de temps en temps, un sauveur sont à même de réduire le complot du parti de l'étranger. La République est une, indivisible et laïque ; en ce sens la fête fondatrice de la

22. S. Moscovici, *Psychologie des minorités actives,* PUF, 1979.
23. Eugen Weber, *La Fin des terroirs; la modernisation de la France rurale. 1870-1914,* Fayard, 1983.

Fédération[24] fut, a posteriori, une belle escroquerie ; la suite, avec Robespierre, marque le triomphe du jacobinisme sur les fédérés. L'usage du référendum, il est vrai, permet au peuple souverain de s'amputer lui-même de cette unité, comme ce fut le cas pour l'Algérie en 1962, et les gaullistes furent les premiers à enfouir ce crime national dans l'imaginaire frileux en rejetant la responsabilité sur les ennemis de la France... Les pieds-noirs, les anciens d'Algérie française et tous les nostalgiques de l'Empire, qui ont oublié les principes gaullistes de Brazzaville en 1940 et de Phnom-Penh en 1966, peuvent aujourd'hui en toute sérénité voter pour le RPR puisque l'ennemi c'est l'autre, et que les Kanaques ont certainement des ancêtres « gaulois ».

La vulgarisation et la corruption du jacobinisme pendant la période postrévolutionnaire vont à la fois constituer le césaro-papisme et développer le caractère organisciste du sentiment national français (glorification de la Nation). La bourgeoisie parisienne, qui a défini la notion de nation française, a ainsi réussi ce tour de force assez unique dans l'Histoire de faire croire au monde entier que ses intérêts de classe étaient universels... : fétichisme de l'Etat et de la centralisation ; suppression de l'autonomie des provinces et des associations. La loi Le Chapelier (1791) marque bien le triomphe de la bourgeoisie contre les franchises des métiers : la France va ainsi passer du « devoir », du *ministerium* et de l'œuvre au *tripalium* (instrument de torture d'où dérive le mot travail) en libérant la force de travail..., cet amour du travail que dénoncera Lafargue dans un pamphlet célèbre. Enfin, l'irruption périodique d'un dogmatisme de l'intégration nationale souvent sous-tendu par un catholicisme intolérant resurgit régulièrement au moins comme *censor moris* (censeur des mœurs), alors que la République implique la vertu.

Cette évolution que j'ai catégoriquement nommée vulgarisation/corruption du jacobinisme en tant que doctrine, s'est dissimulée sous une idéologie universaliste, antipluraliste, organisciste-raciste, à base de slogans sur la société universelle, qui elle-même masque mal la lutte contre la diversité. Le mythe d'une religion universelle vite transformée en religion civique républicaine, n'a pas empêché le maintien du rôle prépondérant du catholicisme : il fut détermi-

24. Mona Ozouf, *La Fête révolutionnaire 1789-1799*, Gallimard, 1976.

nant pour la fixation et la désignation des jours fériés, cause de l'échec du calendrier révolutionnaire, la fixation du congé scolaire du jeudi (prévu par la loi de 1885) pour permettre la catéchèse et l'enseignement catholique, mais il fut aussi hégémonique dans la désignation des héros positifs (de Clovis, Dugesclin, Bayard à Jeanne d'Arc) et encore comme base éthique du droit nouveau dans le Code civil napoléonien. Toutes les révolutions souhaitent du passé faire table rase, mais le Robespierre de l'Etre suprême a compris l'inanité de ce rêve.

La religion civique succédait ainsi à la fois au provincialisme ethnique et au catholicisme *romain mais utilisant le gallicanisme,* et procédait à une laïcisation de la culture politique. L'intérêt familial prenait alors la place de la contemplation théocentrique. Certes, l'individu autonome peut ainsi contractuellement agir mais au prix d'un désenchantement du monde que Marx qualifiait positivement, tant était grande son admiration pour la bourgeoisie : « ... l'abstraction de la vie privée n'appartient qu'aux Temps modernes... ». Mais tous les frissons sont alors noyés dans « les eaux glacées du calcul égoïste... »

Enfin, le recrutement des élites ne se fit plus sur la loi du sang et l'hérédité mais sur la méritocratie : les urbains, universalistes et technicistes occupèrent progressivement les charges de l'autorité du pouvoir et du savoir. Urbanisant ses paysans, du moins ceux qui ne s'étaient pas fait massacrer dans les guerres (de l'Empire à celle de 14-18), la République parachève l'édifice et permet ainsi à la France de passer des patois au langage mathématique, c'est-à-dire de réaliser son rêve d'universalité...

« L'homme que l'éducation doit réaliser en nous, ce n'est pas l'homme abstrait, idéal, une perfection humaine vue à travers une philosophie éternelle, mais c'est l'homme tel que la société veut qu'il soit et elle le veut tel que le réclame son économie intérieure », écrivait avec une remarquable lucidité Emile Durkheim dans son ouvrage fondateur *Education et sociologie.* Ce n'est pas simplement le fait du hasard si l'école française de sociologie de l'éducation, de Basil Bernstein à Christian Baudelot, Roger Establet[25] et d'autres, va se développer à partir de ce thème... Car l'école (normale et communale) fut le grand vecteur de cette réalisation. L'étude des

25. Ch. Baudelot et R. Establet, *L'Ecole est-elle rentable ?,* 1987 ; *Le Niveau monte,* 1989.

héros positifs dans les manuels scolaires de l'histoire de France[26] montre bien comment sont dépréciées les valeurs locales, régionales, parochiales, réactionnaires et archaïques au profit de héros et de valeurs « nationaux » dont le couronnement sera la Jeanne réinventée par Michelet pour les besoins de la cause césaro-papiste. La République franc-maçonne devait se réconcilier avec le Vatican pour se concilier les catholiques — et Jeanne d'Arc fut canonisée en 1920. La France de Clovis, reconnaissante, avait mis cinq cents ans à s'apercevoir que son héroïne nationale avait bouté l'ennemi héréditaire hors du territoire national ; belle fable propre à édifier les masses admirant l'exposition coloniale... qu'utilisera, en lui adjoignant sa cousine[27], ce populiste récupérateur habile qu'est Le Pen. Cette fable, nous la devons à la IIIe République et à Malet-Isaac, à Lavisse et à Seignobos... dont Pierre Bourdieu et Jean-Claude Passeron démonteront ensuite le mécanisme intégratif. Le chapitre I du livre II de *La Reproduction* (pp. 89-129) constitue à cet égard un modèle sans la lecture duquel il n'est point nécessaire de gloser sur l'échec scolaire des enfants de migrants... et du danger que représente pour l'identité de la France la présence d'allogènes alloglottes dans un système scolaire qui ne remplit plus sa fonction intégrative, peut-être parce que les acteurs qui en sont chargés n'y croient plus eux-mêmes.

Ce chapitre intitulé « Capital culturel et communication pédagogique » démontre que le rendement pédagogique est fonction de l'adéquation entre le niveau d'émission et le niveau de réception et que l'aptitude au déchiffrement dépend de la compétence linguistique. Or le système scolaire actuel sélectionne selon ce critère alors que la complexité linguistique est produite dans des conditions sociales différentes. La culture d'origine des enfants de la « deuxième génération » s'est perdue dans les caniveaux des grandes villes, faisant des enfants des banlieues nord de Marseille des « Beni-Gavroches » qui agressent, en argot anglo-berbéro-marseillais, tous les signes extérieurs d'une modernité qui n'en finit plus de mondialiser la culture... Avant de casser les signes extérieurs de cette modernité (cabines téléphoniques et voitures), ils agressent

26. Cl. Gendre et F. Javelier, *Ecole, Histoire de France et minorités nationales,* Lyon, Fédérop, 1978.

27. Plutôt que de perdre son identité menacée par la présence de l'Autre, Le Pen signifie qu'il préfère revenir à l'inceste.

les porteurs du discours moderne les plus proches d'eux : leurs instituteurs et leurs professeurs, qui n'en peuvent mais.

Pour reprendre un exemple personnel, ma langue « maternelle » n'était pas le français de la rue Saint-Guillaume... mais le patois et l'argot, « avec l'accent », comme me le fit remarquer à juste titre le président de mon jury d'agrégation... puisque je voulais être agrégé. Du coup il me paraît normal que certains ne veuillent pas être Français comme il me paraît logique que soit vérifié pour les autres leur degré d'intégration par leur capacité à maîtriser la langue. Ce fut un des enjeux ambigus du non-débat sur le code de la nationalité en 1987, qui aboutit à la constitution de la commission des sages. Mais les Beurs-Beni-Gavroches maîtrisent bien ce problème et le traitent d'ailleurs avec gouaille et humour, comme en témoigne ce dessin de Farid Boudjellal[28].

Le tournant de 1981. Le droit à la différence

L'arrivée de la gauche au pouvoir en 1981 a légalisé deux types de revendications qui jusque-là étaient en fait des demandes faibles et peccamineuses :

a. La reconnaissance du droit à la différence culturelle dans le cadre de la régionalisation (loi du 2 mars 1982) marque le ralliement

28. Qu'il faut lire avec l'accent du Midi.

d'une gauche plutôt jacobine à une décentralisation plutôt maurrassienne et dont les conséquences immédiates ont été le statut particulier de la Corse (loi du 2 mars 1982)[29] et la création du CAPES de breton (1985) mais non du basque (ce qui conforte ma thèse).

b. L'élargissement par la loi du 9 octobre 1981 du droit d'association aux étrangers.

Incontestablement, par-delà ces modifications législatives, le ministère de la Culture de Jack Lang a initié une problématique différente sur la différence[30]. Toutefois, le paradoxe restait le même : comment lutter contre les différences sociales et l'échec scolaire en évitant l'uniformisation ? En effet, la gauche n'envisageait pas de réduire les prérogatives régaliennes de l'Etat de droit sous réserve des tentatives de « régionalisation ». La nouvelle politique se proposait de réduite l'inégalité sociale et territoriale par un large accès à la culture *et* de reconnaître l'égalité des cultures, en particulier en ne hiérarchisant pas les langues régionales.

La thèse générale était que *la différence enrichit.* Il s'agissait donc de valoriser un patrimoine authentique *et* de le faire communiquer avec les autres. Cette problématique, vraiment nouvelle par rapport à la stratégie centenaire que je viens d'exposer, a été clairement définie comme base de nouvelles politiques. Il faut reconnaître que le ministère de Jack Lang la réalisa en partie : politique du livre, musique, radios, théâtre, prisons... Par exemple, les émissions radios et télévisées locales en langues régionales ont triplé (mais cela ne représente jamais que 20 heures par semaine...) entre 1983 et 1985. Durant la même période le budget de l'ethnomusicologie a triplé au profit de l'enseignement de musiques traditionnelles dans les conservatoires (par exemple bombarde à Rennes ;

29. La Corse est la dernière née des 22 régions françaises alors qu'elle est la région naturelle la plus tranchée en tant qu'île et séparée par une identité ethno-culturelle historique affirmée... Raymond Barre affirmait sans rire à Ajaccio, le 27 février 1988, que la Corse « constitue le laboratoire privilégié de la décentralisation française... ».

30. J.-P. Colin et P. Weiss, *L'Exercice des droits culturels en France,* Rapport à l'Unesco, et du même J.-P. Colin pour l'Unesco (BEP), *La Société multidimensionnelle (D'une crise de la conscience mondiale à de nouvelles formes de solidarité),* Paris, Unesco, 1988. Cf. également Giordan, *Démocratie culturelle et droit à la différence,* rapport au ministre de la Culture, La Documentation française, 1982.

txistu à Bayonne) et les musiques venues d'ailleurs : du flamenco à la musique maghrébine, etc. Pour autant, cet ensemble de mesures ne saurait faire illusion et ne représente même pas une goutte d'eau face à la concession de la Chaîne 5 dans les conditions équivoques qui firent scandale à l'époque.

Le succès semble moins évident sur le plan des cultures régionales, en dépit du dossier présenté par le ministre au Conseil du 7 août 1985 sur la création d'un conseil des langues et cultures de France. La création du CAPES de breton devait soulever l'amertume des Basques dont on oublie toujours qu'ils sont plus nombreux que les Israéliens[31]. Il est possible en effet de distinguer des périphéries plus ou moins dangereuses : celles qui sont éloignées du centre comme l'Ecosse et la Bretagne et celles qui sont des périphéries tiraillées entre deux centres comme l'Alsace, le Haut-Adige, la Catalogne et le Pays basque... Cette distinction produit des stratégies fort différentes mais dans tous les cas, l'Etat se méfie autant des irrédentismes que des revendications spécifiques traduites en termes de droit à la différence culturelle[32]. L'Etat (et donc le ministère de la Culture) se méfie des écrans (les représentants des associations) et s'il soutient le Diwan et l'école bretonne, il n'apprécie guère les Iskatola, sans doute parce que selon le critère que j'ai signalé, les écoles « libres » basques sont liées à un Etat étranger.

Cet échec relatif tient au fait que, là encore, la politique proposée passait par le système associatif et confondait « communautés » et culture régionale : le cas est évident pour les Antilles par exemple[33]. Pendant ce temps, utilisant l'opportunité ainsi offerte, quelques « communautés » allaient profiter de l'aubaine : l'Eglise évangélique tzigane, la communauté arménienne et le Grand Rabbinat

31. Et donner aussi à M. Gaudin, président de la région PACA, l'occasion d'émettre une belle contrevérité : « Si ça continue nous aurons bientôt un CAPES d'arabe », déclara-t-il bruyamment. Le CAPES et l'agrégation d'arabe existent depuis plus de cinquante ans !

32. Sur les concepts de centre et de périphérie tels qu'ils sont utilisés par les politologues, cf. B. Badie, *Le Développement politique,* Economica, 1988.

33. S. Cudiere, *Etude sur l'expression culturelle des communautés originaires des Antilles et de la Guyane,* rapport présenté au ministre de la Culture et au secrétariat d'Etat chargé des Départements et Territoires d'Outre-Mer, juin 1983.

émirent des signaux (demandes et attentes) dans lesquelles *culture et culte* étaient indissociablement liés.

En France, et pour cause, les associations régionales se méfient de l'Etat. Au fil des ans, le bilan est à la fois positif et équivoque. Aucun élément ne permet de savoir si Jack Lang poursuivra dans cette voie : il est vrai qu'il va devoir d'abord reprendre la situation catastrophique laissée par François Léotard qui a réussi, en deux ans, à indisposer toutes les parties en présence dans le PAF... « C'est un Trafalgar de la culture française », affirme Marc Paillet [34] qui poursuit : « Notre colonisation audiovisuelle est en bonne voie, merci ! » Faut-il préciser et rappeler encore une fois : les Beurs ne menacent pas la culture française sur ce point. Et pourtant la campagne électorale (1989) reprend les thèmes éculés : émigration, insécurité, chômage, priorité aux Français, etc., et il y a des gens assez naïfs pour le croire.

Par contre, en matière d'associations *cultuelles,* la gauche n'a su que faire sinon susciter une mauvaise querelle à propos de l'école « libre » c'est-à-dire catholique. En effet, il ne faut jamais oublier que la sécularisation (au sens hégélien de processus moderne de séparation de l'Etat) implique l'éviction de l'Eglise. La loi de 1901 éliminait les congrégations enseignantes. Ce n'est qu'avec la Vᵉ République que le monopole de l'enseignement public a été battu en brèche par la catholicité. Les déboires de la Vᵉ bis venaient moins, à mon sens, des partisans de l'école confessionnelle que de l'apparition de revendications religieuses non maîtrisables. Arméniens et juifs dans un premier temps, réclamèrent une part d'enseignement spécifique. Puis les sectes apparurent qui revendiquèrent un droit à l'enseignement séparé. Enfin la présence musulmane se manifesta en se glissant dans la nouvelle législation de 1981 sur les associations : on comprendra que je consacre tout un chapitre à ce glissement, d'autant que la sécularisation de la pensée n'a pas suivi la séparation des Eglises et de l'Etat [35].

Quelques remarques en histoire comparée sur les minorités culturelles ou cultuelles américaines devraient nous permettre de

34. Marc Paillet, *Télé-Gâchis*, Denoël.
35. Cf. Les recherches menées par Gianni Vattimo et traduites en partie, in *La Sécularisation de la pensée,* Le Seuil, Paris, 1988.

comprendre l'originalité de la situation française à commencer par le cas québécois qui est plus accessible aux Français mais pas aussi simple que le laisserait croire une lecture superficielle, ou l'utilisation du sympathique slogan : « Vive le Québec libre ! »

Les Québécois se considèrent comme des « primo-arrivants » dans la Belle Province (ce qui est faire peu de cas des Indiens...). Ils se distinguent aussi comme une *minorité ethnique* dans un pays d'immigration qui discrimina, jusque dans les années 70, les originaires anglo-saxons des autres. Belle leçon pour les Français... En Amérique du Nord, nous sommes assimilés, avec les Latinos, à des Bougnoules ! Les choses ont changé depuis que le Canada a dû faire face, lui aussi, aux migrations en provenance du tiers monde : la discrimination s'est hiérarchisée.

Si l'on en croit les sociologues, l'analyse au Québec et au Canada des minorités et de l'immigration, s'est faite à partir des mêmes prémisses générales qui faisaient loi aux Etats-Unis : *l'égalité des chances et la mobilité sociale récompensent la conformité aux comportements et aux valeurs du nouvel accueilli.*

Cette idéologie, forte parce que largement intériorisée par les acteurs sociaux, migrants compris, domine les pratiques sociales et le système n'est pas remis en question. Aussi, la plupart des Canadiens pensent-ils souhaitable que l'immigrant s'intègre en renonçant à sa singularité culturelle, jugée « antirationaliste, anti-universaliste, antimoderne, bref anti-efficace ». Trois thèses ont polarisé les débats sur ce problème (thèses qu'on retrouve d'ailleurs dans le cas des Etats-Unis) :

— La thèse de l' « *anglo-conformité* », qualifiée de « raciste » ou de « social-darwiniste » par la gauche, les radicaux et... les Québécois.

— La thèse du « melting pot » ou creuset : théoriquement l'intégration n'est pas imposée mais découle du consensus.

— La défense du pluralisme culturel par la préservation de la vie communautaire des émigrés.

Les problèmes religieux ne se posent pas dans les mêmes conditions qu'en France et, sur ce plan, le Canada est un pays de sectes (au sens anthropologique) qui admet plus facilement les différences religieuses. Mais l'utilisation du mot « communauté » révèle une ambiguïté que j'aurais à signaler plus loin. L'utilisation de « ethnicité » paraît incompréhensible dans une logique française : les Canadiens francophones sont massivement catholiques et ont maîtrisé leur marge d'autonomie grâce à un système scolaire particulier. Ils ont adopté un comportement qui n'a rien d'ethnique mais qui est strictement politico-culturalo-cultuel par identification de la religion avec la culture..., comme celui des catholiques français.

La grande leçon que nous pouvons tirer de l'expérience canadienne est ailleurs. Tous les observateurs s'accordent sur un point : dans la querelle sur ce sujet, les médias insistent sur la *visibilité* des « minorités », c'est-à-dire sur leurs différences dérangeantes, bruyantes, grossières — inassimilables en l'occurrence à *l'anglo-conformité.*

D'où cette loi sociologique que j'énonce et qui me sera utile dans les développements suivants. *Aussi longtemps que des groupes minoritaires (culturels ou religieux, ethniques ou pas) sont visibles et se font entendre, ils sont accusés d'être* TROP *visibles et de* TROP *se faire entendre.* Tant il est clair que partout, lorsqu'il s'agit de minorités, le passage obligé est celui du procès de ce TROP : pourquoi en irait-il différemment pour l'islamité en France ?

Le cas des Etats-Unis est plus intéressant encore : l'Etat (en supposant que l'on puisse comparer la France et les Etats-Unis sur ce plan, ce dont je doute) ne s'y préoccupe point de religion ni de langues. La société américaine est pluraliste d'origine et le citoyen américain est beaucoup plus « rousseauiste » que son homologue français. Il assimile son pays non pas à un terroir et une histoire mais à des valeurs partagées. Pour reprendre la formule célèbre de Carl Friedrich : « Etre américain est un idéal, être français est un fait. » Voilà qui devrait nous faire réfléchir..., au moment où un immigré grec a pu être candidat à l'investiture tandis que son concurrent principal était un pasteur noir. Faut-il rappeler que le Sénat américain compte au moins un élu « japonais » : S. I. Hayakawa ?

Les Etats-Unis ont beaucoup changé depuis la fin de la guerre du Viêt-nam et l'afflux d'immigrés non européens : deux faits qui pourraient nous servir de guide pour la comparaison, d'autant que, contrairement au cas français, ils ne sont ni occultés ni enfouis dans la mémoire collective. Il n'est que de comparer le cinéma américain sur le Viêt-nam et la quasi inexistence en France de films sur la guerre d'Algérie.

La modernisation (et l'urbanisation massive) a une influence négative sur le pluralisme culturel parce qu'elle produit un recrutement méritocratique et non pas hérité. Elle remplace les rôles prescrits et diffus par des fonctions spécifiques et les valeurs particularistes par des valeurs universalistes. L'« américanitude » a été ainsi longtemps définie par les idéaux jeffersoniens et les grands politologues américains pensaient même que la démocratie (la polyarchie) était menacée par le pluralisme culturel.

Mais, paradoxalement, les communautés « ethnico-culturelles » utilisent toutes les structures fédérales pour exiger une politique fédérale ethnopluraliste. Les Allemands du Middle-West, les juifs pro-Israéliens, les Polonais de Chicago réclament une politique plus ferme à l'égard de l'URSS, tout en exigeant un certain droit à la différence. Pourtant, aucun groupe, pas même les noirs, les Hispaniques ou les Chicanos, ne remet en cause le pacte américain. Tous utilisent la menace électorale. Mieux, depuis quelques années des intellectuels noirs dénoncent le pluralisme culturel comme réactionnaire et dénigrent les minorités (surtout les juifs) qui le pratiquent ou le préconisent[36].

Cette attitude me paraît porteuse d'enseignements pour une Europe post-92 et éclairante pour comprendre de récents tiraillements entre des groupes Beurs et SOS-Racisme, ainsi que l'ambiguïté de la position socialiste sur Israël et la Palestine par rapport au problème musulman en France.

Dans le cas des musulmans américains, la différence est, sur ce plan, patente. Bien que structurellement WASP (blanche anglo-saxonne et protestante), l'Amérique du Nord n'a pas avec ses sectes, de problèmes comparables aux angoisses françaises à ce sujet. Bien plus, un Etat de l'Union constitue à lui seul une secte : l'Utah mormon. J'imagine, dans une Europe ayant donné un statut aux deux Catalognes, aux deux Pays basques, à la Corse réunifiée avec la Sicile et la Sardaigne... un département français — les Bouches-du-Rhône par exemple — en autonomie musulmane! Marseille, porte de l'Orient, retournerait ainsi à ses origines...

36. W. Safran, « Les Sociétés pluriethniques et la démocratie moderne », communication au colloque de l'AFSP, janvier 1986, Aix-en-Provence. Mais on trouve de nombreuses références à ce débat dans les revues américaines d'anthropologie et dans *Etnicity* ou *Ethnic Groups, Ethnic and racials studies,* et de nombreuses études portant sur des points précis. En français E. Marienstras, *Les Mythes fondateurs de la Nation américaine,* Maspero, 1976.

Il faut donc pousser la comparaison plus avant, et vers l'Europe puisqu'elle est notre réalité de demain. La question s'élargit alors : les musulmans vont-ils adhérer aux valeurs européennes ? L'islam est-il un obstacle en soi ou bien l'Europe va-t-elle faciliter structurellement l'obligation de surmonter cet obstacle ?

II

L'Acte unique européen et la France

Cet essai part de l'affirmation que les Beurs menacent moins l'identité française que l'Acte unique européen. Il faut donc traiter des conséquences de cet Acte sur la nationalité et la citoyenneté française qui vont apparaître après 1992, auxquelles les Français ne me semblent pas bien préparés.

Les esquimaux du Groenland figurent au sein du Marché Commun avec la nationalité danoise ; quelques Lapons chamaniques appartiennent également à la CEE par le biais des Etats scandinaves : alors pourquoi pas les Maghrébins ? La clarté boréale de cette question et la limpidité azuréenne de la réponse m'ont toujours paru lumineuses.

Les limites du présent essai — l'islam sédentarisé et l'après 1992 — convergent ici dans l'islam en Europe : islam européen ou islam d'Europe ?

L'entrée, prévisible avant la fin du siècle, du Maroc et de la Turquie dans la CEE, à tout le moins la négociation de nouveaux accords avec les Etats du Maghreb et la libre circulation des citoyens après 1992, constituent autant d'éléments d'un nouveau problème : l'apparition d'une citoyenneté transnationale. De plus, les jeunes issus de l'émigration s'organisent partout en systèmes culturels à la fois transnationaux et parochiaux. En ce sens, ils sont en avance sur bien des jeunes européens. Nous assistons en ce moment aux derniers sursauts nationalitaires avant l'Europe. Toutes ces mutations doivent être analysées lucidement sous peine de surprises désagréables. L'Europe semble renouveler, à une échelle dramatiquement supérieure, tous les déséquilibres économiques, culturels et linguistiques qu'ont connus les différents Etats. Aussi ne faut-il guère s'étonner que divers mouvements de minorités nationales (ou ce qu'il en reste) regardent vers une Europe aux « cent drapeaux » en espérant dépasser le cadre du régionalisme par le haut. Un bureau des Nations sans Etat s'est constitué à Bruxelles pour représenter le pays de Galles, le Pays basque, la Bretagne, l'Alsace..., et le Parlement européen s'est penché en 1975 sur la répression anti-FLB (Front de Libération de la Bretagne).

Le Parti fédéraliste européen de Catalona prône des « Eurorégions » qui, dans le cas de la Catalogne, regrouperaient 8 millions de Catalans de Murcia à Perpignan. Les militants basques réclament la double nationalité espagnole-basque/française-basque. Tous ces faits peu importants en eux-mêmes, prennent une autre dimension lorsqu'ils sont corrélés avec leurs effets sur l'émigration. Quand les militants occitans disent vouloir vivre au pays, ils sont compris des Sardes, des Frioulans, des Siciliens émigrés dans le Midi, mais aussi des jeunes issus de l'émigration qui ne croient pas à la fatalité de celle-ci. Les revendications économiques, culturelles ou religieuses des migrants rencontrent celles de beaucoup d'autres à l'intérieur du pays où ils travaillent temporairement mais où leurs enfants sont fixés définitivement. Cette attitude ne relève plus de la solidarité prolétarienne mais correspond à la dégradation des cultures à vocation universelle. Le brassage culturel provoqué par les flux migratoires, simples forces de travail à l'origine, a produit paradoxalement un alignement par le bas : les immigrés appartiennent aux milieux les plus éloignés de la culture bourgeoise, c'est-à-dire nationale. De surcroît, influencés par une culture traditionnellement orale, ils permettent de mieux soulever la question de l'identification hégémonique entre culture, citoyenneté et nationalité, au moment même où les enfants nationaux sont attirés par la culture mondiale sous sa forme orale et s'éloignent du nationalisme. Autrement dit, les enfants d'émigrés, comme nos enfants, sont en avance sur la construction d'ensembles plus vastes, dont l'Europe n'est qu'un palier.

L'Europe ou la déchéance salvatrice

Ce titre est inspiré par la lecture du dernier livre d'Edgar Morin. Dans *Penser l'Europe*[1], il montre que ce qui divisait autrefois l'Europe participe aujourd'hui d'un destin commun, et celui-ci voit le jour parce qu'elle a perdu son arrogance européo-centriste. Malaparte écrivait de la Grande-Bretagne que son amour pour la Liberté n'avait d'égal que son mépris pour les autres peuples. Je crains que bien avant son entrée équivoque dans la Communauté européenne, elle n'ait contaminé tout l'Occident sur ce point.

La dépendance vis-à-vis de l'extérieur, à laquelle l'Europe avait déjà goûté lors de la dernière guerre, est brutalement apparue comme une déchéance avec la crise énergétique. La décolonisation et la mondialisation — ou l'américanisation — participent, elles, d'une déchéance finalement salutaire : la domination du monde s'était faite par le mépris des cultures différentes et les pays européens ont été libérés, en 1944-1945, par des gens venus d'Asie, d'Amérique et d'Afrique du Nord. L'Europe découvre alors qu'elle n'a pas de profondeur géographique si elle ne va pas jusqu'à l'Oural ; elle n'est qu'une péninsule asiatique et n'existe que par l'ambiguïté de sa culture : parce qu'elle a forgé l'Universel. Or, ce meilleur de notre culture européenne nous fait voir au-delà de l'Europe et nous pousse à la quête de l'Universel après celui de l'Internationale. Certes d'autres cultures ont produit des pensées universelles, mais seule la pensée européenne a produit les conditions et la capacité de porter la critique sur et contre notre propre culture. C'est peut-être cela la laïcité. Nous savons aujourd'hui que nous savons. Nous savons que nous ne sommes plus le centre du monde et nous savons que nous ne sommes plus la source de toute vérité et de toute valeur.

En même temps, cette capacité critique fait que nous pouvons encore produire du sens et effectuer un dépassement. A ces nouveaux défis l'Europe doit répondre d'une façon originale en se rappelant son passé méditerranéen. L'Europe moderne, issue du XVe siècle, a été fécondée par Cordoue, par *les Arabes et les Juifs*

1. Gallimard. E. Morin a donné une magnifique interview à *Lamatif* nº 199, mai 1988, revue mensuelle marocaine aujourd'hui, hélas, disparue du fait du Prince.

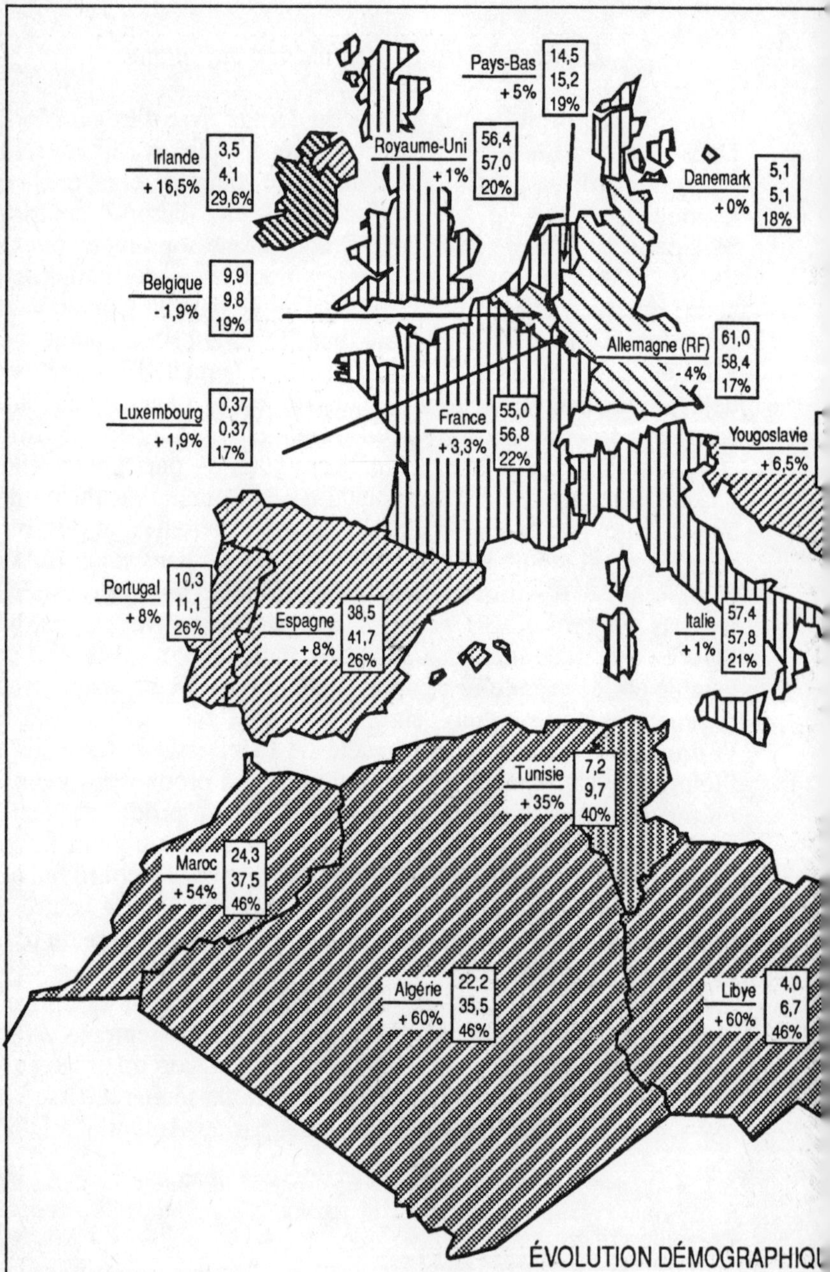

Pays-Bas
+ 5%
14,5
15,2
19%
Irlande
+ 16,5%
3,5
4,1
29,6%
Royaume-Uni
+ 1%
56,4
57,0
20%
Danemark
+ 0%
5,1
5,1
18%
Belgique
- 1,9%
9,9
9,8
19%
Allemagne (RF)
- 4%
61,0
58,4
17%
Luxembourg
+ 1,9%
0,37
0,37
17%
France
+ 3,3%
55,0
56,8
22%
Yougoslavie
+ 6,5%
Portugal
+ 8%
10,3
11,1
26%
Espagne
+ 8%
38,5
41,7
26%
Italie
+ 1%
57,4
57,8
21%
Tunisie
+ 35%
7,2
9,7
40%
Maroc
+ 54%
24,3
37,5
46%
Algérie
+ 60%
22,2
35,5
46%
Libye
+ 60%
4,0
6,7
46%
ÉVOLUTION DÉMOGRAPHIQU
(Croissan

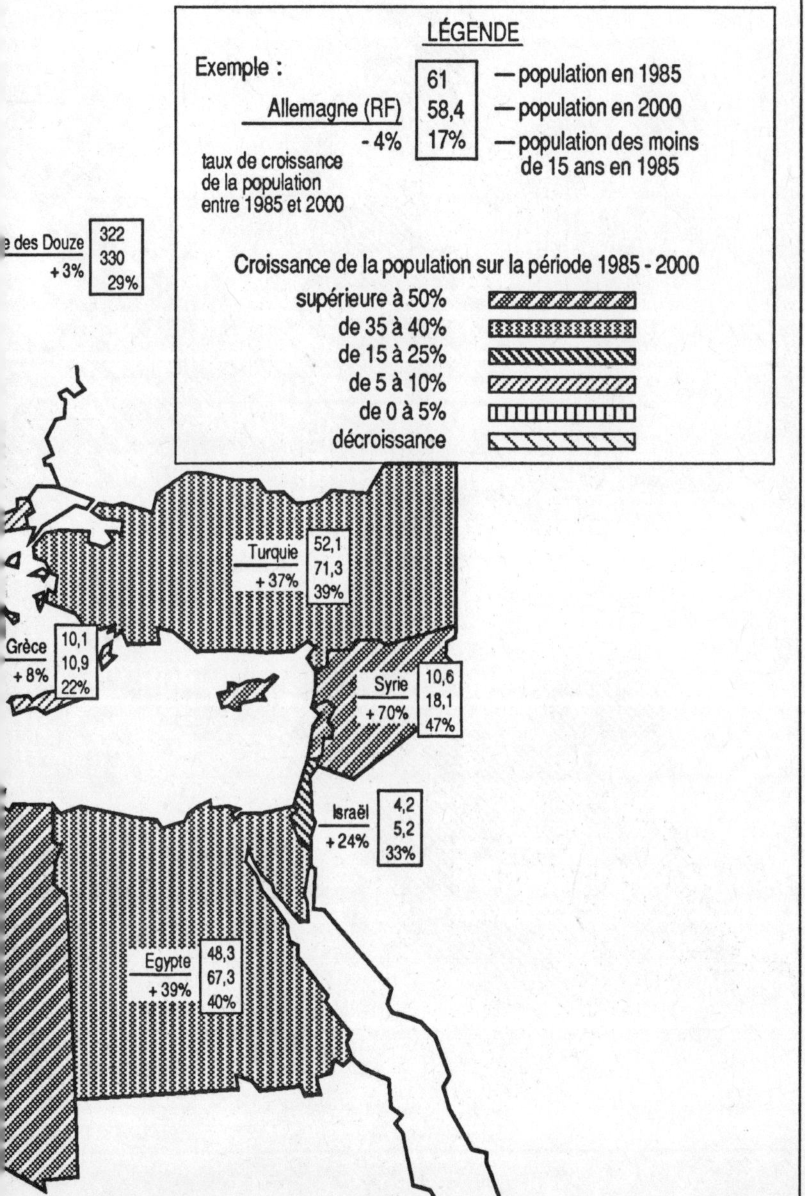

BASSIN MÉDITERRANÉEN (1985 - 2000)

a population)

Source Eurostat

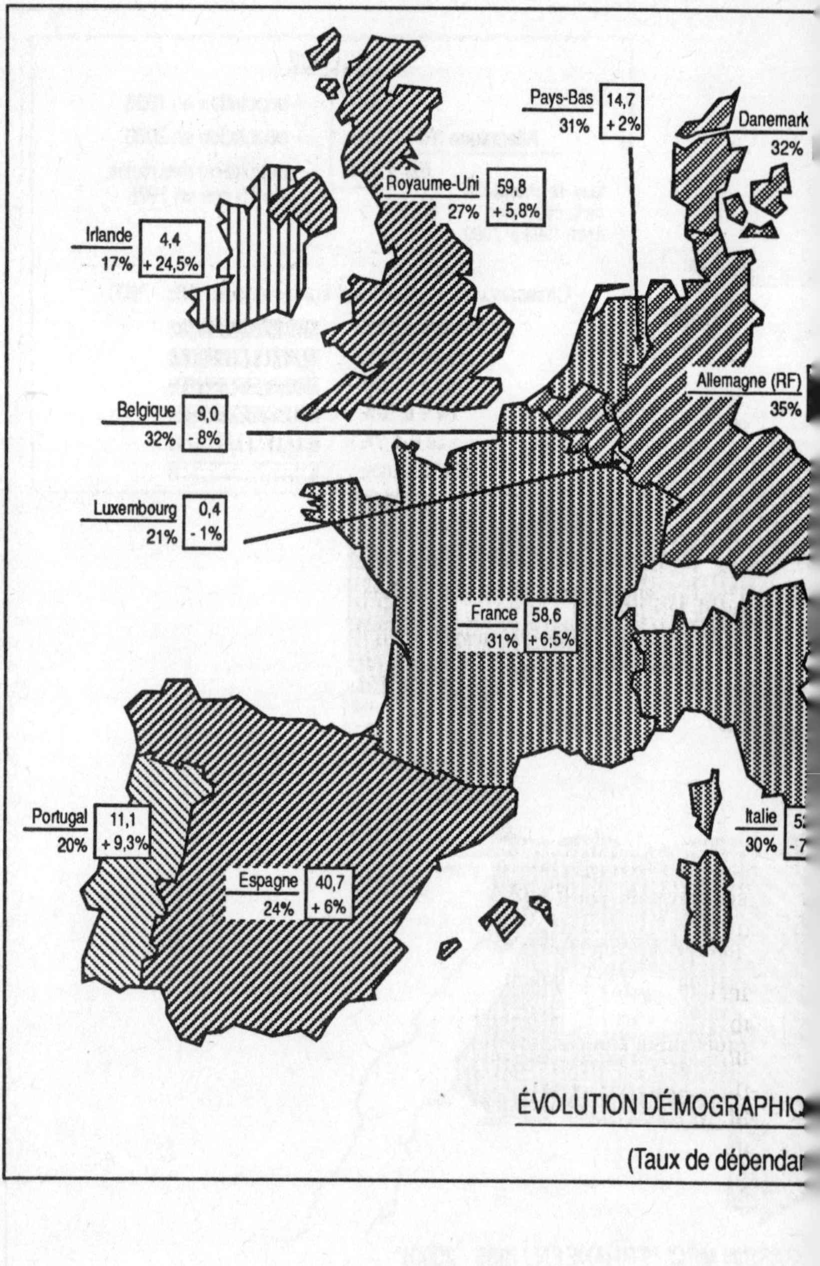

ÉVOLUTION DÉMOGRAPHIQ

(Taux de dépendar

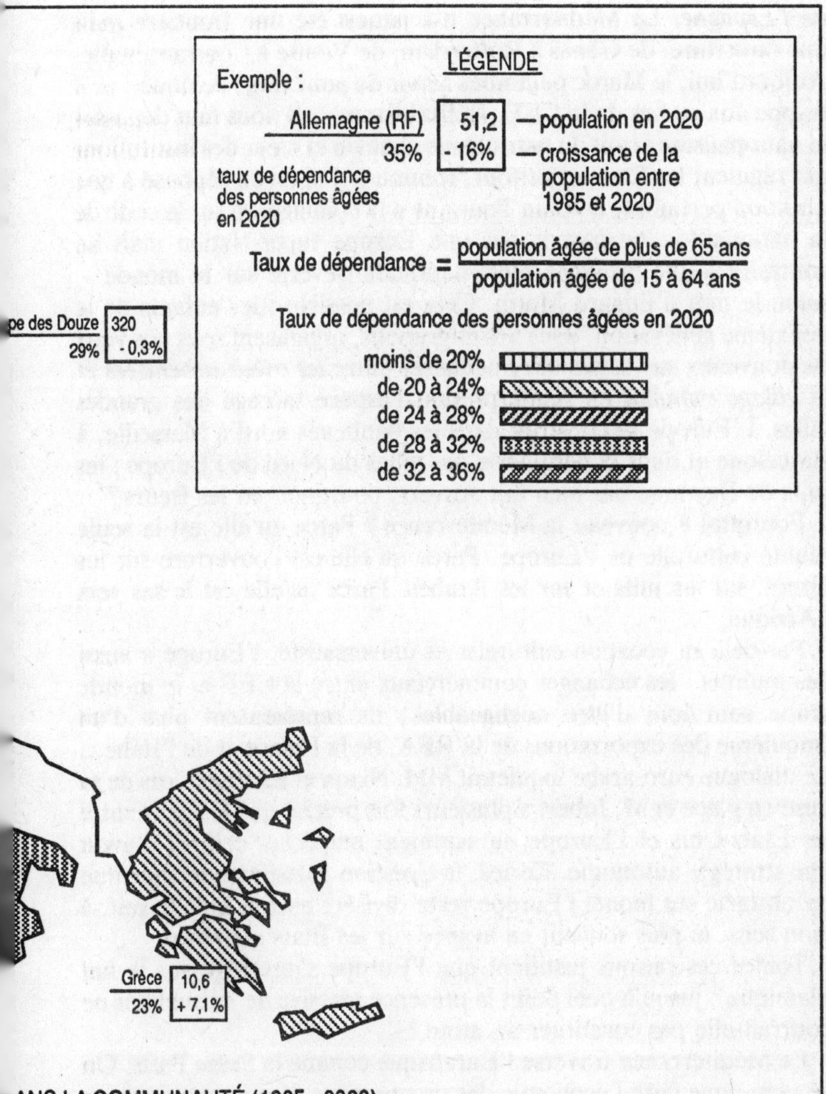

ANS LA COMMUNAUTÉ (1985 - 2020)

es personnes âgées)

Source Eurostat

de l'Espagne. La Méditerranée n'a jamais été une frontière mais une ouverture, de Gênes à Rotterdam, de Venise à Constantinople. Aujourd'hui, le Maroc peut nous servir de pont vers l'Afrique : or il frappe aux portes de la CEE. Réfléchissons... Il nous faut dépasser le nationalisme étroit du patriotisme chauvin et créer des institutions qui régulent les Etats et surtout, comme je l'ai dit en réponse à une question pertinente d'Alain Touraine à la commission sur le code de la nationalité : ne faisons pas une Europe super-Nation mais au contraire « une province méta-nationale ouverte sur le monde », selon le mot d'Edgard Morin. Cela est possible : les enfants de la deuxième génération, issus des migrations, organisent sous nos yeux de nouveaux sas/seuils intermédiaires entre *les tribus urbanisées* et *le village mondial* en réinterprétant l'espace saccagé des grandes villes. L'Europe se construit dans les banlieues nord à Marseille, à Barcelone et dans la périphérie des villes du Nord de l'Europe ; les juifs de Bayonne ont bien fait Anvers, pourquoi pas les Beurs ?

Pourquoi à nouveau la Méditerranée ? Parce qu'elle est la seule réalité culturelle de l'Europe. Parce qu'elle est l'ouverture sur les Grecs, sur les juifs et sur les Arabes. Parce qu'elle est le sas vers l'Afrique.

Par-delà sa vocation culturelle et universaliste, l'Europe a aussi des intérêts : les échanges commerciaux entre la CEE et le monde arabe sont loin d'être négligeables ; ils représentent plus d'un cinquième des exportations de la RFA, de la France et de l'Italie... Le dialogue euro-arabe inquiétait MM. Nixon et Kissinger lors de sa mise en place et M. Jobert a plusieurs fois précisé que les liens entre les Etats-Unis et l'Europe ne sauraient empêcher celle-ci d'avoir une stratégie autonome. Certes, la question palestinienne constitue un obstacle sur lequel l'Europe reste divisée, encore qu'elle soit, à mon sens, le plus souvent en avance sur les Etats membres.

Toutes ces raisons justifient que l'Europe s'interroge sur le fait islamique : jusqu'à quel point la présence massive de musulmans ne pourrait-elle pas constituer un atout ?

La Méditerranée traverse l'Eurafrique comme la Seine Paris. On ne peut donc faire l'économie des prospectives démographiques sur l'autre rive qui se trouve à une heure d'avion de Marseille, c'est-à-dire moins loin que Bruxelles. Si on les compare à la baisse dramatique de la population européenne active, il se pourrait qu'à la fin du siècle l'Europe soit contrainte de faire appel, une fois encore, à beaucoup plus d'immigrés qu'elle ne l'imagine.

Quelques chiffres

Il est difficile de répondre à la question si simple en apparence : combien y a-t-il de musulmans en Europe ?, puisque la présence « musulmane » s'est longtemps présentée comme une force de travail immigrée.

L'appartenance à l'islam n'est mentionnée ni dans les statistiques officielles des Etats européens, ni dans les centres islamiques. Une seule exception : la Suisse ; lors du recensement décennal, la Confédération Helvétique s'enquiert de la religion de ses habitants. Ainsi, le chiffre de 6,5 millions de musulmans en Europe occidentale, qui est généralement avancé, est obtenu par l'addition des étrangers en provenance d'Etats à population musulmane. Cette méthode reste inexacte, mais donne un ordre de grandeur.

Dans les tableaux suivants, j'ai cru utile d'ajouter les chiffres des musulmans en Europe de l'Est puisqu'à long terme, cette dernière se rapprochera de l'Europe de l'Ouest avec laquelle elle commerce déjà. Ces chiffres proviennent de sources différentes, ce qui explique certains écarts, par exemple entre la France et l'Allemagne, par rapport à d'autres données que j'utiliserai par la suite. J'ai pris une moyenne entre les chiffres extrêmes qui oscillent, par exemple pour la France, entre 6 et 2 millions de musulmans...

Ces chiffres qui dénombrent les musulmans étrangers, par pays, mettent en évidence :

— La grande difficulté (que j'étudierai longuement pour le cas français) à définir la catégorie « musulman ».

— Il y a plus de « musulmans » dans l'ensemble des autres Etats de la CEE qu'en France.

— Les pays de l'Europe de l'Est connaissent un phénomène comparable, puisqu'on y dénombre plus de 6 millions de musulmans, Albanie comprise. On peut signaler à ce propos que le chef de l'Etat yougoslave est un musulman de Bosnie : Raif Dizdarevic.

— Ces tableaux ne signalent pas les musulmans nationaux, français, britanniques, ou belges...

— La Turquie n'apparaît pas comme partenaire de la CEE mais comme fournisseur de force de travail pour la seule RFA. De même, la Suisse n'appartient pas à la Communauté mais est décomptée avec l'Europe de l'Ouest.

Il faut affiner ces tableaux par la comparaison avec les catégories moins imprécises d'étrangers, d'émigrés, en spécifiant les Etats d'origine puisqu'il y a de nombreux migrants originaires des pays de la CEE.

MUSULMANS EN EUROPE

Europe du Nord

Suède	22000
Danemark	18000
Norvège	6000
Finlande	1350
Islande	500

Europe de l'Est

Yougoslavie	3000000
Albanie	1700000
Bulgarie	800000
Grèce	150000
Tchécoslovaquie	150000
Chypre	117000
Autriche	86000
Roumanie	50000
Allemagne	15000
Pologne	2000
Hongrie	100

Europe de l'Ouest

France	2450000
Allemagne	1700000
G.-B.	1500000
Pays-Bas	300000
Belgique	250000
Italie	200000
Suisse	55000
Espagne	15000
Portugal	15000
Gibraltar	3000
Luxembourg	1000
Irlande	500
Malte	100

Si j'additionne les « musulmans potentiels » (Algériens, Marocains, Tunisiens et Turcs), j'obtiens un chiffre d'environ 1,5 million pour la France, c'est-à-dire autant que les migrants européens originaires du Sud de l'Europe : Espagnols, Portugais et Italiens, Grecs et Yougoslaves (dont certains peuvent être musulmans d'ailleurs.)

LES IMMIGRÉS EN EUROPE
(en milliers)

	Pays-Bas	**Suède**	**France**	**RFA**	**Belgique**	**Suisse**
	1986	*1986*	*1982*	*1986*	*1984*	*1985*
Autrichiens	3	2,8	**2,7**	174,2		28,8
Finlandais. .	0,6	134,2	**1**	10,1		1,4
Espagnols. .	18,2	2,8	**321,4**	151	55,1	110,4
Grecs.	3,8	8	**7,9**	278,5	20,7	8,5
Italiens. . . .	17	3,9	**333,7**	535,5	269,3	388,4
Portugais . .	7,5	1,5	**764,9**	77	10,4	39,2
Turcs.	160,6	21,9	**123,5**	1 425,7	72,5	52,8
Yougoslaves	11,6	38,4	**64,4**	591,1	5,3	77,4
Algériens . .	0,6	0,5	**795,8**	5,4	10,8	1,9
Marocains. .	122,7	1	**431,1**	51	123,2	1,6
Tunisiens . .	2,6	0,7	**189,4**	23,6	6,8	2,2
Autres	219,8	175,1	**655,8**	1 158,8	323,5	243,4
TOTAL . . .	**568**	**390,8**	**3 680,1**	**4 482,6**	**897,6**	**956**
% dans la population totale	**3,90**	**4,60**	**6,80**	**7,40**	**9,10**	**14,70**

Les organisations musulmanes

Cet islam transplanté, insaisissable statistiquement mais visible socialement, devient de plus en plus un islam qui s'établit. Les musulmans décident de rester pour des raisons politiques ou économiques ; ils s'organisent en communautés culturelles et religieuses selon leur origine nationale, linguistique ; leurs traditions islamiques, préexistantes, sont désormais implantées en Europe.

Ainsi le Bureau pour les Affaires religieuses (Diyanet isleri Baskanligi) a ouvert en 1984 à Ankara, une section « Europe occidentale » et, le 13 mai 1985, une grande Centrale à Cologne. Celle-ci prend en charge les besoins religieux des musulmans turcs de toute l'Europe occidentale. Le Bureau nomme et contrôle les imams, et estime de sa seule compétence d'entretenir une correspondance régionale et internationale. Il est tout de même surprenant de signaler que le seul Etat laïque musulman prend totalement en charge le culte, alors que des Etats comme l'Algérie et le Maroc éprouvent sur ce plan quelques difficultés à contrôler leurs propres nationaux en France. Le système turc fonctionne de façon identique en France où les musulmans turcs sont encadrés par des clercs nommés et contrôlés par l'ambassade. Mais le cas turc est unique. Bien plus efficaces sont les grandes entreprises islamiques.

Le Congrès du monde musulman, crée en 1926 après la suppression du Califat par Ataturk, avait pour but de réunir les musulmans du monde entier. Son siège est aujourd'hui à Karachi et son activité essentielle est missionnaire, y compris en Europe, ainsi que le soutien systématique à toutes les minorités musulmanes.

La Ligue du monde islamique fondée en 1962 à La Mecque — dont la tâche est de coordonner et de financer les activités des centres islamiques du monde entier — a ouvert il y a quelques années un Bureau central à Paris. Ce Bureau est en relation avec la grande mosquée de Bruxelles où, depuis décembre 1983, ont lieu des sessions pour les imams de toute l'Europe. L'importance internationale de l'assassinat de son imam en mars 1989 apparaît ainsi plus clairement.

Dans la même ligne, l'Organisation de la conférence des ministres des Affaires étrangères en 1970 et en 1973, a décidé de fonder un Conseil islamique pour l'Europe (Islamic Council of Europe). Celui-ci a débuté en 1973. Son siège est à Londres. Ses objectifs sont pédagogiques : corriger l'image de l'islam auprès des Européens mais aussi coordonner les travaux des différentes organisations islamiques en Occident et conseiller leurs activités. J'ai décrit dans mon *Islamisme radical* toute la méfiance que j'éprouvais à l'égard de cette institution fort peu démocratique pour ne pas dire « intégriste » et qui, à mon avis, diffuse beaucoup de messages de tous ordres (symboliques et financiers) qui me paraissent autant d'obstacles à l'intégration des musulmans qu'elle souhaite contrôler pour le plus grand profit de certains Etats : en particulier le Maroc et l'Arabie Saoudite, véritables patrons de l'Organisation de la conférence islamique.

Il ne me paraît ni concevable, ni sain que des Etats autonomes acceptent des ingérences dans leurs affaires religieuses que les Etats musulmans ne tolèrent absolument pas chez eux. Si, par hasard, l'Arabie Saoudite changeait de pratique en matière de pluralisme religieux (hypothèse totalement irréaliste) la France pourrait envisager de renégocier son attitude. Pour le moment, les Etats européens cèdent au chantage pétrolier et acceptent cet état de fait, parce que l'Arabie Saoudite est le seul allié de l'Occident et de l'impérialisme au Moyen-Orient et dans l'OPEP ; mais la morale civique n'y trouve pas son compte... La Ligue arabe n'est d'ailleurs pas en reste, qui essaie de mobiliser les « arabophones » sur d'autres plans[2].

L'importance de ce phénomène et de ces stratégies est mondiale, et s'accorde avec le caractère universaliste, messianique et eschatologique de l'islam.

L'effet récurrent n'en est pas moins clair. Tout en s'installant dans les pays d'accueil, les musulmans restent liés à la communauté musulmane mondiale. Sur place, d'autres signes montrent le désir d'une présence permanente. Ainsi les associations locales ne se contentent plus de louer mais achètent des bâtiments pour les rassemblements de prière. L'argent provient de dons, d'aumônes (*zakât*), des Etats (Arabie Saoudite surtout) et d'organisations islamiques mondiales. Des sommes considérables circulent. Ces bâtiments se transforment en véritables centres culturels islamiques : lieux de prière et de rencontre, écoles de formation pour adultes et d'enseignement coranique pour les enfants. Tandis que de grandes mosquées-cathédrales sont construites à Rome, à Madrid...

Les musulmans ont aussi fait une percée dans la presse. Ils éditent des quotidiens, des magazines et des livres en langues européennes, ces publications sont loin de donner une vue homogène de l'islam et de la diaspora musulmane.

Le magazine *L'Islam et l'Occident* (Vienne) propage un islam « réformé » qui veut répondre aux questions vitales que se posent les musulmans dans un monde non islamique. A la différence, des revues comme *Al-Islam* (Munich), *Quiblah* (La Haye) ont un tout autre but. Elles défendent un islam très fondamentaliste, sans possibilité de modification, quelles que soient les conditions de vie engendrées par l'immigration. De plus, se voulant missionnaires de la tradition (*sunna*), ces périodiques réclament la création d'écoles islamiques pour aider les jeunes générations à rester dans la tradition musulmane et à refuser le libéralisme ou l'individualisme

2. Cf. p. 178, le document de l'ambassadeur de la Ligue à Paris.

véhiculé par l'Occident dit chrétien. Une école va s'ouvrir à Paris, où paraissent les revues *Arabies* et *La Voix de l'Islam* entre autres[3].

La présence massive de musulmans potentiels nécessite l'étude rapide du statut des religions dans les différents Etats de la Communauté dans la mesure où, après 92, celle-ci sera amenée à proposer des harmonisations.

Analyse comparée des statuts religieux

La variété des statuts permet de se rendre compte que l'obstacle principal tient à la non-organisation de la communauté musulmane.

Le système de la Belgique est le plus élaboré et le plus riche en enseignements pour la France[4]. La Belgique a donné aux musulmans les mêmes possibilités juridiques qu'aux catholiques, aux juifs et aux protestants. Une loi du 14 juillet 1974 règle la coopération entre l'Etat belge et les organismes islamiques « responsables ». L'Etat paie les imams, accorde une aide financière pour la construction et l'entretien des bâtiments et des logements des ministres du culte, dans la mesure où les communautés musulmanes ne peuvent y faire face elles-mêmes. En 1975, le ministère de l'Education nationale a prescrit l'organisation des cours de religion dès que des parents en faisaient la demande. Aujourd'hui, plus de 45 % des enfants musulmans reçoivent ce type d'enseignement et 280 enseignants sont affectés pour remplir cette tâche dans 700 établissements à la charge du ministère.

En Belgique, la moitié des écoles sont « catholiques » et le nombre d'enfants musulmans dans certaines communes est plus élevé que celui des chrétiens. Les responsables de quelques diocèses se déclarent prêts à engager un professeur musulman pour le cours de religion islamique. Cependant dans plusieurs écoles de Bruxelles, la présence des imams et surtout la forme et le contenu de leurs cours ne favorisant pas un climat d'entente, ces cours ont été supprimés.

3. Cette dernière compte dans son conseil Farid Gabteni qui a organisé la manifestation parisienne contre Rushdie en mars 1989.

4. Cf. les travaux d'Albert Bastenier et Felice Dassetto, *L'Islam transplanté,* EPO, Bruxelles, 1984 et *Europa : nuova frontiera dell'Islam,* Ed. Lavore, 1988.

Pour les chrétiens et les juifs, les partenaires sont les communes ; pour les musulmans, ce sont les autorités provinciales ; mais ils ne peuvent pas s'organiser sur une base géographique plus large, regroupant par exemple plusieurs régions. De plus, l'Etat exige un interlocuteur central, condition difficile à remplir pour les musulmans. Pour débloquer cette situation, après de longues et complexes péripéties, trois ans de débats parlementaires, l'islam obtient le statut de droit commun belge. La diplomatie belge a poussé les choses en pensant au statut de Bruxelles comme capitale internationale et en envisageant de faire de la Ligue islamique mondiale un interlocuteur.

L'Etat belge reconnaît l'imam de la mosquée de Bruxelles comme imam principal, ce qui semble convenir aux ambassades de pays de tradition islamique. Seule la Turquie a exigé l'application de son propre système. Conséquence logique, l'association Culture et Religion islamique, qui regroupait les opposants à l'imam principal, est dissoute par l'Etat en 1986. Depuis lors, l'imam de Bruxelles est seul accrédité pour régler les affaires islamiques. Il nomme les imams et les professeurs de religion dans les écoles officielles. L'organisation des comités de gestion du temporel musulman est prévue par la loi et différents arrêtés royaux depuis 1978, et ces comités sont élus démocratiquement. Nous sommes donc bien en présence de ce système « consistorial » que je propose pour la France. De même, la loi de 1981 prévoit que les traitements des ministres du culte musulman s'aligneront sur ceux des évêques, curés, etc. Si certains soutiennent qu'il n'y a pas de clergé en islam, je suis sûr qu'un traitement et un statut à la fois juridique, symbolique et légitime va permettre la constitution d'une cléricature qui rapidement deviendra comparable à celle que les Français connaissent. Certes les imams ne sont pas des curés, mais des clercs légitimes de la gestion-des-biens-du-salut qui, sans être « prêtres », sont des clercs-sachant-les-écritures. Les pasteurs et les rabbins ont pu créer des structures ; pourquoi pas les imams ?

Aux Pays-Bas, religion et politique sont séparées. Le statut juridique de l'Eglise a été élaboré en 1853. Théoriquement, les musulmans pourraient profiter de ce statut en tant que communauté religieuse. Jusqu'ici ils l'ont refusé. Afin de pouvoir recevoir des aides de l'Etat, les musulmans se présentent comme association sociale et culturelle.

La Grande-Bretagne accorde un passeport à un grand nombre de musulmans. En devenant citoyens britanniques, les musulmans jouissent de tous les droits civils et politiques, y compris la liberté de religion et de culte. Pourtant des problèmes surgissent, en particulier quand il s'agit d'affaires typiquement islamiques comme l'abattage des animaux, et... l'instruction religieuse. Les tribunaux ont d'autre part rejeté catégoriquement la requête des musulmans britanniques pour l'application du droit islamique de la famille.

L'Allemagne et l'Autriche offrent une situation plus complexe. Dans ces pays, le statut juridique d'une communauté religieuse ne dépend pas du gouvernement mais de chaque Etat fédéré. Ceci devrait laisser plus de choix aux musulmans. Jusqu'à ce jour, les commmunautés islamiques ont le statut d'une association homologuée et recensée. Des discussions ont été engagées pour obtenir une reconnaissance de corporation de droit public (KOR). Les conditions à remplir pour recevoir ce statut ne sont pas minces :

— Le groupe doit être représentatif dans le pays et avoir une structure hiérarchisée.

— Il doit faire preuve d'une certaine continuité.

— Si plusieurs organisations présentent une requête, leurs différences doctrinales doivent être clairement établies.

La première demande de reconnaissance comme KOR a été introduite par la communauté islamique d'Allemagne en 1977. Le ministre de la Culture du Bade-Wurtemberg l'a refusée sous prétexte que le groupe n'était pas représentatif, et qu'il n'était pas certain de voir les autres musulmans se joindre à eux. Une autre requête a été présentée au ministère de la Culture de Düsseldorf, par le Centre culturel islamique de Cologne.

Depuis 1979, en Autriche, la communauté islamique de Vienne-Basse-Autriche-Burgenland a obtenu une KOR. Ce statut était nécessaire pour pouvoir enseigner l'islam dans les écoles publiques.

La Suisse est un Etat confédéré, qui comprend 26 cantons jouissant d'une très grande autonomie. Au cours des siècles, chaque canton a développé son propre droit « ecclésiastique » et a établi son statut juridique par rapport aux Eglises. Ainsi les cantons de Genève et de Neuchâtel ont instauré la séparation des Eglises et de l'Etat. Toutes les communautés ecclésiales s'organisent selon le droit privé. En revanche, dans le canton de Vaud, l'Eglise évangélique réformée est reconnue comme une institution nationale de droit public.

Par référendum, le 2 mars 1980, 79 % des votants se sont

prononcés pour la collaboration entre les Eglises et l'Etat. Cela dit, dans la plupart des cantons, les églises ont le statut d'une corporation de droit public. Jusqu'ici les musulmans n'ont pas réclamé ce statut. Ils se sont organisés en associations selon la langue ou la nationalité, au niveau local — très rarement au niveau du canton. Les associations islamiques en Suisse souffrent du manque de membres actifs et militants. Autrement dit, les musulmans, dans certains pays d'Europe, ne seraient pas beaucoup plus pieux, dévots et participatifs que les nôtres en France...

Par contre, il me semble que les jeunes issus de l'émigration ont des comportements (en particulier leurs adhésions musicales) assez comparables dans tous les pays d'Europe et qu'ils construisent sous nos yeux de nouvelles identités.

Le cas français

Le système de droit commun français est fondé sur deux grands principes : liberté d'association et non-intervention de l'Etat.

L'Etat n'intervient pas dans les structures des Eglises qui s'organisent en fonction de leurs statuts internes et en conformité avec la loi générale. Elles doivent en effet donner une assise juridique à leurs biens, à leur gestion, à leur capacité d'ester en justice, etc., et donc se doter de la personnalité morale. Les structures du droit commun en la matière sont constituées par la loi de 1905 sur les *associations cultuelles* dont les grandes lignes sont celles des associations *culturelles* prévues par la loi du 31 juillet 1901 sur la *liberté d'association.* La loi de 1905 a pour but essentiel de servir de support juridique aux biens du culte, y compris lorsque ceux-ci appartiennent à des associations laïques de couverture. Le fondement du principe de différenciation de ces deux lois ne réside donc pas dans la gestion des biens, puisque celle-ci y est comparable. Il se trouve plutôt dans la laïcité de l'Etat : celui-ci n'intervient pas dans la désignation des instances hiérarchiques des Eglises, ni dans les activités des Eglises et de leurs ministres. La seule limite aux agissements des Eglises tient aux exigences de l'ordre public tel que l'Etat les définit souverainement.

Il va de soi qu'il s'agit là d'un strict minimum sans lequel il n'y a plus de République et que nous devons exiger des musulmans qu'ils s'y conforment.

Quelles sont les implications d'un tel statut ? Il comporte des avantages et des inconvénients mais qui, de toute façon, ont permis même à l'Eglise catholique d'en tirer profit : alors pourquoi les musulmans n'y gagneraient-ils rien ?

Ce qui est apparu comme un inconvénient aux yeux de l'Eglise catholique pourrait apparaître comme un avantage pour l'islam. En effet, les structures canoniques catholiques sont, à cause du magistère ecclésiastique, assez uniques et fort différentes des structures étatiques ou des structures associatives prévues par les deux lois ; elles subissent donc une distorsion en se glissant dans le moule : le curé de la paroisse n'est pas automatiquement élu par le conseil d'administration de l'association diocésaine, ni d'ailleurs l'évêque ou le comptable du foyer rural.

Il semblerait que la double structure soit plus facilement mise en place dans le cadre « protestant » par les systèmes de fédération de fédérations voire d'Eglises et dans le système juif par emboîtement des consistoires et des rabbinats. Il me paraît tout à fait évident que cette dualité est plutôt favorable à une structure islamique en fédérations « laïques ». Elle permet en particulier d'éviter la constitution d'une véritable cléricature puisque les responsables des fédérations seront des laïcs élus parallèlement à l'imamat qui, lui, devrait être organisé comme le rabbinat. Ni les imams ni les rabbins ni d'ailleurs les pasteurs n'étant des « prêtres » : ils sont des clercs laïques.

L'autre grande difficulté tient à la nomination de la haute hiérarchie. Le souverain pontife demande au gouvernement français s'il n'y a pas d'objection politique à la nomination des évêques et bien sûr des cardinaux. Cette pratique est prévue par le droit canonique mais ne correspond pas à une exigence de l'Etat français. Je vois mal l'université d'al-Azhar exiger un label pour la nomination de l'imam d'Aix-en-Provence, ou même le ministre religieux de l'Arabie Saoudite s'entretenant de l'affaire avec l'ambassadeur de France encore que, nous le savons, les Ligues financent des « clercs » et les mosquées de leur choix, et ce type d'action ne réussit par toujours. Ainsi la Ligue islamique mondiale n'a pas réussi dans sa tentative d'implanter un Centre islamique à vocation nationale à Lyon qui était destiné à contourner la mosquée de Paris et l'Algérie [5]. Peu importe l'échec ou le succès, il s'agit d'ingérences

5. Cf. G. Kepel, *op. cit.*

intolérables auxquelles la République doit mettre un frein. En revanche, on ne peut interdire aux Etats étrangers les dons pour les lieux de culte et l'action caritative, à condition qu'ils respectent la législation française en la matière et agissent conformément au statut des associations françaises et étrangères. En termes de réciprocité, je ne pense pas que l'Arabie Saoudite supporterait que les ordres religieux chrétiens financent des monastères dans le désert de la péninsule « heureuse »...

Il faut donc souligner les avantages de la séparation et du statut de la loi de 1905 : ils sont considérables et d'un libéralisme surprenant pour ne pas dire unique.

Pas d'obstacles aux déplacements des ministres du culte même à l'étranger, aux relations entre eux et avec qui bon leur semble, pas d'*exequatur* ni d'*imprimatur*, pour la publication et l'exécution des décisions des autorités hiérarchiques. Autrement dit, la République laïque est bien plus tolérante que l'Eglise elle-même : le pape peut venir en France plaider contre la contraception alors que la loi autorise celle-ci... Les musulmans, comme le firent les protestants et les juifs, doivent apprendre à bénéficier de cette large liberté et personne ne peut douter que l'islam y trouvera son compte.

Enfin, les activités spécifiquement religieuses ou caritatives, culturelles, éducatives, voire prosélytes des Eglises sont libres sous réserve du respect de l'ordre public. L'épiscopat français a très bien su utiliser la loi Ferry sur l'enseignement de la catéchèse dans les établissements scolaires ; les musulmans devraient agir de même.

Les adversaires de ce type de statut lui reprochent de dissoudre la spécificité du religieux dans le droit commun des activités sociales, culturelles ou caritatives. Je crois que le contraire est démontrable et permet de comprendre pourquoi l'islam passe pour être un système où les sphères du public et du privé ne sont pas dissociées : le spirituel est bien démarqué du temporel dans ce statut puisque toutes les activités des Eglises qui n'entrent pas dans le cadre de la loi de 1905 sont celles qui précisément ne sont pas de nature religieuse. Bien plus, elles bénéficient de la même liberté mais sont alors soumises aux mêmes servitudes que toute autre activité privée. A ce titre, cette distinction permet aux Eglises de recevoir des subventions des collectivités publiques, alors que la loi l'interdit à titre religieux du fait de la laïcité de l'Etat. Seuls des esprits malhonnêtes (ou pas informés) peuvent prétendre le contraire ; de fait, les économes, les comptables des collèges privés et des associations religieuses ont bien compris ce double mécanisme. Certes, la subtilité du législateur tient à la finesse de la définition du mot *cultuel.* Il faut entendre ce terme au sens large d'objet religieux qui seul échappe à la compétence de l'Etat. Les tribunaux refusent d'ailleurs de trancher les litiges à caractère religieux, y compris ceux qui concernent l'occupation des locaux affectés au culte. Il est, soit dit en passant, piquant de constater que les intégristes catholiques n'hésitent pas à aller devant la justice de la République honnie...

Ainsi les maires n'ont de pouvoir que celui de simple police et de maintien de l'ordre en matière de manifestations cultuelles. Or, beaucoup s'autorisent abusivement de celui-ci pour refuser l'implantation de lieux de culte musulman, arguant du fait que les associations requérantes ne sont pas en accord avec la loi... de 1901 et ne sauraient se réclamer d'un statut, comme ce fut le cas dans un dossier que j'ai suivi à Marseille. Parfois même, les pompiers s'en mêlent si l'échelle de la sortie de secours de la mosquée n'est pas conforme. Autant d'entraves que l'application de la loi devrait facilement lever. A vrai dire, il est aussi difficile pour un maire de déloger des « intégristes » d'une église communale que de refuser une mosquée. Sur le plan de la gratification électorale, les deux refus peuvent avoir des conséquences comparables, dans la mesure où existe désormais un vote « français-musulman » qui peut changer la majorité dans certains quartiers mais dont je gage qu'il sera très vite indémontrable et inutilisable comme ses frères jumeaux : les votes juif ou pied-noir. Je crois en effet que les transitaires intégrés votent ensuite selon leurs intérêts de classe... il n'y a pas de vote beur ! En attendant, l'enjeu cultuel peut être monnayé, les catholiques puis, progressivement, les juifs l'ont démontré.

De nombreux textes législatifs ont d'ailleurs modifié le caractère propre de cette grande loi : notamment les décrets du 16 mars 1906 et du 17 mars 1970, les lois du 2 janvier 1907 et du 29 juillet 1961, portant, entre autres questions, sur l'aménagement des régimes des associations, sans oublier l'enseignement confessionnel, et la loi du 24 juillet 1987 sur le mécénat, qui autorise les déductions fiscales pour les dons aux églises. En fait l'aide indirecte au culte est monnaie courante.

De plus la Convention européenne de sauvegarde des droits de l'homme et des libertés fondamentales, ratifiée par la loi du 31 décembre 1973, publiée par décret du 3 mai 1974, supprime pratiquement ce qui restait de la loi de 1905, en reconnaissant à tout individu le droit de manifester sa religion ou sa conviction, individuellement ou collectivement, en public ou en privé, par le culte, l'enseignement, les pratiques ou l'accomplissement des rites. Qui dit droit dit finances pour l'exercice de ce droit.

Un point reste douteux : celui de l'enseignement. La définition du religieux par l'Etat et par l'Eglise peut être contradictoire. Le catéchisme ne tombe pas, à coup sûr, sous le coup des règles de l'enseignement au sens profane du terme, surtout lorsqu'il était gratuit, laïque et obligatoire. Et le débat est loin d'être clos. Pourtant l'Etat — même césaro-papiste — me paraît bien plus libéral que l'Eglise catholique qui use et abuse de cette liberté. La limite pouvant être d'inclure un impôt payable par tous pour restituer à l'enseignement catholique la possibilité d'enseigner non gratuitement ! Technique subtile qui se pratique largement en Europe. Certes, aucune Eglise ne sera jamais totalement libre face à un Etat mais il faut bien constater qu'en France, comme dans *La Ferme des animaux* d'Orwell, il y a Une Eglise qui est plus égale que les autres. Il ne me paraît pas chimérique de renégocier la séparation sur des bases plus égalitaires et doter ainsi toutes les Eglises d'un statut équivalent qui ferait que leur rencontre et leurs relations avec l'Etat seraient dialogiques, pacifiques, et profiteraient à la paix sociale, sans parler des économies que ferait l'Etat.

BILANS

III

L'ISLAM EN FRANCE

« Dans nos sociétés arabo-musulmanes, c'est la contagion latente ou patente de l'irréligion qui accompagne la laïcité, c'est le vertige devant le vide cultuel, et donc, pour nous culturels, c'est la désislamisation qui suscite les mouvements intégristes. Prenez chaque société de tradition musulmane et vous découvrirez que l'intégrisme y est toujours précédé par une période de laxisme religieux. Par une période où le culte a été abandonné. En islam, le cultuel et le culturel, c'est tout un. Une population déculturée, se précipite dans n'importe quel absolutisme religieux. C'est d'ailleurs ce qui peut expliquer certaines réactions, pas forcément intégristes d'ailleurs, qui semblent vous inquiéter chez les musulmans vivant en Europe et notamment en France[1]. »

Une mosquée sans minaret

Avant de faire le bilan de tout ce que nous savons sur le sujet[2], il me paraît opportun de faire la part du savoir et celle du fantasme dans l'étude de l'islam en France. Si plus de mille « mosquées » peuvent y être répertoriées en confondant lieux de cultes et véritables mosquées, mon tour de France m'a permis de « voir »

1. Extrait d'une interview du roi Hassan II par Jean Daniel, *Le Nouvel Observateur,* mars 1988, n° 1116.
2. Surtout depuis les travaux de G. Kepel, du groupe de recherches de la FNSP (Leveau et de Wenden) et de quelques auteurs musulmans français.

trois minarets... La France s'auto-effraie par l'annonce incantatoire de la progression inéluctable des mosquées.

Le problème que je soulève ici tient plus à la *visibilité* qu'à la réalité de la présence de l'islam en France : il y a inversion entre la réalité et l'imaginaire. Depuis quelques années, grâce à une production scientifique importante, nous savons beaucoup de choses sur l'islam en France ; pourquoi, alors, une société refuse-t-elle de voir ce qu'elle a sous les yeux et préfère-t-elle ce qu'elle croit, ce qui l'arrange[3] ? Avant de répondre, je voudrais rappeler ce que j'entends par phénomène religieux et proposer une définition de la religion qui soit un outil de travail et qui tienne compte de la réaction des acteurs sociaux. J'en viendrai ensuite à montrer la différence de traitement que subit l'islam par rapport aux deux autres religions monothéistes.

J'appelle « religion », dans cet ouvrage[4], un système de croyances et de pratiques relatives au sacré qui produit des conduites sociales et qui unit dans une même communauté l'ensemble des individus qui y adhèrent.

Je connais les limites d'une telle définition. Cependant elle permet le traitement équidistant de phénomènes comparables tout en impliquant une neutralité face aux acteurs et en refusant de prendre leur discours pour vérité première. Car l'attitude de ceux-ci produit un paradigme dangereux que j'appelle « oui, mais nous, c'est pas pareil... ». La plus grande difficulté que nous rencontrons dans nos recherches tient en effet au comparatisme.

Ainsi une proposition qui consiste à affirmer qu'il est souhaitable et possible d'analyser, avec les mêmes instruments, les discours, le rôle et les fonctions de l'Ayatollah Khomeiny, du pape Jean-Paul II et du dalaï-lama, heurte de front les convictions intimes de la plupart des croyants... *e pur se muove*... Il ne faudrait pas faire aux autres ce qu'on ne voudrait pas qu'ils nous fissent. Peut-on dès lors appliquer au Coran, à la tradition des Hadith et de la vie du

3. Gaston Bachelard a bien sûr donné les réponses épistémologiques à ce type de question.

4. Cette définition est d'autant plus efficace pour l'analyse comparative qu'elle est admise par l'ensemble des chercheurs. Elle a été largement utilisée par le groupe de Michelat dans ses travaux sur le catholicisme français par exemple. G. Michelat, M. Simon, *Classe, religion et comportement politique,* Paris, FNSP, 1977, pp. 265 et 267.

Prophète le scalpel du scepticisme apologétique, comme finalement cela a été fait pour la Bible et les Evangiles ? Oui, bien sûr !

Les réactions des juifs et des musulmans en septembre 1988 (tout au moins des « autorités ») approuvant les catholiques sur le « scandale » que constituerait le film de Martin Scorcese *(La Dernière Tentation du Christ)* illustrent mon propos. Pourtant, depuis Lessing, les auteurs ne manquent pas qui ont traité la Bible de « *Gross Tausching* » (énorme plaisanterie), le Christ de personnage mythique et l'Eglise de consortium d'exploitation sacerdotale de la misère et de la douleur... Les progrès de la méthode historique et de la sémantique quantitative nous permettent cependant de savoir à peu près comment les textes des trois religions monothéistes se sont constitués, et aucune découverte n'a porté atteinte à la foi. Bien au contraire, dans le cas le plus exemplaire (les Manuscrits de la mer Morte) l'exploitation scientifique, aujourd'hui achevée, a plutôt confirmé l'ensemble du corpus connu.

C'est pourquoi je suis fermement partisan, comme Mohammed Arkoun[5], de soumettre l'islam à une véritable critique de ce type. L'interprétation jurisprudentielle est d'autant plus délicate qu'il n'existe pas de magistère institutionnalisé et que l'application du « droit musulman » pose problème en France. Aussi devons-nous être au clair sur l'historicité de certaines pratiques comme le voile, la polygamie etc. Seule l'analyse historique des textes fondateurs par la sémantique quantitative et structurale nous permettra de comprendre les conditions de production du discours prophétique.

Reste la désignation des objets. La capacité de nommer (taxinomie) est en même temps un pouvoir de nommer, lequel est un pouvoir magique sur les choses, comme si nommer l'Autre le désacralisait en le situant dans une sphère supportable : le bougnoul, crouille, raton, tronc de figuier, un arbre mort dans un paysage que l'on ne voit plus mais auquel on peut se heurter et se faire mal... Cet embarras de toute une société à désigner clairement la population émigrée en son sein reflète les difficultés qu'elle éprouve à définir sa propre identité : J. Delumeau a bien montré (dans *La Peur et l'Occident*) comment la production d'un *nous*, d'un entre-soi chauvin ou sectaire, était confortée par la peur de l'Autre, présenté comme une menace interne pour l'ordre social.

5. M. Arkoun, *Lecture du Coran* et *Pour une critique de la raison islamique*, Paris, Maisonneuve et Larose, 1982 et 1984.

Sans souscrire entièrement à tous les apports des disciplines différentes, il faut préciser quelques pistes pour comprendre ce qui nous arrive avec la présence de l'islam. Si Jung a postulé un inconscient collectif dont le contenu se manifeste sous la forme d'archétypes, parmi les modèles de comportements inhérents à la nature humaine, il y aurait une hiérarchie à partir du « soi », c'est-à-dire l'intégralité de l'Homme. Celle-ci est mise en danger par l'agression de l'Autre, qu'elle soit réelle ou perçue comme telle. Il y a là une piste, mais d'autres sont possibles.

L'apport de Freud à la connaissance du phénomène religieux réside moins dans sa théorie du banquet totémique (où Dieu n'est que la sublimation du père physique) que dans le fait d'avoir prouvé que les images et les symboles transmettent leurs messages *même si le sujet continue à les ignorer sur le plan conscient.* Le chercheur peut donc travailler sur les mythes, les rituels et les symboles sans se demander si tous les individus comprennent ou non leurs significations. Sur ce débat, désormais clos dans la profession mais pas dans la « société civile », il est impossible de ne pas fixer les balises minimales sans lesquelles le « bon sens » et « l'en-deux-motisme » l'emporteraient sur la recherche : le mythe est l'explication et la justification du rituel qui est obligatoire alors que la croyance, elle, est laissée à la discrétion du fidèle.

Mais les représentations religieuses ne peuvent se réduire à des fonctions sociales, psychologiques ou rationnelles même si l'expression religieuse (y compris la plus élevée : l'extase) se présente toujours à travers des manifestations culturelles et structurelles spécifiques, historiquement conditionnées. Sans quoi il faut renoncer à étudier la prière, par exemple, à partir de l'idée que les musulmans ne peuvent pas prier comme nous et que leurs prières sont donc mauvaises ou illégitimes, puisque seules les nôtres sont des prières et ainsi de suite. Ceux qui étudient les pseudo-prières des musulmans ne peuvent qu'être des ennemis de l'Occident, donc eux-mêmes illégitimes, *ad libitum...* Il nous faut au contraire définir (ici « prière ») provisoirement le système des relations qui permet d'aborder le fait observable, par-delà les prénotions, les préconstructions de la sociologie empirique. Depuis Marcel Mauss, Gabriel Lebras et Emile Durkheim, nous « savons faire » ce métier et nous nous heurtons aux acteurs sociaux eux-mêmes. Dans l'exemple choisi, il faut distinguer la *Salat* — prière canonique qui est un des piliers de l'islam, fort peu pratiquée d'ailleurs — de la « prière » que de nombreux musulmans récitent chez eux, même rituellement, sans se soucier de savoir si elle correspond ou non à la définition de l'anthropologue... ou des orthodoxes (cf. annexes en fin de volume).

Est-ce à dire que nous devons suivre aveuglément Durkheim pour qui la religion est la projection de l'expérience sociale ? Pour lui, la sacralité et le groupe social sont une et même chose. C'est une piste féconde mais que plus personne ne suit au premier degré : je ne crois pas que la vie religieuse soit seulement un épiphénomène de la superstructure sociale. D'autant que Gramsci, pour l'Italie catholique, mafiosiste et ouvrière, a bien montré que la superstructure est souvent en avance... Dans la réalité, il n'existe pas de « fait religieux »[6] à l'état pur : un fait religieux est toujours en même temps un fait historique, sociologique, culturel, psychologique et sans doute autre chose encore. Ainsi, une jeune femme ou un jeune homme, « issu de l'émigration », qui se met à porter les cheveux « rastas » ou l'habit « musulman » est-il peut-être et avant tout en recherche d'identité. Pour le marquer, il répond à la stigmatisation de l'Autre par une agression du champ visuel de l'Autre : les activités de provocation (autoplastiques et alloplastiques) donnent du sens à l'acculturation à partir des symboles de la société intégrative ou de celui qui y résiste. Ce sens est produit par l'adhésion ou le rejet du code social symbolique. Ce n'est pas la première fois qu'une dérive des signes se manifeste dans une société en crise[7]. Ainsi l'étoile jaune, correspondant à la stigmatisation de l'Autre, devient revendication d'identité lorsqu'elle est portée, sous forme d'un bijou en or représentant l'étoile de David ou le bouclier de Salomon, d'une façon aussi ostentatoire qu'agressive en réponse à la stigmatisation. La main de Fatma remplit le même rôle symbolique.

J'insiste sur la complexité et la multiplicité des sens possibles parce que la confusion surgit lorsque, seul, l'un des aspects de la vie religieuse est tenu pour fondamental ou significatif. Ce fut le péché des pseudo-marxistes avec « en dernière instance, l'économique ». Ils auraient dû lire la correspondance de Engels et Josef Bloch, Conrad Schmidt et Florence Kelley... « C'est Marx et moi-même

6. La notion de « fait social » définie par Durkheim est à la fois admise et contestée. Je l'utilise au sens de donnée réelle de l'expérience bien établie.

7. Lucien Sfez, *La Symbolique politique*, PUF, « Que sais-je ? », n° 2400.

qui devons porter la responsabilité du fait que les jeunes donnent plus de poids qu'il ne lui est dû au côté économique... ils ont commis une grave erreur de faire de leurs théories importées et pas toujours bien comprises [= le " marxisme " !] une sorte d'unique dogme de salut [*alleinseligmachendes Dogma*]... »

Ce fut le péché des « freudiens » avec le meurtre du père ou la mimesis..., sans que ce regard critique annule une de ces séquences que je crois néanmoins pertinentes. Car je ne saurais considérer les autres comme secondaires sans sombrer dans l'aveuglement idéologique qui empêche de voir les effets sociaux des illusions et qui les présente comme illusoires. Je préfère essayer la lourde tâche du déchiffrement en évitant de tomber dans un réductionnisme dépassé. Poursuivre ce chemin difficile implique d'écouter le conseil de Mircea Eliade[8] : nous devons toujours considérer l'histoire des significations religieuses comme faisant partie de l'histoire de l'esprit humain. A ce titre, dans la civilisation occidentale, la réalisation du soi passe par la rédemption dont le symbole est (le) Christ. L'islam, sur ce point, n'est ni « oriental » ni « autre » mais bien partie intégrante de cette pensée fondatrice... Il ne faudrait pas l'oublier dans la suite des développements.

L'étude de l'*habitus*[9] religieux détermine plusieurs dimensions de la religiosité.

— La dimension idéologique qui comprend les croyances, la conception du monde, la cosmologie et la cosmogonie. Cette dimension correspond à ce que l'islam nomme *al-Aqa'id* (au singulier *'aqida*), les croyances intangibles, base de la foi (*al-Iman*). Ces croyances principielles comprennent l'unicité de Dieu, attestée par la profession de foi (*al-Shahada*) ; la croyance aux Prophètes et aux Livres révélés, aux anges, à la résurrection des corps, au Jugement dernier et à la rétribution (récompense-punition) finale et aussi la soumission au décret divin... Toutes choses correspondant point par point aux règles du monothéisme dans ses autres versions.

— La dimension rituelle qui nous permet de saisir les pratiques hiérarchisées ou non, ou bien dissociées dans la pratique réelle. L'islam en effet distingue les *Ibadat,* les actes d'adoration, les obligations cultuelles intangibles, des *Mu'amalat* ou relations

8. M. Eliade, « Les Religions », *RISS,* vol. XXIX, 1977 (n° 4), pp. 665-678.
9. Cf. Annexe IV.

sociales. Les cinq obligations canoniques, « piliers » de l'islam, comprennent :

la profession de foi : *al-Shahada*
la prière rituelle cinq fois par jour : *al-Salat*
le jeûne du mois de ramadan : *al-Syam*
la dîme ou aumône légale de purification : *al-Zakat*
le pèlerinage à la Maison de Dieu à La Mecque : *al-Hajj,* si possible.

Contrairement à un cliché trop répandu, le *Jihad* (effort personnel et combat contre soi-même puis combat contre les ennemis de l'islam) *n'est pas une obligation canonique.* De même ne faut-il pas confondre ces pratiques rituelles avec les règles morales ou éthiques nommées *al-Akhlaf,* intangibles comme toute morale religieuse mais soumises à des applications casuelles.

— La dimension existentielle, c'est-à-dire le religieux vécu à travers les sentiments, les sensations, la crainte, la confiance, qui nous amènent aux limites de l'orthodoxie surtout lorsque les acteurs pensent, à travers ce type de pratiques, être encore dans le religieux alors qu'ils sont dans le social, la coutume ou la tradition anti et/ou anté-islamique, voire dans la magie, la thaumaturgie, etc. Et pourtant cette dimension est bien balisée par la tradition qui classe les actions humaines en cinq catégories ou statuts (les *ahkam al-khamsa*) : les actions qui ne sont pas mentionnées dans la loi islamique sont neutres. Or, la plupart des actions humaines appartiennent à cette classe. C'est dire la souplesse potentielle de ce système. Mais de part et d'autre des actions neutres, les deux balises sont l'obligatoire et l'interdit : *al-Wajib* et *al-Haram.* Les cinq piliers de l'islam sont « *wajib* », tandis que sont *haram,* le meurtre, le vol, la consommation de viande non égorgée, le porc, le mariage incestueux, l'alcool... encore que le texte coranique précise plutôt qu'il n'est pas recommandé de se présenter à son Seigneur en état d'ébriété, et comme Lui seul connaît l'heure...

Entre ces deux pôles la *Shari'a* précise ce qui est recommandé et ce qui est blâmable : *al-Mandub* et *al-Makruh.* Ces règles de conduites et d'actions visent à réussir sa vie dans l'au-delà, mais concrètement elles sont régies par des jurisprudences assez vastes et des interprétations larges.

— La dimension conséquentielle permet justement de mesurer l'effet des dimensions précédentes dans la vie quotidienne, à travers les relations que le sujet entretient avec les autres, avec lui-même :

l'entre-nous, l'Autre... en particulier à cause de l'acculturation dissociative dont la formulation la plus parfaite est sans doute le célèbre « tord-langue » du Coran. Cette sourate est, dit-on, souvent employée pour déterminer si le sujet est ivre ou non.

Sourate CIX — *Al-Kâfirûn* (les incroyants) :

(Sourate révélée à La Mecque alors que les « païens » proposent la conciliation au Prophète trois ans avant l'hégire)

« *Au nom d'Allah, le Bienfaisant, le Miséricordieux,*
Dis : O Incroyants !
Je n'adore pas ce que vous adorez ;
Et vous n'adorez pas ce que j'adore ;
Et je n'adorerai pas ce que vous adorez,
Et vous n'adorerez pas ce que j'adore.
A vous votre religion, à moi ma religion. »

— Enfin la dimension intellectuelle qui recouvre les attitudes à l'égard de la connaissance (le procès cognitif), la réflexion sur le phénomène religieux, sur les préjugés du groupe ou de l'Autre.

Cette dernière dimension est très riche en France grâce à des hommes comme Ali Merad, Mohammed Arkoun, universitaires éminents en même temps que musulmans français à part entière qui poursuivent leurs recherches d'hommes libres ; ou encore grâce à des intellectuels musulmans français comme D. Gril, M. Chodkiewicz, M. Valsan, C.A. Gilis etc., dont la réflexion de grande qualité se place sur le plan mystique. Leur production en français a complètement renouvelé l'orientalisme dans une perspective dégagée à la fois de l'apologétique et de la suspicion colonialiste. Ce qui me porte à croire que bientôt se lèvera un théologien de la dimension d'un Hans Küng [10] dans l'islam français.

En même temps, cette réflexion théologique et mystique, menée par d'autres encore, comme certains maîtres de confréries, est massivement absente des communautés de base où l'un des problèmes de fond demeure la faiblesse, voire l'absence de clercs susceptibles d'assurer la catéchèse. C'est dire combien l'islam en France est multiple, et combien il me paraît à la fois délicat, et impératif, de construire des typologies qualitatives et quantitatives des attitudes religieuses. Par-delà les difficultés de l'enquête (comp-

10. Théologien de Tübingen auteur, entre autres, de *Le Christianisme et les religions du monde,* Le Seuil. Le militant le plus avancé du paradigme œcuménique.

ter les gens dans les mosquées et comptabiliser ceux qui font la prière à la maison), la palette des attitudes est très large : pieux, dévot, légaliste, mystique... j'ai rencontré autant de formes d'islams que de musulmans, comme de juifs et de chrétiens. De l'athée cohérent (en 30 ans j'en ai rencontré trois ou quatre) au militant islamiste cohérent (il y en a beaucoup plus !), il est nécessaire de situer l'extrême fluidité des attitudes et des pratiques dans le temps et dans l'espace, par sexes et par âges, d'une infinité de situations de piété depuis l'homme dévot et pratiquant en passant par toutes les nuances des pratiques populaires : magie, thérapies féminines, cultes des saints, confréries, pèlerinages, fêtes, mariages, circoncision, fêtes nationales vécues comme religieuses, fêtes chrétiennes comme Noël vécues sociologiquement dans le pays d'accueil ou de passage...

En effet, il y a pluralité des islams vécus sereinement par les acteurs sociaux qui jouent sur tous les registres à la fois : islam-culture, islam-refuge, islam-protestation, islam-mimesis, islam-identité, etc. Ou, si l'on préfère, pour reprendre une classification pertinente de Jean Seguy[11], l'islam remplit à la fois des fonctions identitaires, cognitives, consolatrices et utopiques. Un des nœuds de ce problème tient au fait que les « urbanisés-cultivés » vivent cette situation dans la tension entre tradition et modernité, parfois même avec culpabilité. Je ne peux faire état ici de correspondances privées et de tout le dossier que j'ai réuni sur la folie mystique : elle est pourtant un pur produit de la modernité et de la contre-acculturation qu'impose le passage du *Dar al-Islam* originel au vécu en ville européenne. Quelques néo-islamistes se prennent pour le prophète Mohammed lui-même que Dieu a chargé une fois encore de la mission de sauver le monde arabe perverti par les tyrans..., à partir du territoire français, espace de liberté. Si quelqu'un doit craindre l'islamisme, il se pourrait que ce soient plutôt les pays d'origine...

Enfin, étudier le vécu ne doit pas conduire à reproduire ce vécu. Après plusieurs années de travaux et d'enquêtes, des questionnements sont venus qui m'ont obligé à arrêter l'empirie et à me poser l'autre question : toute cette réflexion sur l'islam me révèle beau-

11. Jean Seguy est directeur de recherches au CNRS et professeur à l'Ecoles des Hautes études en Sciences sociales. Il est un des grands spécialistes des sectes en France mais aussi de Ernst Troelsch, grand théologien allemand.

coup plus de choses sur moi, sur nous, sur la France... Alors peu importe si l'islam peut être un facteur de sociabilité ou de mobilisation, s'il est la mémoire-Mère ou la culture du Père puisque la vraie question-réponse est dans la société d'accueil et non point dans l'islam.

La société se paye toujours de la fausse monnaie de ses rêves, aimait à dire Marcel Mauss. Les Français, certains tout au moins, ont cru, ont voulu croire, que les « émigrés » (arabes) repartiraient chez eux. C'était oublier un peu vite que dans la division internationale du travail, la mobilité de la force de travail, qui va se vendre là où il y a du travail, est une des LOIS du capitalisme dynamique. *Ils* sont là, ils resteront et de toute façon leurs enfants sont là et eux, tout au moins, sont français. Mais qui sont-ils réellement ? Et de quoi parlons-nous quand nous parlons d'islam, de migrations, d'identité française, d'altérité ?

Ce qui frappe, en effet, c'est l'imprécision du vocabulaire dans l'analyse du phénomène. Celle-ci masque mal la difficulté de déterminer un objet aux contours précis : communauté, société civile, identité, différence ; réfugiés, émigrés, immigrés, migrants ; insertion, assimilation, intégration ; deuxième génération ; harkis, nord-africains, maghrébins, musulmans, arabes, kabyles, berbères... sans oublier les termes péjoratifs et argotiques. Nous sommes en présence d'un stock de mots-pratiques sociales qui participent et entretiennent la confusion. Or, les sciences sociales ont largement balisé ces concepts, tout au moins celui de « communauté » (Toennies, Morgan, Engels, Gramsci, Weber, sans oublier Durkheim) et celui de « société civile » (Hegel, Gramsci et plus récemment les politologues français contemporains). Par contre, « identité » fait l'objet de débats complexes dont je ferai état plus loin. Le fossé demeure abyssal entre le discours « scientifique » et celui des médias et des politiciens...

La confusion, plus exactement la variété d'utilisation des termes employés pour évoquer une catégorie de population qui apparaît comme une, unique et unie, ce qui est loin d'être le cas comme on va le voir, traduit bien l'ambiguïté du regard des Francais sur l'Autre qui campe chez lui comme, autrefois, le prolétariat dans le capitalisme... ou la vérole dans le bas clargé espagnol. Images fortes qui signifient un oubli : les émigrés sont effectivement *le* prolétariat. Or, le corps social français les perçoit comme l'intrusion d'un corps étranger, d'une peste à équidistance du Sida et de l'invasion destructrice de notre identité, de notre être, bref en un mot porteuse de mort pour la civilisation occidentale.

Alors sont-ce les étranges étrangers, les immigrés, les migrants, les émigrés, les enfants issus de l'émigration ou les Algériens, les Maghrébins ou encore les Arabes ou les musulmans, qui constituent la véritable catégorie de nos angoisses ? Et pourquoi jamais les Berbères, alors que ceux-ci ont pris, par-delà le mythe colonial de leur « assimilabilité », une part plus que décisive au combat contre la France coloniale ?

Lorsque l'on interroge un peu sérieusement les acteurs sociaux — surtout ceux qui ont peur — on constate qu'ils sont plutôt vagues dans leurs descriptions puisque, c'est un fait bien connu, chacun d'entre nous a un ami juif ou algérien qui n'entre pas dans la catégorie susdite... Par contre, il est possible de trouver dans notre histoire et dans notre mémoire les mêmes stéréotypes appliqués tour à tour à la classe ouvrière au XIXe siècle (classe sale, syphilitique et dangereuse), puis aux Arméniens et aux Grecs, puis aux Italiens et Espagnols dans la première moitié du XXe siècle sans oublier les juifs depuis quelques siècles...

Etudiant à la Faculté de droit d'Aix-en-Provence, j'avais un vieux professeur de droit pénal (paix à ses cendres) qui essayait vainement de nous faire partager son admiration éperdue pour le Père du « criminel-né [12] ».

Lorsque, aujourd'hui, je relis ce chef-d'œuvre, je frémis d'horreur en imaginant les générations d'avocats et de magistrats formés à une telle école ! Les affirmations sur les dangers qui menacent la civilisation y abondent avec une telle densité que je m'étonne chaque fois de leur absolue sérénité : l'inconstance est l'une des caractéristiques des peuples méditerranéens et plus particulièrement du peuple méridional ; les criminels sont moins nombreux dans les régions italiennes où s'est exercée jadis quelque influence germanique ; les Génois, les Calabrais sont des fripons achevés, paresseux, intempérants ; les Arabes ont un courage imprévoyant... et une tendance généralisée au vol... ; les ouvriers français sont prolifiques (et prolétaires ?) tandis que les paysans français sont avares et stériles... Mais rien ne vaut les Bohémiens : ingrats, vils, cruels, leur imprévoyance est sauvage et criminelle, qui est bien pire que celle

12. Cesare Lombroso, *Crimes : causes et remèdes,* Paris, Alcan, 1907.

des Arabes ! Ils sont aussi superstitieux, mangent des charognes, s'adonnent à l'orgie et, féroces, assassinent pour voler ; on les soupçonne même de s'adonner au cannibalisme, sans preuve avérée... Par contre, leurs femmes forment leurs enfants au vol et leur apprennent les recettes de poudres pour empoisonner le bétail. Comme tout cela ne se peut inventer, je ne résiste pas au plaisir de citer le couronnement de cette œuvre : « Il est important de noter que cette race si inférieure au point de vue moral et réfractaire à toute évolution civile et intellectuelle, qui ne peut jamais exercer une industrie quelconque et qui, en poésie, n'a pas dépassé la lyrique la plus pauvre, est, en Hongrie, créatrice d'un art musical merveilleux — nouvelle preuve de la néophilie et de la génialité que l'on peut trouver mêlées à l'atavisme chez le criminel. »

A n'en pas douter Le Pen ne fait pas mieux, ce qui est somme toute rassurant. Mais, pis à mes yeux, les étudiants formés à cette implacable logique, ont-ils tous pu faire l'effort critique nécessaire lorsque, dans l'exercice de leur profession, ils se sont trouvés face à des acteurs sociaux appartenant à cette race si inférieure... Si j'en crois l'imaginaire marseillais et provençal, les idées reçues sur les Gitans n'ont pas beaucoup changé..., et ont même permis de sinistres glissements sur d'autres « races inférieures ».

Il existe ainsi un très beau répertoire de ces typologies enfouies dans notre mémoire dont je ne donnerai qu'un exemple tiré de *L'Haleine des faubourgs*[13]. On y trouve, outre le concept de dégénérescence de la classe ouvrière, des pages sublimes sur le « péril vénérien », l'alcoolisme, la répression antimalthusienne et (déjà) l'incapacité des ouvriers à bien utiliser les beaux logements sociaux que leurs généreux patrons construisaient « scientifiquement » pour eux... Si la qualité était à cette époque « sociale », elle devient aujourd'hui « ethnique » avant que d'être « culturelle ».

Cet ouvrage, malheureusement peu lu, contient des trésors de lieux communs légitimés par la morale bourgeoise. La classe ouvrière s'y perd dans les bistrots et les maisons closes. Aujourd'hui le prolétariat immigré préfère les paris (tiercé, PMU) ; or, les musulmans contribuent largement au chiffre d'affaires de ces activités sociales alors que l'islam interdit et l'alcool et les jeux de hasard. Les musulmans turfistes sont de pauvres hommes identiques aux autres dans leurs besoins et leurs faiblesses auxquelles la société

13. Textes réunis dans la revue *Recherches,* décembre 1977, nº 29.

répond pécuniairement : la morale bourgeoise est toujours sauve lorsque le pécheur paye... Entre-temps, la catégorie a glissé de sens. Le glissement a été perçu par la vraie extrême droite en France qui se légitime alors en proposant, à cause de l'incompatibilité culturelle supposée, que ces gens-là aillent s'épanouir ailleurs. Il s'agit aujourd'hui de fustiger l'Autre en tant que race et non plus comme membre d'une classe. Certains articles sur le Sida ou la mort de Malek Oussekine utilisent la même technique d'amalgame.

Nous nous heurtons là au problème insoluble qu'a décrit Bachelard en des pages admirables : la connaissance ne peut s'opposer au « bon sens » et ce que croient les acteurs sociaux est plus réel que ce qui est vrai ou pertinent pour le chercheur...

Pourtant, la production scientifique est sérieuse. Voyons ce que donnent les chiffres sur les migrations. Elle est même pléthorique [14], à tel point que, à l'IREMAM, existe un ordinateur et une publication bibliographique spéciale [15]. Le sujet de ce livre n'est donc pas l'émigration en soi, mais la relation qu'il faut établir entre la présence massive de travailleurs et étrangers perçus avant tout comme musulmans sans autre forme de procès, et le caractère allogène de l'islam.

La première remarque porte encore sur l'incrédibilité des statistiques : la France est actuellement dans une phase *basse* d'immigration. Il n'y a jamais eu aussi peu d'étrangers en France depuis le XIXe siècle : entre 6 et 8 % contre 19 % en 1932-1936. Par ailleurs, non seulement les autres pays partenaires de l'Europe connaissent la même situation, mais encore la plupart ont plus d'immigrés que la France : Luxembourg, 26,3 % ; Belgique, 9,1 % ; RFA, 7,2 %. Par contre l'Italie et les Pays-Bas comptent moins de 4 % d'émigrés tandis que la Grande-Bretagne est confrontée à des problèmes de populations originaires du Commonwealth qui, sur le plan de la

14. A. Sayad, « Tendances et courants des publications en sciences sociales sur l'émigration en France depuis 1960 », *Current Sociology/La Sociologie contemporaine,* volume 32, n° 3, hiver 1984. Ce volume contient également un très gros texte sur l'émigration en Europe.

15. Institut de recherches et d'Etudes sur le monde arabe et musulman (Aix-en-Provence). *L'Emigration maghrébine de 1962 à 1985,* Répertoire bibliographique établi par Simonne Nassé, M.-J. Bianquis, M. Meyer, M. Tièche et informatisée par J.-J. Régnier. Mise à jour en 1986 puis 1989. Travaux et Documents de l'Iremam, n° 1, Aix-en-Provence, 1986, plus de 2500 occurrences.

nationalité, de l'insertion et du chômage, sont encore plus complexes qu'en France.

Enfin, les Français semblent ignorer que la Turquie, pilier de l'OTAN, va sans doute entrer dans la Communauté, et qu'ainsi 60 millions de Turcs, musulmans pour la plupart, pourront circuler « librement » à l'intérieur des Etats membres. Or, la RFA affronte déjà quelques difficultés suscitées par la présence de plus d'un million de Turcs sur son territoire (la population active étrangère en RFA étant de près de 2 millions contre seulement 1,6 million en France...). Alors que le discours électoral invoque si souvent l'échéance de 1992, il utilise rarement les chiffres exacts que l'on peut trouver dans toute la production scientifique[16].

La population étrangère en France a changé au moins sur un point. Jusqu'à la guerre de 1940-1945, elle est massivement « européenne ». Aujourd'hui elle est globalement non européenne, mais il s'agit là d'une origine géographique et non raciale. Le recensement de 1982 est la seule base sérieuse de départ, qui doit être actualisée puisque l'immigration et le regroupement familial se sont poursuivis depuis cette date. Si l'on fait la péréquation entre différents chiffres (y compris ceux du ministère de l'Intérieur qui tient compte des titres de séjour en cours de validation), il y a *au moins* 3 680 100 étrangers en France et *au plus* 4 459 068, sous réserve de quelques milliers de « clandestins » et sans décompter les « passagers ». Ce qui représente, par rapport à la population française totale (55 586 714), 6,8 % répartis très inégalement : par exemple, l'Ile-de-France et la Corse enregistrent des taux de 11 à 13 %.

La répartition par nationalités est bien établie mais ne correspond pas à ce que croient savoir les Français. En effet les étrangers les plus nombreux ne sont pas les Algériens mais les Portugais. Le tableau suivant donne les chiffres pour 1985 :

Portugais	846 438	Tunisiens	225 680
Algériens	724 960	Turcs	154 267
Marocains	558 741	Yougoslaves	65 888
Italiens	378 939	Belges	63 282
Espagnols	350 912	Polonais	60 076

16. Par exemple Ch. Ducastelle et J. Voisard, *La Question immigrée dans la France d'aujourd'hui,* Paris, Fondation Saint-Simon, Calmann-Lévy, 1988, 151 p.

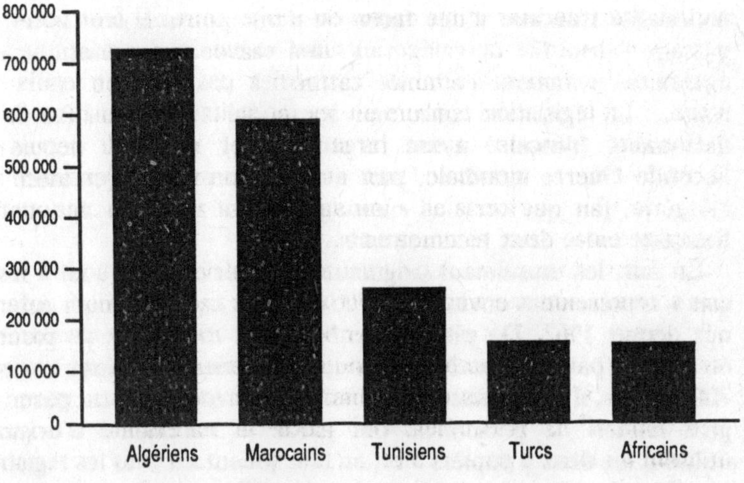

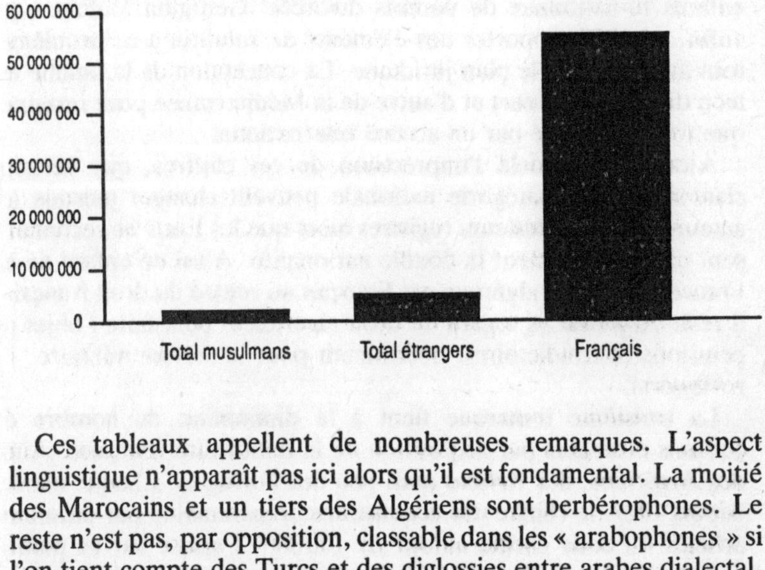

Ces tableaux appellent de nombreuses remarques. L'aspect linguistique n'apparaît pas ici alors qu'il est fondamental. La moitié des Marocains et un tiers des Algériens sont berbérophones. Le reste n'est pas, par opposition, classable dans les « arabophones » si l'on tient compte des Turcs et des diglossies entre arabes dialectal, moderne et classique : bien peu sont lettrés en arabe…

Autre exemple sur l'imperfection de ces tableaux. L'absence des Asiatiques et l'imprécision sur la religion des Africains qui sont pourtant plus de 200 000 en France dont certains, il est vrai, ont la nationalité française d'une façon ou d'une autre. Il faut noter au passage l'absurdité de catégories aussi vagues que « asiatique »... également comment certaines catégories changent en cours de route... La législation concernant les modalités d'acquisition de la nationalité française ayant largement été modifiée depuis la Seconde Guerre mondiale, puis avec et après l'indépendance de l'Algérie, fait que certains « immigrés » ont acquis la nationalité française entre deux recensements...

En fait, les musulmans originaires d'Algérie et qui sont « français » représentent environ 5 à 700 000 : les harkis et leurs enfants nés depuis 1962. De plus, les enfants nés en France de parents étrangers (parmi lesquels beaucoup d'Algériens) seraient environ 700 000. Or, il est quasiment impossible de savoir combien, parmi ce gros million de personnes, ont gardé la nationalité d'origine, utilisent les deux « papiers » et, en fait, jouent sur tous les registres possibles dans le cadre de lois nationales différentes dans chacun des Etats... Non sans produire des conflits dont le plus cruel est celui des enfants bi-nationaux de parents divorcés. Georgina Dufoix a pu enfin, en 1988, apporter des éléments de solution à ce problème, tout au moins sur le plan juridique. La conception de la famille est trop différente de part et d'autre de la Méditerranée pour imaginer que tout sera réglé par un accord international.

Ajoutons, par-delà l'imprécision de ces chiffres, que certains classements par catégorie nationale peuvent changer puisque les acteurs utilisent plusieurs registres alors que les Etats ne reconnaissent pas explicitement la double nationalité. Ainsi un enfant né en France de parents algériens est Français au regard du droit français ; il reste Algérien au regard du droit algérien et peut faire l'objet de pressions contradictoires, notamment pour le service militaire, j'y reviendrai.

La troisième remarque tient à la diminution du nombre de certains étrangers par acquisition de la nationalité française. Ainsi des Algériens, des Italiens mais peu des Portugais. Chaque année, depuis 1927, le chiffre des acquisitions de nationalité par différents articles du code oscille autour de 100 000. J'insiste sur ce point : *Depuis 1927 ce chiffre va plutôt en diminuant mais reste de l'ordre de* 60 000 ces dernières années. *Par contre, l'application du* jus soli *fait que la plupart des enfants de migrants deviennent automatiquement français.* Ce fut là un des enjeux (et des faux objets) de la campagne électorale en 1988.

Il faut rappeler que l'immigration étrangère est une *dimension centrale du peuplement* de la France. Sans elle, celle-ci aurait une population de moins de 45 millions d'habitants au lieu de 55. Dans une Europe qui se dépeuple, cette dimension ne peut être ignorée ou sous-estimée. Encore faut-il souligner que la grande période d'acquisition de la nationalité française par des étrangers, depuis 1889, se situe entre 1927 et 1945, et non pas actuellement. Par ailleurs, l'argument le plus utilisé par les ennemis de l'application du *jus soli* est que ces populations étaient « catholiques ». Là encore, l'imaginaire fonctionne à contresens historique sur trois plans. Tout d'abord ces émigrés étaient encadrés par la CGT, parfois par des mouvements révolutionnaires, voire anarchistes ; ils étaient bien peu catholiques, tout au moins cette variable n'était pas la plus fondamentale. Ensuite ces « intégrations » ne se sont pas faites sans casse : assassinats à Marseille (entre 1926 et 1936), morts dans toute la France, racisme verbal et social, et camps ouverts dès 1939 dans le midi de la France pour les Italiens (que nous appelions des « babis », c'est-à-dire « crapauds »...) et les Espagnols. Enfin, une rapide enquête, menée par mes étudiants à Marseille, au moment du non-débat sur le code de la nationalité a montré que ceux qui étaient « pour » ne savaient pas exactement pour quoi ni pourquoi (confusions entre les articles 23, 27 et 44 du Code)[17].

17. Art. 23. — Est français l'enfant, légitime ou naturel, né en France lorsque l'un de ses parents au moins y est lui-même né.

Art. 27. — Seront considérés comme Français d'origine, pour l'application des dispositions du code de la nationalité française qui exigent la possession de la nationalité française à titre de nationalité d'origine :
Les personnes qui avaient acquis la nationalité française par réintégration de plein droit conformément au paragraphe I de l'annexe à la section V de la partie III du traité de Versailles ;
Les personnes qui, ayant acquis la nationalité française à une date antérieure au 11 novembre 1918, n'ont pas eu à se prévaloir de la réintégration de plein droit par application du texte précité.

Art. 44. — Tout individu né en France de parents étrangers acquiert la nationalité française à sa majorité si à cette date, il a en France sa résidence et s'il a eu (loi n° 74-631 *du 5 juillet 1974, art. 6*), « pendant les cinq années » qui précèdent, sa résidence habituelle en France ou dans les territoires ou pays pour lesquels l'attribution ou l'acquisition de la nationalité française est, ou était, lors de sa résidence, régie par des dispositions spéciales. *Ancien art. 44 (loi 73-42 du 9 janvier 1973).* — « ... et s'il a eu depuis l'âge de seize ans... »

Cf. Annexe II pour les autres articles.

Inversement, ceux qui étaient « contre » en savaient encore moins, mais surtout avaient le plus souvent un ou plusieurs ascendants ayant bénéficié de l'application du *jus soli.* J'en déduis logiquement que lorsque les Beurs français seront confrontés à la vague migratoire qui va déferler sur l'Europe à la fin du siècle (et dont l'Europe a besoin...), ils seront, en bons Français, parmi ceux qui s'opposeront à... l'application du *jus soli* !

La deuxième remarque, que mes collègues démographes ont bien soulignée, a trait à la fécondité et touche l'un des aspects essentiels des fantasmes français... Certes, ces populations ont, en arrivant, un taux de fécondité beaucoup plus élevé que la moyenne nationale. Mais il n'est pas moins évident qu'à la deuxième génération, la tendance est à l'alignement avec la population d'accueil, autochtone et indigène. Cette règle générale confirme d'ailleurs pour les pays d'origine que seuls la croissance et le développement produisent la baisse de la natalité et non l'inverse comme l'ont cru certaines instances internationales productrices de programmes inefficaces et fort coûteux. Donc il ne faut pas compter sur nos petits Beurs pour payer nos retraites. Ainsi à Marseille, on constate la série suivante, sans que je puisse affirmer qu'elle est pertinente pour l'ensemble du territoire, en partant du fait que le gros des arrivées se situe après l'indépendance de l'Algérie (1962) puis avec la période de regroupement familial (1973-1976) :

a. Primo-arrivante maghrébine analphabète (16-27 ans) : 11 grossesses, 7 enfants vivant en 1962.

b. Femme « maghrébine » vivant à Marseille, période 1973-1983 (23-27 ans), en partie alphabétisée soit en arabe (assez mal), soit en français (un peu mieux) : 4,5 enfants.

c. Jeune femme, née à Marseille, à nom patronymique d'origine nord-africaine, scolarisée (26-29 ans) : période 1983-1987, 1,5 enfant.

Dans ce cas, la variable déterminante a été le recul de l'âge du mariage de moins de 16 ans à plus de 24 ans en moins de 20 années. L'urbanisation et la scolarisation sont donc bien des causes de changements sociaux auxquels l'islam populaire vient parfois s'opposer mais certainement pas l'islam orthodoxe. D'ores et déjà depuis le recensement de 1982, nous assistons à une baisse généralisée du nombre de personnes par famille immigrée fixée, en gros de 7 à 4,5 personnes. L'INSEE annonce dans son bilan de 1987 que, pour l'essentiel, la baisse de natalité en France est due aux moindres naissances chez les femmes étrangères qui chutent de 6,3 % par an... notamment chez les « maghrébines ».

Nous ne pouvons pour l'instant utiliser que les chiffres du recensement de 1982 : ils confirment des résultats partiels obtenus dans la région marseillaise. Plusieurs journées de réflexion ont permis de circonscrire le problème réel et ont donné lieu à publications : je déconseille en particulier aux hommes politiques qui font leur campagne électorale sur l'envahissement arabo-musulman, la lecture de « Grossesse et périnatalité chez les femmes maghrébines »[18]. Ils y trouveraient toutes les données scientifiques qui démontrent l'inanité de leurs propos !

Les immigrées maghrébines récemment arrivées en France ont d'abord continué à se comporter conformément au schéma socio-culturel acquis dans le pays d'origine. Nous assistons en premier lieu à un processus complexe d'acculturation : le passage d'une société en voie de développement à une société industrialisée, d'un système tribalo-agnatique patrilinéaire à une famille mononucléaire. Le changement de mode de vie en découlant est difficile à assumer, surtout en début de séjour.

Tout un apprentissage des droits et des devoirs de chacun dans le pays d'accueil s'effectue progressivement. Le statut social et juridique de la femme n'est plus celui du pays d'origine. L'entourage de la femme est modifié.

Lors de sa grossesse et de son accouchement, la femme s'adresse à un organisme socio-médical, où sa relation avec le personnel est de tout autre nature que celle vécue avec les femmes de son entourage.

A cela s'ajoutent des difficultés de communication culturelle et linguistique. Pendant cette première période, la fécondité est demeurée parallèle à celle de l'environnement originel.

NOMBRE D'ENFANTS PAR FAMILLE
où la femme a plus de 50 ans (1982)

Française : 2,6
Algérienne : 6,5
Marocaine : 5,9
Tunisienne : 5,1
Etrangère (autre que « maghrébine ») : 3,6

18. *Migrations-Santé*, n°s 54 et 55, 1988.

La baisse de la fécondité s'amplifie sensiblement à partir de cette date pour toutes les femmes, y compris les migrantes.

NOMBRE D'ENFANTS
PAR FEMME ÉTRANGÈRE

	1962	1981
Algérienne. .	8,5	4,3
Etrangère . .	4,5	3,3

La fécondité baisse en fonction de la durée de séjour dans l'hexagone. La diminution du nombre d'enfants par femme allant jusqu'à 2,0 pour les Tunisiennes résidentes en 1975.

NOMBRE D'ENFANTS PAR FEMME EN 1981,
selon la durée de séjour et la nationalité

Nationalité	Séjour		Diminution	
	Non-résidente en 1975	Résidente en 1975	Nombre	%
Tunisienne	6,6	4,6	2,0	30,0
Algérienne. . . .	5,9	4,0	1,9	32,2
Marocaine	6,9	5,3	1,6	23,0

La différence de la fécondité en fonction de la durée de séjour varie selon le pays d'origine.

La baisse de fécondité varie également selon le lieu de naissance puisque le nombre d'enfants par femme de la deuxième génération est sensiblement plus bas que celui de la femme née dans son pays d'origine.

NOMBRE D'ENFANTS PAR FEMME EN 1981,
selon le lieu de naissance

Nationalité	Lieu de naissance		Diminution	
	Maghreb	France	Nombre	%
Algérienne......	4,6	3,7	0,9	19,5
Marocaine......	5,8	3,9	1,9	32,7

Cette baisse de la fécondité découle de l'intégration de la femme dans le système socio-culturel d'accueil, surtout par l'activité professionnelle entraînant le recul de l'âge au mariage.

Du recensement de 1982, dans les ménages où l'homme est actif, il ressort une association négative entre la proportion de femmes actives et le nombre d'enfants. Les proportions d'actives varient avec la nationalité.

PROPORTION DE FEMMES ACTIVES EN 1982
dans les ménages où l'homme est actif
selon le nombre d'enfants et la nationalité

Nombre d'enfants	Nationalité		
	Algérienne	Tunisienne	Marocaine
0	49,5	47,5	45,9
1	46,7	42,1	37,3
2	37,4	30,9	26,7
3 et plus	10,4	11,2	7,9

Cette évolution des comportements se traduit également par un ajournement des mariages avec, pour corollaire, une augmentation de l'âge moyen de la femme au premier accouchement.

AGE MOYEN AU MARIAGE DES FEMMES RÉSIDANT EN FRANCE EN 1982,
selon la date du mariage et la nationalité

Nationalité	Date mariage		
	1960-64	1970-76	1980-81
Marocaine	17,9	19,5	21,4
Algérienne	19,1	20,5	23,9
Tunisienne	19,6	21,0	22,5
Etrangère.	21,4	21,4	22,8
Française	22,4	21,8	22,6

En 1982, l'âge moyen des femmes à la naissance du premier enfant était de :
Marocaines : 22,6 ans
Algériennes : 23,2 ans
Tunisiennes : 23,3 ans
Françaises : 24,0 ans.
La diminution de la fécondité des immigrées paraît donc acquise.

Toutes ces séries statistiques ne nous renseignent guère sur l'impact religieux puisque nous sommes en présence du même type de résultat (baisse générale de la fécondité) alors que les *trois* religions présentes ont des attitudes, des pratiques et des propos fort différents sur ce point. L'islam autorise la contraception et l'avortement jusqu'à 4 mois, ce qui n'est pas le cas du catholicisme, surtout espagnol et portugais. A cause de la présence musulmane, cela nous amène à poser la question religieuse en France.

La présence massive de musulmans en France remet en question le statut de la laïcité, tout au moins pose problème et nous oblige à réfléchir à nouveau. Et ce n'est pas par hasard que cette réflexion est lancée par l'épiscopat français à partir de la contraception et de la catéchèse dans l'enseignement public. Cet enjeu est également réel pour les juifs et les musulmans, davantage encore pour les ménages mixtes, pour ce qui concerne la catéchèse, et surtout la sexualité et l'avortement. Nous nous trouvons devant une curieuse restructuration du champ religieux. Si l'islam et le judaïsme officiels viennent au secours du catholicisme français pour l'interdiction du film sur la vie du Christ, ils sont en revanche plus proches des positions protestantes sur la contraception. Mais tous les cultes demandent l'aménagement du temps scolaire pour l'éducation de leur jeunesse... Nous avons là les prémices de beaux débats en perspective.

Le culte musulman

La définition que j'utilise de la religion est utile et efficace pour une enquête anthropologique mais elle est peut-être insuffisante pour rendre compte d'un tout social fort complexe ; il me faut donc la compléter :

« Nous proposons d'appeler religion le lien qui s'établit entre le Même et l'Autre, sans constituer une totalité [19]. »

« La fraternité comme affirmation que chaque Autre est le Même ne supprime pas l'hétérogénéité [20]. »

Question fondamentale : qui est musulman en France ? Tous les émigrés ? Tous les immigrés ? certainement pas. Si je reprends le tableau des étrangers, je peux affirmer que les musulmans sont bien peu nombreux parmi les Espagnols ou les Polonais. Tous les Arabes alors ? Mais la plupart des Libanais qui vivent en France sont plutôt chrétiens... J'ai donc choisi empiriquement l'onomastique : toute personne ayant un nom à consonance « sémitique » et plus exactement arabophone était supposée être « potentiellement » musulmane. Il est aisé d'imaginer que ce choix s'est assez rapidement révélé faux tout au moins inefficace et qu'il m'a valu quelques belles insultes lorsque j'interrogeais par téléphone des personnes dont le patronyme ne me permettait pas de savoir si elles étaient juives ou musulmanes. A ma connaissance il existe au moins 40 patronymes sur lesquels on peut commettre ce type d'erreur : Benammar, Annabi, Arbi ou Larbi, Aboulker, Ayach ou Benanyoun, ou encore tous les noms de métiers, Sayag (bijoutier) ou Sebbagh (teinturier), Adad/Haddad (forgeron), Khayat (tailleur), et les noms de lieux

19. E. Levinas, *Totalité et infini,* La Haye, M. Nijhoff, 1961, p. 10.
20. J.-P. Sartre, *Critique de la raison dialectique,* Gallimard, 1960, p. 478.

(Touat, Touati) sous leurs différentes formes graphiques, sans oublier les noms « berbères »... et provençaux comme Alphandéry (le percepteur), Astruc (né sous une bonne étoile) et enfin Alvarez (le fils du blanc). En Provence il existe aussi des Rezzoug Jean-Paul ou Setif Jean-Claude, sans qu'il soit démontrable que le prénom « chrétien » est récent.

Voici un exemple précis de cette difficulté à partir d'un cas typique. Comme les musulmans sont restés assez longtemps dans le Sud j'aurais pu prendre le nom *Maure* qui comporte environ 40 formes, sans en tirer autre chose que des hypothèses sur les origines réelles des Morin ou Mouret... Et pourtant il n'est pas possible de ne pas signaler ici la disparition tragique de Philippe Hoummous alias « purée de pois chiche, la purée de nous'ôtres », journaliste à *Libération*. Son vrai nom était Philippe Mourasse-Marlacq, ce qui en occitan signifie « le maure du djebel al-Marlak ». Originaire du Béarn mais né à Poitiers, il a fait connaître en France le Raï, la musique judéo-arabe. Il avait appris l'hébreu et l'arabe. Les Parisiens on re-découvert, grâce à lui, Reinette l'Oranaise et Raymond Leyris. Ils ont connu Habiba Messika, le luth, etc. Cet occitan aimait se savoir « issu de l'émigration » d'il y a dix siècles. Il était un pont qui a plus contribué à la paix sociale par la musique que beaucoup d'hommes politiques par des décrets... Ce nom si particulier est loin d'être unique, même si son histoire est tout un symbole. André Cayatte (le tailleur/Khayat) était natif de Carcassonne...

J'ai alors choisi le nom le plus célèbre : Chaban, puisque le président de la Région Bordeaux-Aquitaine le porte. Mais un de mes amis nîmois s'appelle Chabannes et un autre ami, tunisien celui-là, Chabane... J'ai ainsi découvert qu'il était assez courant.

Ce mot signifie en arabe « se dresser » et se dit surtout d'un cheval qui se cabre. C'est aussi le nom d'un mois de l'année musulmane. J'ai donc pris toutes les formes de ce nom dans l'annuaire du téléphone de Marseille : Chaban, Chabani, Chabane, Chabanne, Chabannes, Chabannis, Chabannier, Chabannol et Chabanon. L'annuaire donne comme prénoms :

à Chabani : Moussa, Nadia, Robert.

à Chabanne : Ali, Louis, Mireille.

à Chabane : Louisa, Myriam, Saïd.

Fort de ces éléments, que puis-je en déduire sur la piété juive ou musulmane des intéressés, sur leur agnosticisme et leur désir d'intégration ? Certes, ces noms sont des « indicateurs » mais très insuffisants. D'autant plus que « Chabane » peut venir de « cabane » dans sa version auvergnate, en tout cas pour Chabannis, Chabannol et Chabannon... Fort de cette incertitude j'ai alors pris le nom Chabat/shabat avec un ou deux b, qui signifie en arabe « scarifier » et qui est le nom du repos hebdomadaire juif... et j'ai trouvé des « Claude » « Henri » et même un « Sauveur », nom typiquement marseillais, autant que des Mohammed et Aïssa...

Qui se poserait la question pour M. Morreschi, plus encore pour MM. Giaccobi, Simeoni ou Zucharelli qui sont pourtant des noms « juifs » corses... ? ou les « Roumani », nom provençal signifiant « roumi »/chrétien en argot arabe, et qui désigne en Provence des juifs espagnols « marranes »..., ou des gitans ! Belles confusions en perspective.

Il n'est pas plus aisé de répondre à la question corollaire et aussi simpliste : qui est juif ?

Certes le sens commun, le bon peuple et les racistes m'opposeront que ce sont là prétention intellectuelle et cheveux coupés en quatre et qu'aussi bien il est très aisé de répondre à ma question : « *Ça se sent* » ; « *Moi, monsieur, les* [au choix : melons, bougnoules, ratons, crouilles, big nozes, youtres, youpins, etc.], *je les reconnais entre mille* » ; ou encore : « *Mon bon monsieur, ces gens-là, ça se tient les coudes.* » Saine manière de nier la lutte des classes... Le drame est que les « juifs », les « arabes » et les « musulmans » assurent, avec la même sérénité, la même certitude. Mais les anthropologues sont un peu plus exigeants et prudents. Dois-je avouer que je ne sais pas « reconnaître » *in petto* un juif ashkenaze polonais-français d'un palestinien-catholique en face d'un libanais grec-orthodoxe surtout s'il est en conversation avec un juif marocain dont je peux supposer qu'il est sépharade... Il est vrai que je suis un voyageur perverti par l'Orient. Combien de Français savent-ils que le représentant de l'OLP à Paris, Ibrahim Souss est protestant ? Ultime outrage aux bien-pensants, le candidat du Front national à Aix-en-Provence ne porte-t-il pas un des noms juifs les plus prestigieux de sa Provence natale : Milliau !

Le principe d'identité (A = A) nous cause bien des soucis. G. Devereux[21] donne quelques exemples clairs de cette ambiguïté... En usant d'un humour « juif », il soutient à juste titre que la

21. *Ethnopsychanalyse complémentariste, op. cit.*

qualité principale de Einstein avant 1933 est sa compétence en physique tandis qu'après il est devenu « non-aryen »... mais il était encore militairement utile et Einstein dut en tenir compte ! A qui n'est jamais égal à A n'est pas un non-X ; il est nommé « ils » et non pas « nous ».

Par ailleurs, mes études d' « orientaliste » m'ont conduit à connaître (et même fréquenter) les milieux européens convertis à l'islam. En visitant certains lieux de culte je voyais bien qu'il y avait aussi des « noirs » en prière, sans que pour autant tous les Africains soient « musulmans », loin de là, sans compter les Comoriens (français pour la plupart), et sans oublier les Turcs et quelques Yougoslaves qui ne sont pas tous tziganes ou gitans... j'ai renoncé assez rapidement à la seule onomastique.

J'ai donc essayé de répondre à la question « Qui est musulman ? » par l'étude de la pratique religieuse (en France, depuis Durkheim[22] et G. Lebras, nous sommes assez bien lotis en matière de sociologie religieuse). Là encore, les difficultés furent plus nombreuses que je ne pouvais le supposer car la confusion est grande entre la pratique religieuse canonique et orthodoxe et les pratiques réelles des acteurs sociaux. Ainsi j'ai pu vérifier maintes fois cette règle banale de la sociologie qu'il ne faut pas compter sur les individus (ici les croyants ou non-croyants) pour répondre aux belles questions des enquêteurs. Si je demande à un « musulman » potentiel : « Es-tu musulman ? », il y a peu de chance qu'il me réponde d'emblée par la négative et ce pour plusieurs raisons. Tout d'abord je suis porteur d'un discours rationaliste (l'enquête) qui transforme l'objet dès que la question est posée. Ensuite, je suis un Autre : Kafre, impie, roumi, dominant, hégémonique, WASP, etc., donc un ennemi et on ne donne pas d'armes aux ennemis de son clan, dans la segmentarité même mal vécue. C'est ainsi que je me suis rendu compte qu'un anthropologue était d'abord un flic : il pénètre le milieu pour mieux le séduire et le trahir ensuite, puisque ses valeurs sont supérieures à celles de l'objet étudié... Difficile de s'en tirer indemne. Le paradoxe est que moi, anthropologue, je sais souvent mieux que l'enquêté ce qu'il doit répondre. Il doit répondre : *chahada, salat, zakat, Hajj* et jeûne du mois de ramadan... c'est-à-dire la profession

22. Outre G. Michelat déjà cité, J. Seguy ou F. A. Isambert, j'ai beaucoup appris de J.-P. Deconchy, *Orthodoxie religieuse et sciences humaines,* Paris, Mouton, 1980.

de foi (« j'atteste qu'il n'y a qu'un seul Dieu et que le Prophète Muhammad est son envoyé ») ; la prière cinq fois par jour ; l'aumône légale ; le pèlerinage à la Maison d'Allah à La Mecque et le jeûne du mois de ramadan.

Or il me répond : « Etre musulman, c'est couper le mouton... » Pourtant le sacrifice en souvenir d'Abraham n'est pas une obligation canonique même s'il s'agit bien d'une pratique attestée depuis le début de l'islam.

Paradoxe de la communication impossible parce qu'impensable. Alors l'anthropologue sort le grand jeu : typologies, catégories, chiffres, statistiques, tout l'arsenal des techniques et des méthodes des sciences sociales. Il se paye même le luxe de réfléchir et de discourir de la méthodologie, et d'invoquer Popper ou Bachelard. Puis, ainsi armé, il part sur le terrain comme d'autres vont à la chasse aux papillons... Mais la réalité a la désagréable habitude de ne pas entrer dans les catégories forgées par les anthropologues. Est-ce à dire que je ne sais pas qui est musulman en France ? Presque. En tout cas, il y a bien peu de musulmans pratiquants en France. Voici comment je suis arrivé à cette constatation.

Un groupe activiste musulman se conforme à l'imitation du Prophète dans la quotidienneté : il s'agit de « Foi et Pratique », issu d'une très ancienne association pakistanaise la *Jama'at al-Tabligh* (L'Association du Message pour l'Apostolat) que beaucoup de journalistes et d'hommes politiques confondent avec les Frères musulmans. Ces pratiquants pieux parcourent l'Europe, un peu à la façon des Mormons, pour convaincre leurs coreligionnaires de pratiquer. C'est peu dire combien la pratique est faible en France... Par exemple, nous nous sommes aperçus (les étudiants de mon doctorat et moi-même) que la plupart des « musulmans » que nous interrogions ne savaient pratiquement rien de leurs obligations, confondaient souvent les coutumes et la religion, et même, dans des cas trop nombreux pour ne pas poser problème, ne connaissaient pas le rituel exact de la *Salat* alors qu'ils affirmaient prier (cf. Annexe IV) ! Les petits opuscules qui expliquent les ablutions, les gestes, les différents actes pieux apparaissent depuis quelque temps sur le marché des biens symboliques, dans les librairies islamistes, ou même au coin des rues. Mais le plus souvent ils sont rédigés en arabe et ne sont pas lisibles par tout le monde. Par contre, le calendrier musulman trône dans presque tous les appartements et les heures de prières comme les jours de fêtes sont assez bien maîtrisés. Il existe même un commerce de tapis de prière orientables vers La Mecque avec des horloges à réveille-matin qui diffusent la prière à l'heure de La Mecque...

Les fêtes sont alors plus des occasions de sociabilité, de retrouvailles identitaires et communautaires que d'ascèse.

La France s'est fait peur, lors de la parution du livre de G. Kepel[23] par l'annonce journalistique puis scientifique de l'apparition de *mille* mosquées sur son territoire. Il faut tout d'abord préciser l'erreur phénoménologique : il n'y a pas mille *mosquées* en France mais environ un millier de lieux de prière musulmans, certainement plus d'ailleurs. Qu'est-ce qu'une mosquée par rapport à un modeste lieu dans un modeste appartement d'une banlieue pourrie de Marseille ou de Lyon dans lequel six ou huit musulmans se réunissent pour prier en commun ? Que signifie là encore le fait que la même photo prise à Marseille un jour d'*Aïd* montrant des musulmans faisant la prière dans la rue du Bon-Pasteur a été publiée à ma connaissance dix fois dans des journaux ou périodiques de gauche et d'extrême droite[24]... Cette photo ne signifie pas que la France est envahie par des musulmans mais tout simplement qu'il n'y a pas assez de mosquées.

Faisons les comptes : mille « mosquées » et 3 ou 4 millions de musulmans potentiels puisque personne ne sait qui est musulman. Il faudrait donc, si par inadvertance tous les musulmans décidaient ce vendredi d'aller faire la prière de 13 heures, que chaque lieu de culte puisse contenir 30 à 40 000 personnes... Et pour moi qui (comme d'autres) ai parcouru plusieurs centaines de lieux de cultes aux heures de prière (qui change avec le soleil), je peux affirmer que les mosquées sont, la plupart du temps, *vides*. Comme les autres lieux de culte ? Plutôt plus vides que les églises et un peu moins que les temples et les synagogues... Et beaucoup moins fréquentés que les bars, les bistrots et les locaux du PMU ! D'après mes propres recherches, on peut avancer les chiffres suivants : 5 grandes mosquées cathédrales, 3 à Paris, 1 à Lille, 1 à Marseille. 73 mosquées

23. Kepel donne le chiffre de 913 « lieux de culte ».

24. *Le Nouvel Observateur,* 7 au 13 février 1986, « La Prière, rue du Bon-Pasteur, à Marseille », pp. 54-55 ; *Le Nouvel Observateur,* 9 au 15 octobre 1987, « Marseille : la prière dans la rue », pp. 92-93.

pouvant être considérées comme telles ; quelques (3 ou 4) dizaines de petites mosquées, dépendant de foyers (Sonacotra et Mte ou Alhtram, et quelques centaines de lieux de prière qui peuvent contenir de 8 à 30 ou 40 personnes. On est loin des comptes apocalyptiques.

Il faut donc essayer de nuancer à partir de catégories un peu plus précises. Mises à part les 5 mosquées cathédrales (mille places), j'ai décompté 6 mosquées de 300 à 600 places. Les véritables mosquées (entre 140 et 280 places) sont les suivantes[25].

A Paris, la mosquée Abou-Bakr et la mosquée Omar Ibn Al-Khattab dans le XIe arrondissement. La mosquée Al-Fath dans le XVIIIe, et la mosquée Al-Da'Wa dans le XIXe. Il faut ajouter deux mosquées-salles de prière : l'une dans le VIe, l'autre dans le XIXe.

En Seine-et-Marne, la mosquée Abou-Bakr Al-Sedik à Chelles-les-Condreaux.

Dans les Yvelines : les deux mosquées des Mureaux, celle de Mantes-la-Jolie et le centre islamique de La Verrière.

Les Hauts-de-Seine comptent 7 mosquées et une Masjid (salle de prière), de la première catégorie : la mosquée Omar Ibn Al-Khattab de la cité universitaire à Antony ; la mosquée d'Asnières, la mosquée An-Nur de Clichy ; la mosquée Tawba à Meudon-la-Forêt ; trois mosquées à Nanterre (Okba Ibn Nafi', et Emir Abdel-el-qader), et un lieu de culte plus petit ; enfin une mosquée à Puteaux.

En Seine-Saint-Denis, on trouve 5 mosquées de la première catégorie : Sidi Ibrahim-el-Khalil à La Courneuve ; deux à Montfermeil ; une à Rosny-sous-Bois et à Pavillon-sous-Bois ; et la mosquée Bilal à Saint-Denis.

En province, le décompte a été fait selon les mêmes critères : j'excepte donc les mosquées cathédrales de Marseille et Lille. Tous les autres lieux de culte peuvent recevoir de 80 à 200 ou 300 fidèles.

A Marseille il y a une centaine de lieux de culte qui font tous moins de 80 places, y compris la mosquée de la Capelette, sauf la Grande Mosquée de la rue du Bon-Pasteur.

A Aix-en-Provence, il y a quatre ou cinq lieux de culte, et la « grande mosquée » peut contenir... 35 fidèles au mieux.

En suivant les numéros d'ordre des départements, voici les lieux de culte attestés :

25. Il s'agit de celles dont je suis sûr de l'adresse.

17 — Charente-Maritime, une mosquée à La Rochelle.
25 — Doubs, deux à Besançon et une à Pontarlier.
30 — Gard, une à Nîmes.
34 — Hérault, une à Montpellier.
44 — Loire-Atlantique, une à Nantes.
49 — Le Maine-et-Loire se distingue avec deux mosquées à Angers et une à Tours.
51 — Marne, Reims, une mosquée.
53 — Mayennne, Laval, une mosquée.
59 — Nord, deux mosquées à Dunkerque, trois à Lille, une à Courcelles, une à Grand-Synthe, une à Haumont, une à Pont-de-la-Beule.
62 — Pas-de-Calais, une mosquée à Oignies, une à Ostricourt.
63 — Puy-de-Dôme, deux mosquées à Clermont-Ferrand.
67 — Bas-Rhin, une à Colmar, une à Mulhouse.
69 — Rhône, la mosquée Omar à Lyon-Bron, cinq mosquées de foyers à Lyon, trois à Villeurbanne, dont deux en foyers, sept à Villefranche-sur-Saône.
72 — Sarthe, une au Mans.
74 — Haute-Savoie, une à Annecy.
76 — Seine-Maritime, une à Rouen.
80 — Somme, trois mosquées à Amiens.
81 — Tarn, une mosquée à Graulhet.
84 — Vaucluse, la mosquée Fath à Bollème.

Par contre les lieux de prière ne peuvent pas tous être répertoriés : on trouve des salles de prière même dans le Loiret à Chalette (45), à Saint-Priest (69). A partir de l'exemple de Marseille, on peut extrapoler et soutenir qu'il existe plusieurs centaines de tout petits lieux de cultes dans les caves des HLM et dans des appartements. Mais jamais leur capacité réelle ne dépasse la dizaine de places.

Une analyse comparée de la densité des mosquées et des salles de prière dans quelques pays européens montre que la France est en dessous de la moyenne.

Alors qu'est-ce qu'une mosquée en France ? C'est avant tout un lieu d'identité communautaire, *le* lieu de l'auto-affirmation. Mais en même temps elle est un enjeu entre des groupes musulmans fort différents par leurs structures, leurs intentions, et leurs liens avec la communauté (Umma) et les Etats étrangers.

Le mot mosquée semble venir de l'espagnol *mezquita*, lui-même issu de l'arabe *masjid*. Dans la pratique sociale, le mot le plus utilisé par les musulmans est formé à partir de la racine *Jama'a* qui signifie rassembler, unir. La mosquée est donc avant tout un lieu de réunion et de prière et non un temple consacré comme les églises. Le croyant peut y venir pour méditer, prier, apprendre, enseigner, mais aussi pour y traiter de toutes les affaires de la cité ou du domaine du privé. La première mosquée était d'ailleurs la maison du Prophète et sa chambre donnait directement dans le lieu qui évoluera peu à peu dans l'architecture arabo-musulmane[26].

DENSITÉ DES MOSQUÉES ET DES SALLES DE PRIÈRE
dans quelques pays

	Nombre de musulmans	Nombre de mosquées	Musulmans par mosquée
France bas	1 639 900	950	1 726
haut	4 000 000	1 000	4 000
G.-B.	534 000	329	1 623
RFA	158 800	600	2 647
Pays-Bas	279 700	200	1 398
Belgique	218 300	135	1 617

Mais la mosquée n'est pas un lieu neutre ; elle est orientée vers le point de convergence (*Qibla*) du monde musulman, la *Ka'aba* de La Mecque. Cela signifie qu'à travers elle, s'ordonne le monde et se structure le sens. La mosquée est un cercle magique qui protège et où circule la parole et la sagesse des Prophètes. Elle permet le rite qui reconstitue la jonction du temps et de l'espace comme une synthèse de tous les ordres de réalités dont l'homme est le centre. Mais le rite est un acte dont la forme résulte de la Révélation divine et accomplir le rite (par exemple la prière commune du vendredi à 13 heures) signifie à la fois retracer un symbole et participer à un certain mode d'être. La prière, l'acte rituel, reproduit le processus de la création parce qu'il est conforme à l'ordre cosmique et à l'Ordre de Dieu. Seule cette conformité fait que l'Homme parfait *(al-Insan al Kamil)* connaît le monde en s'identifiant à lui.

26. J'ai longuement traité de ce sujet dans *L'islamisme radical*, p. 55 *sq*.

Cette théorisation ne passe pas du tout au-dessus de la tête des croyants comme le prouvent les réticences des gens pieux à prier n'importe où : « Je ne vais pas au Foyer Sonacotra parce que la pièce est mal orientée », me dit un ouvrier marocain d'Aix.

Aussi, dès qu'un groupe de musulmans peut s'organiser, cherche-t-il à trouver, acheter, construire, aménager un lieu décent. « La cave dans un HLM n'est pas un lieu digne pour les musulmans », me dit un musulman français, « même si nous sommes tous des Muhajirun / émigrés comme les compagnons du Prophète qui ont dû fuir La Mecque idolâtre... », poursuit un autre, faisant allusion à un épisode douloureux de l'hagiographie mohammédienne. D'autant plus qu'en émigration « nous vivons dans l'impureté environnante », dit un homme pieux, tandis qu'un vieillard me confie : « ... nous sommes en terre de perdition... » Comment être musulman en France ?

L'alternative que propose la *Jama'a,* prise au double sens de communauté ayant un local, apparaît nettement dans les réponses à nos questionnaires : elle est plus crédible parce que c'est le rituel qui donne le sens.

Dans la société moderne désorientée, aliénée et réifiée, les musulmans, dans un sursaut, renouent avec les petites communautés parce qu'ils ne sont pas tout à fait oublieux de leur culture originelle et aussi parce qu'ils n'ont pas besoin de magistère établi pour s'organiser. Et pourtant, nous assistons à l'émergence d'un nouveau système paroissial (« parochial system[27] ») qui me paraît à la fois capable de contenir les glissements perceptibles du néo-tribalisme urbain et en même temps d'être « en avance » sur la France religieuse, voire de montrer un chemin qu'il faudra bien explorer pour 1992.

C'est dire à quel point la maîtrise des mosquées constitue un enjeu multiple. Il n'est donc guère étonnant que ma prévision[28] d'il y a dix ans se soit déroulée sous nos yeux : les OPA n'ont pas manqué qui ont permis à l'islam des sous-sols de déboucher au grand jour. En effet, la mosquée est aussi un lieu : cave, pièce

27. Cf. le film de Comolli pour l'émission « Océaniques » sur FR3, sur l'islam à Marseille.

28. *In* le numéro spécial des *Temps modernes* et *in Les Nord-Africains en France, op. cit.*

d'HLM, appartement, avant d'être une chapelle, une « église » ou un temple.

En général le processus est le suivant : salle de prière au foyer Sonacotra, cave, une pièce dans un appartement, un appartement, un local « commercial » transformé, un garage ou un ancien relais à chevaux, puis une construction à partir de rien. Nous avons vu toutes les étapes de ce processus se dérouler en dix ans, y compris des constructions arrêtées par des municipalités et d'autres brûlées ou détruites par des « actes de malveillance ». La chaîne est complétée par les avatars autour de l'autorisation administrative de construire. Un commerçant assez aisé lance un premier projet et met un local à la disposition d'une association qui se crée selon la demande sociale dans un quartier. Puis le groupe grandit et les tensions se font jour en dépit du discours unanimiste de l'islam orthodoxe : les Marocains se séparent. Puis l'Amicale des Algériens en France et les Renseignements généraux français mettent leur nez dans l'affaire ; les islamistes tunisiens prêchent ; les Sénégalais vont ailleurs et les Français « harkis » aussi tandis que les convertis expliquent à tous leurs coreligionnaires que l'islam ce n'est pas cela... Le *Journal officiel* publie régulièrement les parcours tortueux des associations de support[29].

L'Association pour le culte et la culture islamique de Lille (ou d'Amiens ou d'Aix...) fusionne avec l'Association islamique pour l'éducation et l'enseignement arabe, dont le siège est rue X... Le bureau est composé de MM.M., commerçant marocain, BN, salarié tunisien ; GF, salarié français, etc.

L'Association a pour but d'entretenir la mosquée Y, le siège de l'association, et d'enseigner la langue arabe aux enfants d'émigrés et le français à leurs parents... d'aider les musulmans dans la pratique du culte pour retrouver leur identité... visiter les malades... organiser le pèlerinage... Parfois les associations prévoient de s'occuper des morts et de rapatrier les corps...

Puis, peu à peu, d'autres intérêts se font jour. Tel commerçant qui s'occupe de la viande « hallal » accroît sa participation et l'immeuble s'étend. Tel autre qui a un restaurant à quelques pas de là offre des repas le vendredi aux « meskine » (pauvres). Puis une librairie jouxte le lieu. Enfin une école coranique est introduite dans la

29. On trouvera la liste quasi exhaustive des associations islamiques *in* Saibi, *Le Guide pratique du musulman en France,* éd. du Dauphin, 1984.

mosquée même ; un jour la pièce pour les ablutions est terminée par des plâtriers au chômage ; puis une bibliothèque permet à l'imam, qui se fixe de plus en plus, de donner des consultations juridiques... Autrement dit, un pâté de maisons se met à vivre dans le monde, dans ce siècle, au rythme islamique, sans que personne en soit gêné. L'appel du « muezzin » se fait à l'intérieur de la mosquée et le micro ne porte pas très loin...

Après l'émission sur l'islam en France de B. Rapp sur A 2, à laquelle j'avais participé, le 17 septembre 1987, et mon passage devant le conseil des sages le 18, j'ai reçu un nombreux courrier. Aussi, avec mon ami J. Bransole, avons-nous fait un film pour FR 3 sur la mosquée d'Aix. Les commerçants et voisins interrogés ont tous dit : il vaut mieux que les jeunes aillent à la mosquée et soient encadrés plutôt que de traîner dans les quartiers, de boire, de voler...

Paradoxe d'une France qui ne croit plus à la vertu civique qu'au travers de la religion de l'Autre ! Nous ne sommes pas au bout de nos surprises avec l'islam en France...

IV

L'ISLAM FRANÇAIS

La fin de la période coloniale suscite un afflux massif de musulmans en France. En effet, avec la colonisation le nombre des musulmans croît régulièrement du XIXe au XXe siècle : le recrutement des troupes « indigènes » puis l'apparition des premiers travailleurs en métropole en sont la cause.

Néanmoins, hormis quelques commerçants ambulants (les Turcos) venus d'Algérie vers 1870, ce sont les Français qui partent en Algérie. Mais curieusement, au moment où les paysans déracinés de France se déversent vers les colonies (y compris le Mexique), des ouvriers algériens, suivis de quelques marocains, s'implantent en France..., au point qu'à la veille de la guerre de 14-18, on en dénombre 30 à 40000.

Par ailleurs, un fait mérite, par son caractère extraordinaire, d'être signalé. La France élit son premier député musulman pendant cette période : le docteur Philippe Grenier. Fils d'un officier des chasseurs d'Afrique, il rend visite à son frère qui effectue son service militaire à Blida. Il est choqué par la situation coloniale. A son retour en France, après avoir étudié les textes orientalistes, il se met à apprendre l'arabe. Il se convertit à l'islam lors de son second voyage en Algérie et part pour La Mecque en 1895. Revenu en France, il exerce la médecine chez lui, à Pontarlier. Conseiller municipal, il est élu député en décembre 1896. Le journal *La Croix* (qui a bien changé depuis) se déchaîne contre le renégat « l'être le plus odieux à la France chrétienne... » et crie sa honte. Le reste de la presse se contente de sarcasmes, sauf les antisémites qui espèrent (déjà ?!) qu'un musulman va contrebalancer le poids « juif » à l'Assemblée.

Peu à peu, les réactions s'apaisent ; le député de Pontarlier achève son mandat dans l'estime d'un Parlement séduit par son rayonnement (plus que par ses idées, fort audacieuses, sur l'Algérie). Il est mort en 1944, si j'ose m'exprimer ainsi, « en odeur de saintéte »[1]. La IIIe République a ainsi connu son premier député français musulman, « républicain radical ». (Cf. rabat de la jaquette.)

Le saut quantitatif coïncide avec la guerre de 14-18 pour deux raisons évidentes : le besoin de chair à canon et la nécessité de remplacer les soldats partis au front.

Plus de 130 000 Maghrébins sont recrutés pour les usines et dans les fermes. Quant aux troupes coloniales qui participent à l'effort de guerre, elles comprennent des musulmans du Maghreb et d'Afrique noire : 25 000 Algériens musulmans tombent au champ d'honneur. Clemenceau proposera de leur accorder citoyenneté et nationalité (loi du 4 février 1919) au nom du *jus sanguinis* payé dans les tranchées, comme plus tard ceux qui prirent d'assaut Cassino et débarquèrent en Provence en chantant : « C'est nous les Africains... » (cf. Annexe II)

Après la Première Guerre, la France compte environ 120 000 musulmans et l'armée (qui, pour des raisons stratégiques, avait organisé le pèlerinage à La Mecque en 1916) veille à édifier quelques lieux de culte. L'ambiguïté de la position coloniale conduit la République à créer, en 1924, un service de police chargé des Nord-Africains. Il vient se surajouter aux différents ministères qui s'intéressent aux « colonisés », donc aux musulmans : Intérieur pour le culte et ministère des Colonies et des Armées avec le corps des officiers des affaires musulmanes, mais aussi le bureau des Affaires indigènes, sans oublier la gendarmerie et la police. Il faut, en effet, beaucoup d'imagination pour comprendre qu'entre les deux guerres, l'Algérie « c'est la France », mais que les musulmans qui vivent en France (et a fortiori en Algérie) n'ont pas le même statut juridique que les Français...

Durant cette période, un événement mérite que l'on s'y attarde, qui constitue encore un enjeu aujourd'hui, et non des moindres : la création de la Mosquée de Paris. Le simple déroulement chrono-

1. Un bon récit de sa vie dans l'ouvrage de S. Sellam, *L'Islam et les musulmans en France,* éd. Tougui, Paris, 1987.

logique[2] souligne la complexité et l'ambiguïté de la situation.

Hormis quelques requêtes isolées au milieu du XIXe siècle, la revendication la plus sérieuse pour la construction d'une grande Mosquée à Paris fut émise par le Comité de l'Afrique française en 1895. Cette initiative qui n'avait rien d'islamophile mais plutôt un parfum colonial assumé, souleva pourtant un tollé. Personne ne songea à accorder la réciprocité aux musulmans alors que la France républicaine conquérait son Empire colonial et, par exemple à Alger, transformait des mosquées (La Ketchaoua, la mosquée Ali Bichin) en lieux de culte catholique....

Après la Première Guerre mondiale, pour les raisons que je viens d'exposer, l'armée et surtout le maréchal Lyautey favorisèrent la réalisation du Comité de l'Afrique française, renforcé par Edouard Herriot, Aristide Briand, Raymond Poincaré et le président Henri Millerand lui-même. L'argument de Lyautey consistait à rappeler que l'islam n'appréciait pas l'image et la statuaire et que pour remercier les victimes de guerre et honorer les anciens combattants, la France devait leur construire, plutôt qu'un monument à Verdun, un lieu de culte digne. Le maréchal n'ignorait pas que ce lieu servirait sa politique « musulmane » et celle de la France. La suite montre à la fois que ce fut le cas et... un bel échec.

Après de nombreuses discussions, l'accord se fit sur un Institut musulman confié à une Société des Habous et des Lieux saints. La loi du 19 août 1920 prévoyait une subvention de 500 000 F. Le Conseil municipal de Paris donna un terrain de 6 000 m^2 en face du Jardin des Plantes. L'essentiel du financement serait assuré par des dons (le Dr Grenier souscrira...) qui affluèrent non seulement d'Afrique du Nord (plus de 5 millions de francs de l'époque) mais de tout le monde arabe. Le projet prévoyait un centre de recherches sur l'islam, une bibliothèque, une maison d'hôtes, un bain (hammam), un restaurant « maghrébin » et une mosquée.

Le point le plus important, politiquement et pour l'avenir, consistait à confier la réalisation du projet à une Société de biens pieux (Habous-Awqaf) qui avait été créée en 1917 en Algérie pour la gestion des Lieux saints et pour organiser le pèlerinage. Or, lors du pèlerinage de 1916 déjà signalé, la France marquait sa préférence contre celle des Anglais, pour le chérif Hussein (tout bon lecteur de

2. Cf. deux versions *in* Sellam, *op. cit.*, pp. 257-277. Kepel, *op. cit.*, pp. 64-94.

Lawrence d'Arabie sait que la perfide Albion trompa tout le monde en propulsant la dynastie des Ibn Saoud...). Un Algérien joua un grand rôle dans cette affaire : Si Kaddour Ben Ghabrit. Il sera le premier recteur de la Mosquée jusqu'à sa mort en 1954.

L'inauguration en juillet 1926 réunit le Président de la République Gaston Doumergue, le roi du Maroc Moulay Yousef (on est en pleine guerre du Rif) ; le Bey de Tunis viendra en août. En 1927, Reza Shah Pahlevi offrira, au cours de sa visite, un tapis persan ; le roi Fouad d'Egypte et même Ataturk apporteront leur contribution...

Pendant la durée des travaux de nombreux visiteurs s'exprimèrent, en des termes qui feraient sursauter nos contemporains, à propos de l'islam en France... « rénové et rajeuni », selon le vœu du maréchal Lyautey. Et si Steeg (gouverneur général de l'Algérie) rappela que la France est une puissance musulmane, quelques voix autorisées posèrent des questions que nous retrouvons aujourd'hui. Ainsi Louis Bertrand (contrôleur civil au Maroc et orientaliste réputé) s'étonnait que l'on s'évertuât « à organiser l'islam qui ne l'est pas, à islamiser des gens qui n'ont pas envie de l'être, à rapprocher des fanatiques ou des ambitions politiques qui ne peuvent que se liguer contre nous ».

Tous les observateurs le reconnaissent : la mosquée ne devint pas un haut lieu du culte musulman à Paris et les travailleurs émigrés la fréquentèrent peu. Sans doute l'équivoque du projet tenait-elle au fait que la France occupait des territoires du Dar al-Islam et était partie prenante dans les problèmes du Moyen-Orient[3].

La Deuxième Guerre mondiale permit de rejouer le même scénario : les troupes coloniales sont plus nombreuses et les pertes encore plus élevées, tandis que les promesses de statut fondent au soleil lorsque les Africains de la chanson « le cœur joyeux et l'âme fière d'avoir servi le pays » seront retournés « dans leur gourbis... ». (Cela ne s'invente pas !) Certes l'armée érigera une magnifique mosquée à Fréjus pour les tirailleurs sénégalais... Pour le reste, il faudra attendre 1958 et la proclamation du général de Gaulle : « Il n'y a plus désormais ici qu'une seule catégorie de Français » (ce

3. Les Arabes n'ont pas oublié les accords Sykes-Picot et le partage de l'Empire ottoman. Seuls les Français ignorent que la IIIe République créa le Liban multiconfessionnel et que les Anglais profitèrent de notre défaite pour nous en chasser.

discours de Mostaganem donna lieu à de nombreuses interprétations). Grâce aux ordonnances de l'été 1958, la France compte environ 10 millions de Français musulmans et ce jusqu'à l'indépendance de l'Algérie... qui est une autre histoire que j'ai déjà racontée *in illo tempore*. L'islam français est l'héritier direct de cette confusion comme nous allons le constater maintenant.

Le même problème lancinant se pose pour définir les musulmans français : qui est musulman parmi la catégorie imprécise de « Français de confession musulmane » ? La fourchette donnée par les différents observateurs et les associations concernées oscille entre 1 et 2 millions de personnes. En tout état de cause, et sans décompter les musulmans étrangers, l'islam est bien la deuxième religion de France. Il faut donc chercher qui est musulman et français ?

Tous les Harkis et tous leurs enfants : certainement, mais ils ne sont pas tous pieux et dévots ; certains sont même passés par des phases de rejet et de retour à la religion entre 1965 et 1979.

Quelques musulmans français d'Afrique (les quatre « communes » de plein exercice du Sénégal, dont Dakar et Saint-Louis) ou anciens combattants ; quelques Comoriens[4] ; les épouses de musulmans français et étrangers ? En partie.

Les enfants nés de parents musulmans et les étrangers devenus français par différentes voies juridiques : ils sont sociologiquement « musulmans » et pratiquants dans les mêmes conditions que les autres, c'est-à-dire fort peu.

Enfin les convertis[5].

Cette rapide énumération ne doit pas faire oublier que d'autres catégories sont pertinentes pour l'anthropologue (pieux, dévot, pratiquant occasionnel, etc.) Néanmoins, deux grandes catégories s'imposent : les musulmans « de passage », musulmans en France ;

4. Cf. C. Bruschi, « La Nationalité dans le droit colonial », *Procès*, n° 18, 1987. Cf. *infra* d'autres références aux travaux de Mmes Costa-Lascoux et de Wenden *in La Citoyenneté*.

5. L. Rocher, F. Cherqaoui, *D'une foi l'autre, les conversions à l'islam en Occident*, Paris, Le Seuil, 1986.

et les musulmans installés et fixés, musulmans de France, français et étrangers[6].

Les Harkis

Voilà une des pages les plus honteuses de notre histoire. Quel que soit le jugement que l'on porte sur le choix de ces soldats perdus, loyalistes envers la France, traîtres à l'Algérie, le moins que la France pouvait faire eût été de ne pas les parquer. Cette mise à l'écart, dans des camps, puis hors des villes et en forêt, en dit long sur notre incapacité à assumer les guerres coloniales. Car il s'agit bien de cela : une « Haraka » en arabe est une troupe légère, en mouvement, destinée à la répression rapide contre les tribus récalcitrantes. Cette technique locale a été utilisée par l'armée française, dans les Aurès, dès le début de la guerre. L'armée recruta des « volontaires supplétifs » : les « Harkis ». En 1962, ils étaient environ 60000. Le ministère des Armées envisagea (circulaire du 5 juin 1962) d'en « rapatrier » 4930...

Cette imprécision dans les chiffres est la règle entre 1962 et 1965, période pendant laquelle plus de 10000 d'entre eux vont avoir de graves difficultés en Algérie (plusieurs milliers seront exécutés dans des conditions aussi cruelles qu'imprécises), beaucoup seront ramenés en France par des officiers désobéissant aux ordres. Quelque 1500 « captifs » seront libérés et ramenés en France en... 1969. Aussi est-il très hasardeux d'avancer des chiffres puisque la fourchette que donnent différents services (rapatriés et Anciens Combattants) oscille entre 100000 et 250000 personnes (ex-militaires et leur famille). Ils furent « regroupés », principalement dans le Midi de la France, en 17 cités urbaines et 38 hameaux forestiers que personne n'osa appeler « ghetto »... Si l'on en juge par l'état psychologique dans lequel se trouvent leurs enfants[7] quelques années après, il est possible d'affirmer que leur situation est l'une

6. Proposées par Rémy Leveau et Dominique Schnappers dans leur analyse comparative des juifs et des musulmans en France *in Les Temps modernes,* numéro spécial, 1984.

7. Gabriel Martinez, *Enquête psycho-pathologique dans un groupe d'adolescents en milieu harki,* thèse pour le doctorat en médecine, Marseille, 1984.

des pires qui soit. Elle n'a pas d'équivalent dans la période contemporaine parce qu'elle n'a pas connu de terme, comme la plupart des autres affaires de « réfugiés » en France. Dans toutes les enquêtes de terrain qui ont été menées soit par des « politiques » soit par des sociologues-politologues, il apparaît clairement que les enfants de Harkis vivent cruellement le double rejet dont ils sont l'objet, et par les Français et par les Algériens. Les témoignages tragiques tournent toujours autour du même refus : « Cet emploi, c'est pour un Français... » Certains ont même essayé de changer de nom. L'impensé de la guerre d'Algérie est là, dramatiquement présent. Comment s'étonner dès lors que certains se tournent vers la violence, la délinquance, la drogue, puis l'islam ? Ils suivent, sans toujours le savoir, l'exemple des Frères Soledad, puis des Black Panthers devenus Black Muslims...

Il faut ajouter aux militaires un certain nombre de Français musulmans qui n'ont pas voulu ou pas pu rester en Algérie pour des raisons politiques ou tout simplement pour des raisons de sécurité. Tous n'étaient pas des Bachagas Boualem (type idéal du grand soldat tribal fidèle à la France), mais des employés, des fonctionnaires, parfois des hauts fonctionnaires, et des ouvriers. Ils sont le plus souvent confondus dans le « biosocial » émigré par la plupart des Français. Cette attitude de stigmatisation provoque des conflits psycho-pathologiques et sociaux d'une très forte intensité, en particulier sur le marché de l'emploi. Les effets rétroactifs entraînent en particulier beaucoup de jeunes dans un cercle vicieux de revendications, provocations, incompréhensions, violences.

Dans le « casse » de la Caisse d'Epargne à Marseille qui fit tant de bruit en 1988, les suspects arrêtés sont corses, gitans et fils de Harkis avec prénoms « chrétiens » et surnoms du show biz... Cette alliance dans la marginalité devrait faire l'objet d'une étude approfondie sur la capacité d'accueil, d'insertion et d'intégration des différents dans la société française... et sur les méfaits de la stigmatisation, quoi que fasse le *différent* qui veut devenir *semblable.* Vandalisme endémique, toxicomanie, délinquance ne sont que des épiphénomènes, appels au secours qui ne peuvent être traités par la répression mais qui pourraient déboucher, aussi, sur la subversion...

Tous ces gens-là (entre 400 000 et 600 000 aujourd'hui) sont supposés être musulmans. Ils sont donc des Français de confession islamique. Des Français à part entière mais des Français à part[8].

Pour ces « musulmans » nous devons appliquer les règles de prudence habituelle en ce qui concerne leur islamité : beaucoup sont très pieux. Plus nombreux encore sont ceux qui ont rejeté l'islam ; certains jeunes refusent même d'être Français et préféreraient retourner en Algérie... *Ils sont Français à part entière, à part et sans patrie.* Mais contrairement aux Gitans, ils le vivent très mal parce qu'ils ont mauvaise conscience d'être la mauvaise conscience des Français surtout de ceux qui étaient partisans de l'Algérie française : « Les parents ont mangé des raisins verts et les enfants ont eu la bouche agacée... » Ils représentent néanmoins une force électorale non négligeable qui vient s'ajouter, non sans conflits, aux autres musulmans français : les convertis et les naturalisés.

Les convertis

Dans la douce quiétude de ses soirées fraîches et chaudes à la fois qui donnent cet air italien à la vieille ville d'Aix, j'écoute la longue complainte de Rinaldo devenu « oriental ». Et moi, le voyageur occidental perverti par l'Orient, je comprends tout à coup pourquoi les bourgeois aixois et parisiens s'ennuient en n'écoutant pas ce magnifique opéra de Rossini[9], *Armida.* Ils ont peur de ce qui a failli leur arriver. Alors ils critiquent la faiblesse, réelle, de l'orchestre et le surréalisme, splendide et dénudé, des décors. Mais le problème n'est pas là. Sortis épuisés de la campagne électorale, ils viennent de payer 600 F pour entendre une fois de plus le drame des chrétiens face à l'Orient... Et pourtant quel thème admirable, que Rossini d'ailleurs emprunte au Tasse ! Ecrite en 1552 *La Jérusalem délivrée* est une œuvre résolument moderne par son écriture et la démesure de son projet : un long poème épique sur la fiction des croisades, à travers lesquelles la reconquête de Jérusalem n'est qu'une conquête du sens. L'Occident s'interroge après la Contre-Réforme : le monde

8. Beaucoup de travaux sur les Harkis sont soit apologétiques, soit larmoyants ; de nombreux travaux universitaires, non publiés hélas, font exception. Ainsi Kamel Abdelaziz Bouguerra, *L'intégration des Français musulmans, Eléments d'une stratégie internationale à la périphérie arabe,* Thèse d'Etat de lettres, sociologie, Université de Provence.

9. Auteur d'un autre opéra « turquerie italo-espagnole » plus connu et tout aussi équivoque : *L'Italienne à Alger* (1821).

est devenu indéchiffrable, les valeurs s'effondrent et la faillite menace face à un Orient de plus en plus énigmatique... Comment peut-on être persan ?

Rinaldo rencontre la magicienne orientale (Armida) dans un choc qui laisse l'homme face à lui-même, sans Dieu, et dont le double (ou l'envers de Dieu) païen, orientalisé, altéré, est l'enjeu du camp à la dérive... Le Pen frappe juste puisqu'il préfère sa cousine à la perte d'identité : plutôt l'inceste et le retour à « avant la Loi », que la perversion orientale. Dans ce combat, chacune des parties est l'imaginaire de l'Autre ; Armida perdra mais sa défaite vide le paysage de son contenu et de son sens : c'est cela que certains n'ont pas voulu voir en ce soir du 18 juillet 1988. Il ne reste plus rien qu'un espace vide en attente d'une Loi et la Lumière vient toujours de l'Orient et du désert...

Une fois encore les Français, par-delà les exemples médiatiques (Garaudy, Cousteaud, Béjart... et le petit fils de Maurice Thorez) semblent ignorer que la conversion à l'islam est une pratique à la fois courante et ancienne : outre le cas du docteur Grenier que j'ai déjà signalé, un autre, au XIXe siècle, mérite attention car le converti est allé jusqu'au bout de sa route : il est enterré comme « saint » à Bou Saada en 1930.

Etienne Dinet, né en 1861 dans le Loiret, est considéré comme un des grands peintres orientalistes. Comme le Dr Grenier, il est bouleversé par son premier voyage en Algérie en 1884 ; il y reviendra plusieurs fois après avoir fait les Beaux-Arts puis s'y installera définitivement sauf pour venir à Paris (à l'inauguration de la Mosquée) et pour son pèlerinage à La Mecque (il s'est en effet converti en 1913). Son idéal et son apostolat, son action constante due à sa lucidité sur le problème colonial et sur la question d'Orient, et surtout sa peinture se résument dans cette certitude que l'islam peut apporter à l'Europe la dimension spirituelle qu'elle a perdue avec le « capitalisme », le matérialisme et le progrès.

Le mausolée élevé à la mémoire de Nasr al-Din Dinet, grâce à l'amitié de nombreux Algériens, en pleine euphorie du centenaire, existe toujours à Bou Saada, où les populations le considéraient comme « al-Insan al-Kamil », un homme parfait et juste.

Comment ne pas signaler ici un itinéraire plus complexe, certes, mais assez homothétique : celui d'une jeune femme de lettres française d'origine russe, née à Genève en 1877 et morte à Aïn Sefra (Algérie) en 1904, Isabelle Eberhardt. Elle parcourt le Sud algérien et la Tunisie habillée en cavalier arabe sous le nom de Mahmoud Saadi... Mme Edmonde Charles-Roux-Defferre lui consacre une biographie en deux volumes dont le premier vient de paraître[10]. Mais on peut lire ses ouvrages posthumes : *Dans l'ombre chaude de l'islam,* ses *Nouvelles algériennes* et ses notes de route... Le titre même de son ouvrage sur l'islam montre bien comment de nombreux Européens vivaient mal la modernisation dans ce qu'elle comportait de désacralisation, de réification et de disparition des relations fraternelles communautaires. Certains se grisèrent dans l'opium du voyage en Orient, d'autres crurent nécessaire d'aller plus loin dans l'expérience. Quelques-uns devaient s'y perdre, d'autres s'y re-trouver...

Cette voie tenta peut-être un François Bonjean[11] ou un Charles de Foucauld mais celui-ci aboutira au christianisme, comme Massignon d'ailleurs.

En revanche, elle devait mener René Guenon à la sainteté islamique. Né à la fin du siècle (1886), lui aussi est durement critique à l'égard du monde moderne. Mais ce n'est pas le spectacle colonial qui l'entraîne vers l'islam. Ses chemins sont plus complexes : ils passent par les sciences hermétiques, la recherche ésotérique jusqu'à l'adhésion (toujours critique et rapide) à toutes les sectes « maçonniques » de cette époque fertile : martinisme, Eglise gnostique, et franc-maçonnerie française. Les circonstances exactes de sa conversion à l'islam font l'objet de plusieurs versions, non contradictoires d'ailleurs. Elle aurait eu lieu entre 1911 et 1913 et sous l'influence de deux maîtres incontestés : le Sheikh Ahmad al-'Alawi de Mostaganem et le Sheikh Abd al-Rahman Illiych al-Kebir à qui il dédie un de ses premiers ouvrages importants *(Le Symbolisme de la Croix)* en lui donnant le titre de Alim al-Malki al-Maghribi. Illiych est en effet un exilé qui a vécu l'enseignement de l'émir Abdelkader à Damas et qui s'installe au Caire après la mort de celui-ci. Il faut signaler au passage l'importance de cette « *Zawiyya* » (Confrérie) de Mostaganem qui sera, jusqu'à la guerre d'Algérie, un haut lieu de conversions à travers la mystique et l'enseignement de celui qui

10. *Un désir d'Orient,* 1989. Cf. aussi M. O. Delacour et J. R. Huleu, *Sables,* 1986 et I. Eberhardt, *Ecrit sur le sable. Œuvres complètes, récit de notes journalier,* 1989.

11. Cf. « L'Islam et l'Occident », numéro spécial de la revue *Cahiers du Sud,* 1947, réédité par Rivages, Marseille, 1982.

fut considéré comme le dernier des grands maîtres soufis maghrébins du XXe siècle[12].

Guenon produit une œuvre considérable, fonde des revues, dans lesquelles il exprime son désir de réconcilier la maçonnerie et l'Eglise, et cherche à reconstruire la métaphysique traditionnelle. Après maints échecs, il décide de s'installer au Caire en 1930, après la mort de sa femme. Là, devenu Abd al-Wahad Yahia (« Jean le serviteur-esclave de l'Unique ») il se consacre à l'étude des religions, des mystiques ; il publie de nombreux ouvrages, épouse en 1934 la fille d'un Sheikh de l'Université d'al-Azhar et continue à écrire et étudier jusqu'à sa mort en 1951.

Toute sa problématique peut se résumer dans ceci : l'Occident a perdu l'essentialité en perdant l'Orient. Cette idée fera son chemin dans une série de revues (depuis *Le Voile d'Isis* jusqu'à *Etudes traditionnelles*) qui ne sont pas seulement lues dans les milieux maçonniques mais plus encore dans certains milieux traditionalistes. Actuellement, la plupart des convertis à l'islam le sont pour des raisons de recherche ésotérique et ont subi l'influence de Guenon et de ces deux revues. Beaucoup viennent également de milieux maçonniques. C'est dire l'influence qu'il exerce toujours, comme en témoigne par exemple la revue *Vers la Tradition,* et la critique de ses thèses par Ibrahim Amadou.

De fait, certains acteurs de la « gallicanisation » de l'islam français sont des musulmans français de souche, d'autres issus de parents convertis (une fois de plus il est aisé de constater l'inanité de la formule « deuxième génération »). Les uns ont une activité publique comme M. Jacques Yacoub Roty, qui fonde en 1984, dans la lignée de Guenon, l'association « Vivre l'islam en Occident » et sera le président éphémère d'une fédération musulmane en 1985. D'autres, plus discrets ou en retrait de la vie publique, vivent un islam « domestique » de très haute valeur morale sans interférer dans la vie publique autrement que par un enseignement religieux et par l'exemple d'une vie à la fois moderne et pieuse. Leur modestie explique qu'ils ne font jamais la une des journaux à sensation ; dans leur cas le sensationnel est la simple démonstration que l'islam n'est nullement un obstacle à une vie française : tels sont mes amis Denis/Daoud, Jean Michel et Jean François... et les autres.

12. Martin Lings, *Un Saint musulman du XXe siècle : le Cheikh Ahmad al'Alawi,* éd. traditionnelles, Villain et Belhomme, Paris, 1973.

Mais tous les convertis ne sont pas des mystiques... Daniel-Youssouf Leclercq converti activiste, essaye lui aussi de fédérer les musulmans. Il s'est intéressé à un problème plus terre à terre, celui de la consommation de viande « hallal » c'est-à-dire abattue rituellement (égorgée et saignée). A partir des ressources ainsi accumulées par son entreprise, il a peu à peu pris de l'importance dans certaines associations, puis créé lui-même une Fédération islamique qui talonne les autres sur le plan de l'exigence *cultuelle.* La demande est ici passée par le rite alors que d'autres, comme M. Roty, militaient surtout pour la catéchèse.

Cette présence de musulmans français à côté des musulmans étrangers, pose une série de questions que la France moniste, identitaire, une et indivisible, n'avait pas du tout envie de se poser. Seul l'effondrement de l'Empire l'y a obligée avec les retours et arrivées. Une seule question les résume toutes : quelle quantité d'altérité *cultuelle* la France peut-elle gérer ?

L'Etat français définit les minorités ethniques, religieuses et culturelles tout en affirmant qu'elles ne constituent pas a priori des *ethnies* ou des *communautés* au sens anthropologique de *Gemeinschaft,* porteuses de « solidarité mécanique », automatique à partir des liens de sang, selon la définition de Durkheim. En retour, il propose un contrat social fondé sur un pacte organique : le citoyen quitte son père, sa mère, ses frères de sang, ses frères en religion, pour adhérer à la religion civique. Toujours au sens durkheimien, la solidarité devient alors organique.

Or, pour la première fois, la France, en ce tricentenaire de la révocation de l'édit de Nantes, se trouve confrontée à une difficulté que les textes n'ont pas prévue : comme il n'existe pas d'Eglise musulmane institutionnalisée sur le modèle de l'Eglise catholique (seul paradigme utilisé), l'Etat (le ministère de l'Intérieur, la police, les collectivités locales , les maires, les établissements scolaires...) n'a pas d'interlocuteur en face de lui. La sécularisation européenne est originale et unique dans l'Histoire. Si Hegel nous a convaincus de son universalité potentielle et irréversible, la plupart des musulmans n'en savent rien et les autres ne paraissent pas convaincus... Aussi, devant cet accident historique unique en Europe et inconnu aux Amériques, que constitue la République laïque et jacobine, les minorités musulmanes adoptent-elles des attitudes équivoques : les sphères des sociétés et de la culture arabo-musulmanes ne sont pas aussi séparées que celles de la société d'accueil, et la tentation est grande pour certains groupes de jouer sur plusieurs registres. Ce point est d'ailleurs la clé de l'une des interrogations des Français : l'islam constitue-t-il en soit un obstacle à l'intégration ?

C'est dire la complexité que représente pour l'Etat de droit la réponse éventuelle à la reconnaissance d'une « Eglise musulmane de France » quelle que soit sa forme (Fédération, consistoire, conseil supérieur, etc.), puisque la structure « Eglise » est impensable en islam.

Cette reconnaissance *de jure,* c'est-à-dire l'application aux musulmans français de la loi de 1905, ne réglerait pas le problème des minorités religieuses étrangères qui, dans la plupart des cas restent régies par la loi de 1901 sur les associations culturelles.

Il me faut donc légitimer cette thèse à partir d'une argumentation fondée sur l'observation critique des faits historiques et non pas sur le discours lénifiant de l'Etat laïque et de ses relais.

Mon allusion à l'anniversaire de l'abrogation de l'édit de Nantes, mes considérations apparemment « folkloriques » sur le 15 août et la corrida ne procèdent ni du hasard ni d'un choix sectaire ni de mon parochialisme, ni même de l'anniversaire lui-même, mais d'une longue et lente réflexion : *la France,* laïque et sécularisée, « hégélienne » jusqu'à l'extrême puisque même la Prusse ne fera pas mieux, *n'échappe pas à l'absolutisme de la religion d'Etat* qui caractérise tout l'Occident (chrétien) depuis l'empereur Constantin [13], jusqu'à la Réforme et la Contre-Réforme.

A l'appui de ma thèse, on peut appliquer à l'Etat français la définition de la violence légitime, que propose Max Weber. Quelle que soit son attitude à l'égard de l'Eglise catholique, l'Etat français (depuis l'échec de la papauté en Avignon) a toujours entendu conserver le monopole de la violence en s'appuyant, historiquement, sur la religion catholique (mais pas toujours romaine) productrice de l'idéologie de l'altérité : l'Autre n'est que *toléré* ou *exclu.*

Les violences qui découlèrent de cette proposition lors de la Réforme, n'ont fait, à travers la sécularisation de l'Etat, que repousser le problème en faveur de l'hégémonie étatique. Ainsi,

13. Même si l'on sait aujourd'hui que la Donation (de Constantin) est un faux, le symbole demeure.

l'illégitimité des Témoins de Jéhovah, par exemple, ou des adeptes de Moon, est le produit croisé de la rationalité jacobine et de l'impensé catholique définissant les sectes du point de vue « romain ». Autrement dit, pour l'Etat de droit français, inconscient de son césaro-papisme, une secte est une Eglise qui n'est pas reconnue parce qu'elle n'a pas réussi à s'imposer dans un rapport de force avec l'Eglise catholique; de même une bonne minorité religieuse est une minorité qui disparaît sous les foudres de l'Eglise catholique. En revanche une « ecclésia-communauté » cesse d'être une « secte » et devient une Eglise lorsqu'elle peut légitimement entrer dans la catégorie prévue par la loi de 1905 sur le paradigme catholique. L'Etat s'emploie alors à la contrôler en lui appliquant les sanctions prévues par les textes sur l'exploitation du travail des adeptes qu'il n'applique jamais aux dévouées « bonnes sœurs » qui consacrent leur temps aux cliniques « privées »...

Paradoxalement, l'Etat de droit se contredit dans ses affirmations égalitaristes. En effet le nombre des « sectes » qui ont pignon sur rue (sans oublier leurs châteaux) est beaucoup plus important que le nombre des communautés musulmanes qui ont obtenu une reconnaissance, fût-ce dans le cadre de la législation sur les associations. Il n'empêche, les Français sont effrayés : mille mosquées, huit cents associations... la France supporte moins bien ses musulmans que ses bouddhistes.

Deux paradoxes doivent être signalés à l'appui de cette thèse.

Tout d'abord, dans la France de la deuxième moitié du xxe siècle, des laïcs prennent en charge le christianisme d'une Eglise catholique non pas sécularisée mais plutôt satisfaite de la séparation des Eglises et de l'Etat[14].

Ainsi le travail de fixation de la doctrine indiscutée de l'Etat à l'égard des autres « Eglises » potentielles, sectes ou minorités religieuses, est assuré par les tenants de la laïcité et non plus par l'Eglise catholique elle-même, au nom de la vérité occidentale et ses prétentions à l'universalisme, par référence quasi magique au progrès, à la lutte contre l'obscurantisme et le dogmatisme. Ce type de certitudes conduit une grande partie des Français à adopter

14. Le paradoxe apparaît d'ailleurs dans le décalage de la lutte sociale de certains militants laïques (du type « instit-franc-mac-barbu ») qui ne se sont toujours pas aperçus de ce changement profond et continuent à confondre sécularisation, laïcité et lutte anti-curés...

envers les minorités religieuses des positions qu'ils rejettent en fait idéologiquement dans leur discours mais qu'ils refusent de considérer dans la pratique. Le rapport Vivien en est un bon exemple, intériorisé par tout un chacun. Face à la présence musulmane s'ajoute tout l'impensé, le non-dit auquel je faisais allusion dans l'introduction. Les parlementaires auraient pu lire les travaux de tous les sociologues des religions que j'ai déjà cités ; c'est sans doute beaucoup demander aux élus du peuple...

Deuxième paradoxe : lorsqu'un régime se libéralise, les sectes, les églises de volontaires qui n'ont pas encore réussi se précipitent et s'engouffrent dans l'espace de liberté ainsi créé.

Ainsi en est-il pour les associations étrangères qui bénéficièrent de la loi sur les associations (le tournant de 1981 signalé en introduction. Or, la reconnaissance des groupes différents (qu'ils soient culturels, « ethniques » ou religieux) en France a toujours conduit à l'affaiblissement de l'Etat. Bizarrement, les « libéraux » et tous ceux qui sont favorables à un affaiblissement de l'Etat, sont hostiles à la reconnaissance de la différence culturelle ; notamment, ils sont contre l'octroi d'un statut pour l'islam, contre les mosquées, contre les associations religieuses. Là encore, les souvenirs traumatisants l'emportent à cause du seul cas où la IIIe République a accordé un statut particulier à l'islam (sur le seul plan du droit privé des personnes) : les départements de l'Algérie française. L'enjeu consistait en la légitimité de l'occupation d'une partie du Dar al-Islam et personne ne voulait sérieusement accorder les droits civiques aux musulmans... Aujourd'hui, le problème est autre puisqu'ils ont ces droits.

Parallèlement, si l'Etat définit les minorités et leurs statuts, le monopole étatique de la violence implique que les acteurs sociaux minoritaires ne peuvent être victimes de la violence des particuliers. Ainsi de la Saint-Bartélemy à Le Pen, la situation a-t-elle évolué puisque seul l'Etat a le droit de réprimer les sectes, les immigrés ou les petits voyous de grandes banlieues... En retour l'Etat assure la sécurité des uns et des autres et empêche l'insécurité et le lynchage. Pourtant, contrairement à ce que diffuse une certaine presse qui entretient les fantasmes et joue de l'hystérie sécuritaire, les Français ont assassiné, dans les dix dernières années, beaucoup plus de « Maghrébins » que les Maghrébins de Français... Le rapport tenant compte de la péréquation des deux groupes est même de 1 à 10. Mais il s'agit là d'un de ces cas où la statistique est impuissante face aux croyances[15]. L'Etat aussi contribue à l'hystérie sécuritaire et pas seulement les journalistes et les hommes politiques. La justice condamne rarement l'autodéfense ; les appareils idéologiques d'Etat définissant le système de l'Etat de droit national produisent un « nous » sectaire. Ainsi l'Etat jacobin, ayant succédé à une Eglise qui définissait elle-même la *doxa* (l'indiscuté) en matière de différence, utilise les mêmes arguments que celle-ci pour sectariser les minorités non « orthodoxes ». Il est frappant de remarquer que le rapport Vivien utilise contre la secte Moon ou l'Eglise de scientologie, les mêmes types d'arguments qui ont toujours été employés et que Vichy a systématisés contre les juifs, les francs-maçons et les communistes : ils cherchent à détruire la famille (sous-entendu « chrétienne ») ; ils enlèvent les enfants ; ils pillent le patrimoine et surtout ils lavent le cerveau de leurs adeptes ; et de toute façon, ils sont à la solde de l'étranger...

Ce type de raisonnement fonctionne dans une société plutôt libérale, concrètement pluraliste, dans un pays où l'Etat et l'Eglise catholique ont le monopole quasi absolu de l'Ecole et de la télévision (la répartition horaire des émissions religieuses donne un quart d'heure à l'islam et au judaïsme... le dimanche !), du contrôle de la morale cinématographique en matière religieuse mais pas du sexe ni de la violence.

Max Weber pensait, à juste titre, qu'il n'est pas possible de distinguer sérieusement les hallucinations économiques, politiques ou religieuses...

L'Etat garantit son monopole en organisant les espaces concurrentiels et l'exemple de la querelle scolaire démontre que la distribution d'allocations réduites aux minoritaires permet à la fois de jouer et de consolider des minorités concurrentielles. Comme la vie politique française est régulièrement agitée par des soucis électoraux, la distribution de ces allocations produit des effets non négligeables sur les stratégies des partis politiques et des acteurs sociaux ; mais si l'imbroglio juridique stimule des conflits, l'Etat seul décide quelle religion peut avoir le statut d'association reconnue. Or la crise de l'Etat-providence favorise aujourd'hui la concurrence entre les minorités. L'exemple des congrégations religieuses est

15. J'ai fait ce travail de péréquation par les pourcentages de populations pour la délinquance « maghrébine » dans les Bouches-du-Rhône. Cela ne m'a valu que sarcasmes et lettres anonymes.

probant historiquement. Les exemples juifs et arméniens le sont encore plus clairement aujourd'hui et permettent de développer le cas musulman puisque, comme lui, ils combinent *culture et culte :* faut-il enseigner l'hébreu et l'arménien ou seulement la cathéchèse en français ? Les écoles « privées » confessionnelles arméniennes et juives se développent dans le cadre de la « loi Debré » alors que les écoles musulmanes éprouvent quelques difficultés sur ce plan. L'obstacle revient toujours comme un leit-motiv : l'islam ne produit pas d'instances institutionnelles représentatives pour traiter de tous ces problèmes et, de plus, il est très lié à l'étranger...

Ainsi la nomination du Recteur de l'Institut « La Mosquée de Paris » suscite des tensions depuis fort longtemps, qui sont ravivées chaque fois que le rapport des forces change. Avec l'indépendance de l'Algérie, la position du Recteur Si Hamza Boubakeur n'a plus été tenable. Il a été remplacé en 1983 par le Cheikh Abbas dans le cadre de la grande réconciliation franco-algérienne ; or, celui-ci est contesté aujourd'hui par certains musulmans français.

Lorsqu'une nouvelle minorité religieuse est près d'obtenir un statut légal, elle a des chances de s'imposer si elle peut mobiliser à son profit un centre étranger (soit un Etat, soit un centre de production symbolique). Les événements de ces dernières années démontrent que toutes les organisations musulmanes françaises ou étrangères qui ont essayé de s'ériger en « Eglise », c'est-à-dire en instance institutionnelle représentative, ont fait l'objet d'OPA de la part de groupes extérieurs[16]. Lorsque l'Etat français ou ses appareils ne comprennent pas l'opportunité de soutenir telle association de convertis (le cas Daniel Youssouf Mansour Leclercq par exemple, président de Tamiyat : *Les Choses excellentes*), celle-ci trouve des ressources au Pakistan ou en Arabie Saoudite... Lorsque le Maroc et l'Algérie se concurrencent ou se partagent des zones, les responsables locaux tendent la sébile, *ad majorem dei gloriam,* ou si l'on préfère pour le denier du culte, vers le Koweït ou l'Arabie encore à l'occasion du pèlerinage.

Dès lors, le gouvernement est obligé de tenir compte de l'avis de l'Algérie et de l'Arabie Saoudite dans l'affaire de la Mosquée de Paris, d'autant que la France prétend par ailleurs protéger des minorités chrétiennes au Proche-Orient. J'ai même quelque raison de croire que M. Pasqua a fait des promesses à Alger en échange de

16. Cf. les cas étudiés par G. Kepel, *op. cit.*, p. 360 sq.

l'appui algérien dans la négociation sur les otages français. Bien sûr, les parties nieront mon affirmation mais si l'on en juge par la coopération (pour ne pas dire collaboration) des polices et le contrôle exercé par les officines de l'Algérie sur le culte, le discours officiel me semble peu crédible. A titre d'exemple unique, l'Algérie (c'est-à-dire l'Amicale et la Sécurité militaire) peut-elle ignorer que tel iman d'une grande ville de province est lié au plus gros maquis « intégriste » qui a été réduit par les armes ? Ma candeur d'anthropologue ne va pas jusqu'à la naïveté passive...

Mais les différentes organisations musulmanes en France ont aussi leur mot à dire ; certaines essayent même d'échapper à toute influence étrangère ; elles sont concurrentielles pour leur propre hégémonie sans toujours l'admettre. L'enjeu actuel est le problème de la représentativité et la seule institution « sérieuse », la Mosquée de Paris, fait l'objet de contestations aussi diverses qu'ambiguës. Or l'Etat français se trouve démuni face à ce type de situation et de revendication puisqu'il inclut, dans sa conception de la laïcité et dans sa production juridique abstraite, l'ethos et les pratiques du groupe religieux majoritaire (catholique et, depuis peu, chrétien et « judéo-chrétien » puisque les fédérations « protestantes » et le Consistoire israélite apparaissent à l'Etat comme des « Eglises » légitimes). L'Etat régule les différents groupes religieux à partir de conceptions césaro-papistes qui n'ont jamais clairement disparu dans la société française même la plus sécularisée (la IIIe République de Jeanne d'Arc et du Liban multiconfessionnel...) précisément, pour plagier Bourdieu, parce que leur reconnaissance vient de leur méconnaissance : leur pouvoir n'est reconnu que dans la mesure où il est méconnu.

Face à cette disposition d'esprit, aggravée par une gauche qui s'est trouvée constamment en porte-à-faux sur le problème des minorités religieuses et culturelles, les Etats arabo-musulmans cherchent à garder le contrôle de leurs nationaux qui sont aujourd'hui des minoritaires en France[17]. Par ailleurs un certain nombre d'Etats missionnaires financent des groupes d'apostolat ou de mouvements piétistes dont certains sont bien implantés en Europe comme le mouvement pakistanais *Jama'at al-Tabligh al Da'wa ila 'llah,* connu en France sous le nom de « Foi et Pratique ».

17. Cf. ce que je démontre de cette stratégie *in L'Islamisme radical, op. cit.*

Pour toutes ces raisons, il me semble que, selon la vieille tradition française de protection des minorités religieuses en Orient (mais pas en France !), conjuguée au statut de *Dhimma* (protection des minoritaires, dits « Gens du Livre ») propre à la pensée juridique arabo-musulmane, un conflit sourd, complique et pour tout dire rend incertaine *l'assimilation* des minorités musulmanes dans le *domaine public* français. (Je ne dis pas : rend incertaine l'*intégration* des « musulmans »). Il y a là un nœud qu'il faut expliciter. Je ne soutiens pas que l'islam rend les musulmans intrinsèquement inintégrables ; une fois encore, je prétends que dans la société d'accueil *et* dans la culture des sociétés d'origine, des éléments rendent difficiles la séparation de la sphère du privé et de la sphère du public parce que l'islam n'est pas seulement une religion « domestique » et que l'Etat français ne sait pas gérer le non-institutionnalisé. La contradiction est double : l'Etat moderne a besoin d'un espace *exclusif* et il est mangeur de minorités par assimilation ; l'islam, lui, exige un espace *homogène* et il ne me paraît pas simple d'aborder le problème de la « domestication » (et plus tard de sa gallicanisation) de cette religion par un jugement de Salomon plein de raison et d'urbanité qui consisterait à attribuer la sphère du public à César et la sphère du privé à Mohammed... La prochaine querelle scolaire risque, sur ce point, de ne pas être triste... lorsque les parents d'élèves français musulmans exigeront des imams dans les lycées, des subventions pour les écoles coraniques, des crédits pour la construction et l'entretien des mosquées et des collèges privés confessionnels musulmans. Pour la seule ville d'Aix-en-Provence, un de mes amis a fait le calcul de toutes les aides « publiques » (municipales, départementales et régionales) accordées à la communauté juive. Il a fait la péréquation (nombre de juifs répertoriés, nombre d'habitants et nombre de musulmans) et il a l'intention de demander le chiffre correspondant (plusieurs millions !) à tous les candidats à toutes les élections à venir : cantonales, municipales, fort d'un « vote musulman » de plusieurs milliers de voix...

A ce stade de la réflexion, deux cas me paraissent plus pertinents ; l'exemple des Blacks Muslims américains et celui des juifs français [18].

18. Un exemple français est tout aussi intéressant ; mais je ne le connais que par personnes interposées : celui de l'Eglise pentecôtiste tsigane. Nous

Les Black Muslims : comparaison

Tout d'abord, il est frappant de constater combien les mouvements religieux « millénaristes », évangélistes, pentecôtistes, méthodistes ont été plus efficaces que les partis politiques pour mobiliser les Noirs. La plupart des grands prêcheurs adventistes, par exemple, sont d'anciens chanteurs de gospel ou joueurs de jazz qui sont passés en quelques années des boîtes, des bordels et de la drogue à l'évangélisation, profitant du mouvement général des « télévangélistes » du « Bible Belt »[19] tels Donald Wildmann ou Bill Bright, etc.

J'ai visionné avec quelques amis musulmans les émissions de Jimmy Schwaggar par exemple diffusées par Télé-Monte-Carlo : nous avons pu constater que les prêcheurs islamistes ne font pas le poids... et ont encore beaucoup à apprendre dans l'usage de la modernité.

De plus, par-delà l'image puissante de Martin Luther King et du pasteur Jackson, candidat à la candidature, par-delà toute l'importance du « Black is beautiful », ces acteurs socio-religieux restent dans le « christianisme ».

L'exemple des Black Muslims américains est porteur de maintes leçons pour la situation des musulmans en France. En effet ce cas marque une limite. Un Etat, fût-il fédéral, pourtant champion du libéralisme et partant très favorable aux minorités religieuses au point qu'un des Etats de l'Union est un Etat-secte, l'Utah, ne peut tolérer une minorité religieuse qui veut s'ériger en Etat autonome : les Etats-Unis ont refusé d'accorder un statut à la minorité musulmane qui demandait *en même temps* un espace, en l'occurrence un Etat dans l'Union.

Une loi sociologique apparaît ainsi : une minorité peut *faire état de sa différence* mais cela *ne postule pas la création d'un Etat* à son profit surtout avec un territoire séparé.

---

avons constaté, avec mes étudiants, que beaucoup de gitans de la région marseillaise étaient sensibles à cette évangélisation. Mais le drame des gitans tient au fait que leur fixation les tue en tant que nomades et différents. Ils vont donc s'assimiler mais peut-être pas s'intégrer !

19. Le fichier sur les sectes prosélytes que j'ai constitué à partir du dépouillement des revues d'anthropologie anglo-saxonnes atteint plusieurs milliers de références...

Le cas de la communauté arménienne est intéressant : *a contrario* elle ne peut mobiliser à son profit un Etat étranger, même si les liens sont réels avec l'Arménie soviétique, parce que le statut des Etats de l'URSS ne le permet pas et par ailleurs parce qu'une partie de l'Arménie a disparu. Enfin parce que, dans le rapport de force international, la France et l'Europe ne veulent pas reconnaître le génocide arménien car la Turquie est un des piliers de l'OTAN et demande son entrée dans la Communauté Européenne.

Pour les musulmans américains, la difficulté venait d'une éventuelle mobilisation potentielle d'un ennemi extérieur aux Etats-Unis... Diable contre diable... Ils ont donc assez vite renoncé à cette revendication de constitution d'une République. Pourtant, cet exemple présente un certain nombre de caractéristiques qui devraient être éclairantes pour la minorité musulmane française tentée par l'intégrationisme (et non par l'intégrisme) et qui envisage de se détacher du tronc commun de l'islam. En effet, comme les Black Muslims, les musulmans français sont passés de la délinquance à la politique avant de re-venir à *une religion qui n'est plus ou pas celle de leurs pères même si elle est celle du Père.* Comme leurs coreligionnaires américains, les petits musulmans français ou vivant en France (ceux de la « deuxième » génération) ne savent pas bien l'arabe ; ils prient et lisent en français, quand ils prient... Or nul ne peut sous-estimer l'importance canonique de la langue arabe dans la lecture-récitation du Coran, comme dans la prière et la catéchèse.

Vincent Monteil, dans son ouvrage désormais classique sur *L'Islam noir,* a montré, à juste titre, à quels errements cette négligence ou mauvaise formation avait conduit les musulmans américains. Au point que certains lisaient le Coran à travers la Bible ou les écrits des orientalistes américains. Quelle que soit la sympathie qu'a suscitée le mouvement « roots » (Racines), à l'évidence *l'américanitude* l'emporte. En fait, l'islam américain est devenu une « secte-WASP », un modèle de référence, par ses méthodes, ses clubs, son nationalisme, etc.

Un autre point de comparaison plus « social » que religieux me paraît fécond. Les musulmans américains comme certains Beurs issus des « marches »[20] pensent eux aussi trouver dans l'islam une

20. Je précise à ce propos que ce sont les Indiens qui ont inventé la technique des « marches ». Denis Branks, médecine man, a organisé la « Piste des traités violés », gigantesque marathon entre 33 réserves, puis la

protestation sociale qui traduirait, à travers un support religieux, la difficulté voire l'impossibilité de l'intégration ; on est loin des Frères Soledad et d'Angela Davis... Certes, le thème mobilisateur « Black is beautiful » a profité aux musulmans, à travers les boxeurs et surtout Cassius Clay, *alias* Mohammed Ali. Mais la vraie opération qui va les transformer en « Eglise américaine » est ailleurs. Comme l'ont fait les Mourides (musulmans sénégalais) avec leur fondateur Baba Amadou Bemba, les Black Muslims se sont alors inventé de nouveaux prophètes : des prophètes non castristes, qui n'avaient pas lu Franz Fanon[21], ni rencontré le « Che », mais qui sont directement inspirés par Dieu, en particulier Elijah Mohamed. Puis, comme les chanteurs et musiciens drogués sont devenus pasteurs évangélistes, peu à peu les Blacks Muslims se sont embourgeoisés, installés avec pignon sur rue entre les temples maçonniques et les sectes ; ils se sont enrichis même et sont aujourd'hui à la tête d'affaires florissantes autant qu'islamiques. Personne ne peut soutenir sérieusement que l'islam est un obstacle au capitalisme...

Le judaïsme français

Le cas des communautés juives aux Etats-Unis et en France est par contre fort différent mais me paraît tout aussi utile pour mon propos que celui des Black Muslims. En effet pendant la période glorieuse de la République (la vraie, la seule, la IIIe...), les juifs français ont globalement suivi l'itinéraire que décrit Jacob Katz[22] pour les habitants de l'Europe centrale. Sortis du ghetto, ils sont

---

« Longest Run » de New York à Chicago en 1984, à l'occasion des Jeux Olympiques. De même que les Indiens revendiquent des « Sweat Lodges » dans les prisons pour célébrer le culte des ancêtres. Et si nous savons que « les bisons ne brouteront plus jamais à Manhattan » il est possible de lire, afin de ne point oublier, T.C. MacLuhan, *Pieds-Nus, sur la terre sacrée,* Textes, Paris, Denoël, Gonthier, 1974.

21. F. Fanon est un psychiatre antillais qui avait choisi le FLN pendant la guerre d'Algérie. Ses écrits furent très lus dans les années 60, notamment *Les Damnés de la terre,* Maspero.

22. Voir notamment : Annie Perchenet, *Histoire des juifs de France,* éd. du Cerf, 1988. Catherine Chalier, *Judaïsme et altérité,* Verdier, 1982. Jacob Katz, *Hors du ghetto. L'émancipation des juifs en Europe, 1770-1870, op. cit.* Patrick Girard, *Les Juifs de France,* Calmann-Lévy, 1976 et 1983. Léon Poliakov, *Histoire de l'antisémitisme,* 4 vol. Dominique Schnapper, *Juifs et israélites,* 1980.

passés du particulier à l'universel en adhérant à la République laïque, la franc-maçonnnerie, le socialisme et le marxisme... Ils constituaient cependant la part d'Altérité que la société française s'efforçait *volens nolens* d'assimiler, c'est-à-dire de faire disparaître. Entre 1935 et 1940, l'extrême droite puis le régime de Vichy vont leur rappeler brutalement qu'ils ne sont pas de « vrais Français » alors que l'affaire Dreyfus semblait si loin. Il ne faut donc pas écarter l'hypothèse de la (non-)leçon historique et imaginer ce scénario limite : les Beurs devenus Français sont sommés de re-choisir, arrivés à l'âge de la retraite, parce que l'Europe est attaquée par la Turquie... ou parce qu'un Gauleiter quelconque veut retrouver la pureté de la race celte ; ou parce que le Parlement européen élit un président irlandais catholique... *ad libitum,* le pire n'étant jamais advenu.

Je ne peux, pour ma part, oublier *L'Enseignement du mépris* de Jules Isaac... (celui du Malet/Isaac). Il fait partie de ces quelques maîtres qui nous ont rendus plus vigilants. Aixois typique de ces juifs provençaux, comme les Milhaud, les Carcassonne, les Bédarrides, les Crémieux (dont l'un, Gaston, fut fusillé à Marseille après la Commune de 1871) — génération de juristes — qui glorifièrent la République sans rien renier de leurs origines, qui fécondèrent l'esprit et l'esthétique de notre université provençale suivant en cela l'exemple des grands maîtres juifs et musulmans d'*Al Andalus,* réfugiés en Languedoc... sans l'enseignement desquels l'Europe ne serait pas ce qu'elle est.

Jules Isaac fut l'auteur, bien avant Vatican II, des propositions connues sous le nom de « Dix points de Seelisberg », appel aux Eglises chrétiennes... et pourtant magnificateur de l'œuvre coloniale avec son collègue Malet. Il n'est pas nécessaire de rappeler que le combat contre l'antisémitisme fut mené aussi par des chrétiens comme André Latreille, Etienne Borne, Emmanuel Mounier, Marc Sangnier contre d'autres chrétiens Jacques Maritain ou Maurras (encore que celui-ci puisse être considéré comme non catholique à maints égards...) sans parler des rapports entre Péguy et Jules Isaac. Bien entendu, les protestants étaient plus fermes depuis longtemps sur ce problème[23].

23. Les Français ont sans doute oublié que l'année même de la révocation de l'édit de Nantes (1685), des juifs « marranes » de Bordeaux furent pendus et brûlés à Toulouse...

Je voudrais surtout signaler que les arguments des deux camps sont les mêmes (pour ou contre la « francité » des juifs) que ceux que l'on peut relever aujourd'hui à propos des Beurs. L'ordre de clairvoyance est le même : les protestants, puis les catholiques « sociaux, progressites ou de gauche » (en dépit de l'imprécision, voire l'ambiguïté de ces catégories.) face aux catholiques de droite... avec tout de même quelques changements. *La Croix,* qui était violemment antisémite, a été remplacée avantageusement par *Le Figaro* et *Le Figaro-Magazine* dans la diatribe du type « ils menacent notre identité »... Par contre, il est regrettable de constater que les mouvements juifs, laïques et religieux, ne sont pas extrêmement mobilisés sur les droits des musulmans en France. Certes, le mouvement *SOS Racisme* a pris un certain nombre de positions, mais lorsque les Beurs souhaitent aller un tout petit peu plus loin sur la Palestine, cela provoque quelques tensions lors des élections de 1988, à Marseille en particulier. M. Elie Wiesel, grande conscience morale, n'est pas très clair sur ce point. Même, lors du fameux sommet (janvier 1987) des prix Nobel organisé par F. Mitterrand, il s'est, aux yeux de la plupart des intellectuels « musulmans », complètement déconsidéré en refusant de saisir la chance historique qui lui était ainsi offerte, en disant un mot sur la jeunesse palestinienne : la France a sans doute manqué là une occasion.

La comparaison avec les problèmes qu'a soulevés et que soulève encore la présence juive en France n'est pas seulement d'ordre historique. Ainsi lors du non-débat sur la réforme du code de la nationalité en 1987, de fins esprits relancèrent l'idée d'un serment que prêteraient les candidats admis à la nationalité. Et la presse de rappeler l'horreur des périodes au cours desquelles les prêtres ou les fonctionnaires durent se soumettre à cette obligation. A cette occasion, personne n'eut la bonne idée de signaler l'événement qui rendit célèbre un jeune et brillant avocat nîmois, Adolphe Crémieux, devenu ensuite un des grands réformateurs de la IIIe République. C'est en 1841 en effet, après la plaidoirie de Crémieux, que la Cour de cassation mit fin à la pratique du serment *More Judaico* qu'avait précisément refusé de prêter l'obscur rabbin de Phalsbourg, client du jeune avocat « monté » à Paris.

Depuis l'holocauste et le traumatisme qui s'ensuivit, une thématique nouvelle est apparue : les antisémites se sont découvert une vocation d'autant plus « pro-israélienne » qu'elle leur permettait, tout en les débarrassant de leurs juifs, de continuer à être « heureux » en soutenant la répression anti-arabe. La situation en effet faite aux juifs de France après la guerre fut marquée par deux événements majeurs qui transformèrent en partie les données de l'antisémitisme. D'une part, la création de l'Etat d'Israël leur permit — je l'évoquais plus haut comme règle ou variable déterminante — de mobiliser à leur profit un centre étranger. D'autre part, et ce deuxième événement me paraît plus utile encore pour la comparaison que j'amorce, la communauté juive française se trouva profondément modifiée par l'arrivée massive des juifs nord-africains après les indépendances maghrébines.

Une étude récente[24] qu'on ne peut taxer d'antisémitisme ou d'antisionisme[25] nous fournit un faisceau d'informations fort utiles pour la comparaison que je propose. Une fois de plus le premier point porte sur la définition (comme pour les musulmans) : qui peut et qui doit être catalogué dans la catégorie « juif » ? Par-delà les « catégories » forgées comme outil de travail par les sociologues des religions (croyant/non-croyant, « pieux », « dévot », pratiquant sociologique, convivial, occasionnel, ritualiste, mais aussi militant, prosélyte, etc.), il n'est pas possible de se contenter des réponses des acteurs sociaux eux-mêmes[26].

Le problème a été clairement posé par Gershom Scholem : acculer le juif à l'alternative aussi drastique qu'inacceptable de faire

24. Sous la direction de Doris Bensimon et Sergio Della Pergola, *La Population juive en France : socio-démographie et identité,* CNRS et Université hébraïque de Jérusalem, 1985, 436 p.

25. Etant donné les remarques acerbes dont j'ai fait l'objet à ce propos dans mon ouvrage sur l'islam, je me méfie. J'ai été accusé d'antisémitisme par des journalistes parce que j'avais écrit « armée d'occupation » au lieu de Tsahal ; ma position reste inchangée : écrire « Tsahal » revient à occulter la réalité de l'occupation... Je refuse l'amalgame « antisémitisme/antisionisme », qu'il soit le fait de juifs, d'israéliens ou... d'antisémites heureux de cette confusion.

26. Ainsi, selon des variables qu'elle ne maîtrise pas, une jeune fille, née d'un père juif et d'une mère goya, n'est pas juive aux yeux des orthodoxes mais elle peut se considérer comme telle. Inversement un fils de juif pratiquant, circoncis mais se proclamant athée sera considéré comme juif par la communauté et par les antisémites... Dans l'enquête sur le fait religieux à Marseille, nous avons utilisé la méthode onomastique pour les interviews par échantillon aléatoire : j'ai déjà expliqué plus haut la médiocrité du résultat tant la confusion peut être grande entre certains noms d'origine nord-africaine.

l'expérience d'une sorte de judaïsme sécularisé voire « athée » revient à *réduire l'expérience religieuse juive à l'état de culture juive :* aujourd'hui, ce drame est celui des musulmans français[27].

L'ouvrage de Mme Bensimon propose des chiffres raisonnables : il y aurait en France 535 000 juifs et une fourchette de 600 à 700 000 juifs potentiels. Elle précise que la règle halachique (la mère seule transmet la judaïté) ne se retrouve pas dans les comportements, que les mariages « mixtes » représentent près du tiers des mariages des juifs répertoriés et que les « juifs » font beaucoup moins d'enfants qu'autrefois... Nous avons constaté le même phénomène à Marseille pour les enfants issus de l'émigration à travers la pratique de la contraception, le recul de l'âge au mariage et l'abandon de l'endogamie.

Le rabbinat se montre très inquiet devant cet ensemble de faits, d'autant plus que plus de 53 % des « juifs » ne mettent jamais les pieds à l'office... bien que 49 % des ménages mixtes fassent circoncire leur fils (ce qui signifie que 51 % ne le font pas.). Autrement dit, la moitié des « juifs » potentiels ou supposés tels ne sont pas pratiquants.

Les chiffres de la pratique religieuse sont eux aussi éloquents mais surprennent seulement ceux qui, en France, confondent fantasmes et faits sociaux. Michelat a démontré le même type de problèmes pour le christianisme et nous sommes plusieurs à penser que les musulmans sont encore moins pratiquants. Ici encore, mythes et chiffres s'opposent comme le sens commun et la science : « Moi, je vous le dis, Monsieur, de toute façon, *ces gens-là,* ils se serrent les coudes. »

Et pourtant. A Paris, 8 % seulement des juifs vont à la synagogue pour le shabbat et 22 % pour le *Yom Kippour* (qui peut être considéré comme la seule fête canonique minimale, le Jour du grand pardon). Même dans ce cas, peu nombreux sont ceux qui respectent à la lettre les obligations et interdits de cette « décade des jours redoutables » ; mais 90 % des juifs répertoriés par les consistoires de province pratiquent au moins Kippour. La fréquentation moyenne des synagogues de province pour le shabbat ne dépasse pas 40 % (je me suis toujours demandé comment les commerçants

27. « L'Identité », *Actes de Recherches en sciences sociales,* n° 35, novembre 1980.

juifs de Marseille, « ouverts le samedi », faisaient pour compter la recette de « fin de semaine » puisque théoriquement ils ne peuvent manipuler d'argent). Par ailleurs, une enquête démontre que le respect des 39 interdictions de Shabbat est peu pratiqué.

Cependant, le taux de fréquentation des offices en synagogue (plus toutes celles qui ont lieu à la maison — *Soukkoth* et *Pessah* en particulier) est plus élevé que les moyennes comparables dans le catholicisme (messe : 28 %) ou l'islam (prière du vendredi pour les musulmans en mosquée : 5 à 8 %). Beaucoup de fêtes tombent d'ailleurs en semaine et posent problème pour les enfants scolarisés, les entreprises[28].

La pratique la plus constante est la circoncision, sous réserve de ce que j'ai signalé des ménages mixtes et des juifs se déclarant non juifs. Il semblerait sur ce plan que les musulmans la pratiquent beaucoup plus que les juifs alors que ce n'est pas une obligation canonique mais seulement une tradition orthodoxe... Par contre, il n'y a pas l'équivalent de la confirmation ou de la communion solennelle dans l'islam : c'est improprement que la *Bar Mitsvah* est dénommée en France « communion ». Cette accession des garçons à la majorité (car les filles « ne montent pas à la Torah ») qui a lieu à 13 ans, est massivement pratiquée.

Si j'interprète ces chiffres (globaux et peu affinés ici) dans un but comparatif, il ressort que le Rabbinat est inquiet des progrès de l'intégration républicaine. Et lui seul. La foi « domestique », quant à elle, a changé de valeur : de sociologique elle est devenue qualitative. Les croyants des trois religions monothéistes qui prient, mieux, chez eux et qui ont une pratique discrète, sont de plus en plus nombreux. Ils acceptent la logique de la *séparation sans en redouter (comme les clercs-spécialistes de la gestion des biens du salut) les conséquences.*

Depuis ces quelques années consacrées à la recherche religieuse en France, je me suis aperçu que l'analyse comparative et l'utilisation de méthodes éprouvées étaient bien gênantes pour les apparat-

28. Les fêtes juives sont : *Roch Hachana,* l'anniversaire de la création du monde (en arabe le mot est le même : *Ras al-Sana*) 12 et 13 septembre 1988/5749. Puis au fil de l'année : *Yom Kippour, Soukkoth* (de *Sukkah :* cabane, tente, tabernacle), *Simhat Torah, Hanoucca* (la fête des Lumières), *Pourim* (souvenir d'Esther et de la libération des juifs), *Pessah* (Pâque), *Charvuot* (Pentecôte) les 9 et 10 juin 1989...

chiks de toutes les confessions : ce que nous leur disons de leur propre société les met en danger. Ainsi la comparaison sur la fréquentation des lieux de culte que je mène depuis bientôt dix ans laisse apparaître un grand vide sauf chez les extrêmes minorités : les bouddhistes, les adventistes, etc., qui, eux, pratiquent à 99 %.

Une autre pratique cultualo-culturelle permet également le comparatisme : les interdits alimentaires. Certes, tous les juifs sont loin de pratiquer les 613 obligations mais beaucoup hésitent à transgresser complètement la *Kachrout* et, au minimum, mangent *cacher* de temps en temps, en tout cas pour les nombreuses fêtes qui balisent la vie juive. La vie moderne et les tentations du monde extérieur et profane produisent apparemment les mêmes effets sur les musulmans : laxisme grignotant, aménagements modernes (comment pratiquer les « cabanes » en ville ? Comment, entre les 7 jours de *Pessah,* avoir deux jours chômés au début et à la fin ?)[29] ; puis justifications pseudo-rationnelles à vague allure théologique (« la bière, c'est pas de l'alcool » ou « Le cochon, sous la forme " jambon d'épaule ", on peut le donner aux enfants, le médecin me l'a dit... ») Enfin, manifestations de rejet qui commencent par le vêtement, les coiffures, les chapeaux, calottes ou téfilin (phylactères) ou cheveux, et qui conduisent droit à l'hostilité envers ceux qui les portent. J'ai remarqué que les jeunes gens barbus des synagogues et des mosquées de Marseille avaient souvent même allure, même comportement, même agressivité, même figure « espagnole »... les voies du Seigneur sont vraiment impénétrables.

L'osmose avec la société d'accueil a produit pourtant des changements dans les deux groupes : les minoritaires ont adopté les mœurs culinaires comme mode d'intégration ; la société d'accueil a admis certaines nourritures : couscous, merguez, etc., au même titre que la pizza. La marque de l'intégration serait donc qu'une nourriture « sacrée » devient profane... Or nous savons par de nombreux travaux d'ethnologie qu'il s'agit là d'une règle générale, déjà observée en France par exemple à la fois sur les Bas-Alpins migrant

29. Lévitique, 23, 42, 43 : « Vous habiterez sept jours dans des cabanes. Tous les " citoyens d'Israël habiteront dans des cabanes afin que vos descendants " sachent que j'ai fait habiter dans des cabanes les enfants d'Israël quand " je les ai fait sortir du pays d'Egypte. Je suis le seigneur votre Dieu... ". »

en ville et sur les Piémontais venus en Provence au début du siècle. Une bonne observation des glissements dans les pratiques alimentaires est donc une bonne indication sur l'intégration, même si l'on se plaît à regretter que le « fast food » remplace les plats de toutes les grand-mères. Reste alors la fête religieuse comme lieu de sociabilité et de retrouvailles avec la mémoire enfouie... « Le meilleur couscous, c'est celui de ma mère.. », affirme un dicton maghrébin qu'aucun petit Feuj, qu'aucun petit Beur ne démentirait, sauf s'il est devenu... autre. Mais paradoxalement, ce qui les divise profondément, leur permet de ne pas totalement perdre leur identité propre, réelle ou fantasmagorique : c'est l'*Intifada;* Israël, la Palestine[30].

Une indication sur la profondeur de cette différence a été brutalement mise en lumière lors des auditions de la commission pour la réforme du code de la nationalité : le service militaire. L'Algérie et l'Etat d'Israël sont, en vertu d'accord d'Etat à Etat, deux pays étrangers dans lesquels un jeune citoyen français peut effectuer son service militaire. On peut comprendre les raisons historiques et juridiques qui ont conduit la France et l'Algérie à signer cet accord en décembre 1984, en particulier l'arrivée sur le marché « civique », et donc celui de la conscription, de centaines de jeunes gens à la nationalité imprécise. D'autant que, l'âge de la majorité étant différent dans l'un et l'autre pays, l'option de nationalité et la période de conscription peuvent ne pas correspondre, faisant du jeune homme un déserteur dans les deux pays... Il n'en va pas de même pour un jeune citoyen français de confession juive et j'avoue être choqué qu'il puisse effectuer son service national dans un Etat étranger. Je suis pour l'abrogation de l'accord franco-algérien (d'autant plus que les choses s'arrangent sur le plan juridique pour les cas litigieux), et je pense qu'il faut abroger l'accord franco-israélien. Comme l'a proposé la commission des sages (proposition n° 12) : « La soumission aux obligations du service national devrait emporter le choix de la nationalité française sans aucune formalité. » Il s'agit là d'une règle républicaine fondamentale sans laquelle la République et la Nation changent de nature. Nous aurons assez de difficultés sur ce plan avec l'Europe unie ; le petit exemple des brigades « franco-allemandes » donne

30. D'où les ruptures de l'été 1988, cf. *L'Express,* 1.7.88 : « Beurs et Feujs à l'épreuve des pierres. »

une idée du chemin à parcourir sur ce point. Mon expérience d'enquête de terrain me fait ajouter que la plupart des jeunes gens qui ont effectué leur service militaire en Algérie reviennent, pour le moins, convaincus de leur bonheur de vivre en France et d'être Français. Il n'en va pas de même pour les jeunes gens juifs qui font l'expérience en Israël ; ils ont prêté le serment de Massada et reviennent, généralement, comme agents actifs et militants d'un Etat étranger. Or nous savons qu'il s'agit du reproche fondamental de tout rejet de l'Autre. Je ne suis pas sûr qu'il soit intelligent et opportun d'aggraver cette cause de racisme. Et si l'Algérie nous réclamait, dans vingt ans, et si les enfants des Beurs nous réclamaient dans trente ans, d'appliquer la « loi du retour » ? Nous n'arrivons même pas à répondre à cette question de nos « cousins » canadiens...

Un autre point litigieux perce dans l'accusation de liaison avec un Etat étranger : la nomination des instances religieuses. Que diraient tous les Arabes et tous les musulmans si les rabbins français étaient nommés par l'Etat d'Israël ? Les communautés françaises de musulmans, depuis quelques années, élisent elles-mêmes leur imam. Souhaitons qu'elles fassent de même localement, régionalement et nationalement comme les juifs français. Ceux qui veulent rester, devenir (ou se comporter comme des) étrangers doivent alors respecter la loi française. Ce principe est simple et clair autant qu'intangible pour la République.

Le seul point sur lequel l'homothétie entre le judaïsme et l'islam est parfaite porte sur les mariages mixtes : ils redoutent la perte d'identité absolue par ce biais. Mais là encore la marche est sans doute inéluctable : en 1982 (recensement INSEE) dans la seule région Provence-Alpes-Côte-d'Azur, 1900 « Français » ont épousé une femme maghrébine donc musulmane, c'est-à-dire en quelques années, cinq fois plus que pendant les 130 années de l'Algérie française. Encore cette indication ne précise-t-elle pas les mariages mixtes entre Françaises musulmanes et non-musulmans..., et ne nous donne-t-elle pas le chiffre des concubinages.

Toutes ces remarques démontrent qu'il y a là quelques contre-vérités qui sont battues en brèche mais qui sauraient s'effacer devant un propos à la fois provocateur et mathématiquement vérifiable : si tout à coup prenait l'envie, légitime, à toute la population juive potentielle et musulmane potentielle d'aller prier, comme prévu par le rite, brusquement et régulièrement, à la synagogue et à la mosquée, il faudrait, devant l'afflux débordant dans les rues le vendredi et le samedi, envisager sérieusement la création de plusieurs milliers de lieux de culte en province et une bonne centaine en région parisienne !

Par-delà les fictions d'un « vote juif » ou d'un « vote beur », les communautés juives et musulmanes (mais justement sont-elles de vraies communautés ?) sont dans un rapport de forces susceptible de faire aboutir cette éventuelle revendication. Le statut des « communautés » passe en effet par le canal d'associations cultuelles légales qui, seules, quelles que soient leurs formes (en l'occurrence pour le judaïsme, le système assez complexe des Consistoires), peuvent obtenir des autorités locales le droit d'ouvrir des lieux de culte et de donner à leurs enfants un enseignement religieux qui soit conforme à leurs convictions. Sur ce plan, les musulmans français ont beaucoup à apprendre des organisations juives, malheureusement leur non-dit et leur impensé réciproque ne facilitent pas la chose. Mais, contrairement à ce que croient les Goyims et les Roumis, le plus profond non-dit et le plus profond des impensés ne tient pas seulement à l'actualité ; il remonte beaucoup plus loin : à Abraham. Qui est le fils sacrifié ? Ismaël ou Isaac ? Les enfants d'Israël et de Jacob et les enfants d'Ismaël sont des cousins et demi-frères issus de femmes dont le statut social et symbolique est incomparable : Sarah n'est pas Agar. Cet impensé et ce non-dit vont très loin dans la mémoire collective, par-delà les querelles byzantines des théologiens : dans un monde où le Nom du Père est la Loi, le fils bâtard a pu être sacrifié parce qu'Abraham (que ce soit Avram ou Ibrahim al-Khalil) ne faisait pas confiance à ce Dieu terrifiant qui réclame l'holocauste... La circoncision et le sacrifice du mouton sont là pour rappeler chaque année à chaque homme chef de tente que le *pacte* lie toujours.

Enfin, il faut signaler que le CRIF (conseil représentatif des institutions juives de France, créé en 1943 en pleine clandestinité) a réussi peu à peu à réunir, sinon unifier, les différentes composantes du judaïsme français et à amortir le choc qu'a constitué l'arrivée de centaines de milliers de juifs d'Afrique du Nord, sépharades et méditerranéens. Les musulmans pourraient prendre modèle sur les organisations juives, éviter les errements et, pourquoi pas, « *Inch Allah* », trouver des appuis dans la communauté juive forte de son expérience de minoritaire en Chrétienté *et* dans le *Dar al-Islam*. Mais peut-être est-ce trop rêver ou trop demander à l'Histoire, c'est-à-dire aux hommes.

Comment parvenir à une conciliation plurireligieuse ? Encore une fois, tout cela en dit plus long sur la France que sur le judaïsme. La réticence ne vient pas seulement de l'Etat et des juifs, mais aussi des Eglises chrétiennes qui ne sont pas très au clair sur cet ensemble de problèmes. Il n'y a pas que les « lepénistes » qui ont peur des minarets... ce serait trop simple. L'islam ne constitue pas un danger aux yeux de l'Eglise mais, à tout le moins, constitue-t-il un problème...

Les différentes publications religieuses portant sur le « dialogue islamo-chrétien », les notes et bulletins internes sur l'interconfessionalité, les publications des secrétariats pour les relations avec l'islam ou les migrants, les pastorales, les déclarations de l'épiscopat se sont multipliés depuis trois ou quatre ans. Les travaux effectués à l'Institut d'Etudes politiques d'Aix-en-Provence depuis plusieurs années montrent la difficulté pour l'Eglise catholique de gérer la différence, par-delà le discours officiel œcuménique[31] ou même les déclarations sur le racisme et le pluralisme. Aussi est-ce sur le plan culturel et dans sa relation à l'Etat que l'épiscopat français réagit réellement : sur le terrain du catéchisme à l'école. Invoquant Jules Ferry, l'Eglise estime que l'Etat ne saurait supprimer le « mercredi » au profit du « week-end », cédant à la demande des parents et des stations de ski... Pour l'Eglise, une laïcité bien comprise ne doit pas marginaliser le fait religieux. Ainsi obtient-elle l'annulation d'une décision de l'inspecteur d'académie de Bourges d'instaurer la « semaine continue ». Mgr Lustiger déclare au journal *Le Monde,* début octobre 1988, que le christianisme reste l'un des « ressorts fondamentaux de notre société civile »... Et si Mgr Decourtray s'est distingué par ses déclarations contre la contraception (ce qui me paraît cohérent) il s'avançait en revanche sur un tout autre terrain

31. En particulier les mémoires de doctorat de Sophie Sahakian et Frank Frégosi montrent comment la hiérarchie est à la fois talonnée par sa « droite » qui lui reproche son laxisme et par son incapacité, légitime, à reconnaître la légitimité de l'islam — religion monothéiste venue *après* le catholicisme...

en affirmant que le mot « séparation » ne lui paraissait plus approprié. L'archevêque de Paris devait confirmer cette nouvelle stratégie de l'Eglise cette année : « Les changements de la vie sociale font que les conditions de la séparation... rendent l'Eglise dans l'incapacité absolue d'exercer ce qui lui est théoriquement reconnu comme un droit. Si l'Etat ne faisait pas l'effort nécessaire de redéfinir les conditions de la séparation... il porterait gravement atteinte à un droit imprescriptible, c'est-à-dire à un bien de la Nation. »

Quel est ce droit ? Celui de faire une place à l'histoire des religions ou de la religion catholique ? En ce qui me concerne, je suis tout à fait partisan que les anthropologues et les historiens enseignent l'histoire *des* religions. Il semblerait que les intentions du cardinal soient plus claires et simples : « Si on ne transmet pas aux jeunes — ou si on leur transmet mal — cette part prépondérante prise par le christianisme [Mgr Lustiger pense au catholicisme] dans l'édification de la culture française, alors son patrimoine, mais aussi les traits et caractères qui lui confèrent son identité et sa cohérence... »

Autrement dit pour l'épiscopat français, *civilisation* = *culture* = christianisme (*catholicisme*) = Identité française... Il s'agit bien là d'une formule césaro-papiste qui est la règle depuis le *cujus regio ejus religio*. On a la religion de son souverain. A moins que la République n'exige, dans le cadre d'une séparation repensée, de mettre à équidistance, en tout cas dans la même situation, les aumôniers catholiques, protestants, musulmans, israélites, adventistes, pentecôtistes, bouddhistes, *ad libitum,* soit en les autorisant à enseigner, soit en interdisant à tous l'accès de l'enseignement public... Nous sommes là à la jonction du cultuel et du culturel, et il faut bien se demander quelle quantité d'altérité culturelle la France peut supporter ou est en passe d'absorber. La réponse à cette question implique que soit d'abord démêlé l'écheveau constitutif de notre imaginaire en la matière, en particulier parce que le chrétien, amnésique sur ses origines juives, va créer un Autre (le Turc musulman), paradigme de son hostilité.

V

Le voyage en Orient ou le concept d'un fantasme

Pour Lévinas, la parole donnée dans la Bible ne dit rien d'autre que ceci : l'homme a en sa garde, non pas l'Etre comme le prétendait Heidegger, mais l'Autre[1].

La constitution d'une altérité radicale dont le siège est en Orient, c'est-à-dire nulle part, est liée à l'origine du monothéisme. Elle fut sécularisée avec l'achèvement de la Prophétie par l'apparition de l'islam constitué comme modèle du despotisme, au moment où celui-ci menace l'Europe de l'intérieur plus que de l'extérieur. Mais par ailleurs, selon le mot heureux de Renan, l'Orient est une nécessité intellectuelle parce qu'il est à la fois une fenêtre et un miroir[2]. Jean Leca peut alors m'écrire en revenant de là-bas dans la douleur : « Entre tout ce dont j'ai peur, j'aurai établi une relation nécessaire et, de mes fantasmes angoissés, j'aurai fait une théorie... »

Imaginaire et réalités : la glottophagie colonialiste

Le voyage en Orient est un voyage imaginaire dans un Orient imaginaire : il est constitutif de l'image dramatique de l'Autre, le Turc[3] antithèse de l'Européen, et d'une mémoire collective qui rêve

1. P. Jarreau à propos d' « Océaniques », *Le Monde,* radio-télévision, 17 octobre 1988. Je reviendrai sur l'altérité chez Lévinas *infra.*
2. T. Hentsch, *L'Orient imaginaire, op. cit.*, p. 120.
3. Lucette Valensi, *Venise et la Sublime Porte. La naissance du despote,* Paris, Hachette, « Textes du XXe », 1987.

complètement sa relation à un Autre éthéré, absent. Les Occidentaux, me semble-t-il, n'ont jamais voulu reconnaître l'Autre quand ils le voyaient parce qu'il ne correspondait pas à l'image qu'ils s'en faisaient ou dont ils avaient besoin. La glottophagie colonialiste consiste en un désir irrépressible de consommer l'Autre comme image. Ce désir produit cependant un regard cognitif. L'exemple de Gérard de Nerval est typique de cette attitude. Nous savons qu'il a vraiment vu, peut-être même compris, beaucoup de choses en Orient. Or, il nous raconte ce que son imagination lui dicte et qui satisfait le goût de ses lecteurs ; l'exotisme est ainsi une forme de voyeurisme inversé, de glottophagie, de désir de consommer l'Autre. Mais lorsque l'Autre débarque chez nous, le réveil est insupportable. L'Imaginaire décolonisé accomplit le désenchantement du monde.

A mon avis, la cause profonde de cette attitude correspond à un traumatisme séculaire qui n'a jamais été totalement surmonté : le Christ est juif et le christianisme n'est jamais qu'une secte juive qui a réussi, parce qu'il met en scène la première victime-holocauste qui soit dite innocente dans le rituel religieux de l'interdit du mimétisme, et le paradigme du bouc émissaire[4]. Mais cette présomption d'innocence fondatrice d'un nouveau pacte communiel (le Christ devient *agape*) implique la culpabilité de l'Autre ; le Juif qui l'a refusé comme tel, devient à son tour victime de la communauté nouvelle.

Là est la cause première et profonde de tout l'imaginaire hostile à l'Orient qui se traduit par le rejet pathologique de nos origines. Pour ce faire, il fallait dramatiser au point de rendre inadmissible la liaison : l'Orient a refusé le message, pis les « juifs » ont commis le déicide et le Prophète Mohamed ne peut être qu'un escroc puisqu'il vient *après* le Messie. Il me semble que tout a été dit sur cette profonde conviction de l'Occident et que personne n'en tient compte dans l'analyse. Cet enfouissement dans les tréfonds de notre mémoire collective me paraît pourtant une variable non négligeable. Il m'a toujours semblé surprenant que les auteurs qui ont pourtant proposé des approches transhistoriques de la représentation symbolique (Jung, Bachelard, Durand...) aient accordé si peu d'importance à l'ensemble des textes fondateurs de notre culture et de notre civilisation, comme si la Bible (sous ses différentes formes) n'avait

4. Cf. R. Girard et P. Solié, *Op. cit.*

aucune influence sur notre imaginaire. Elle est pourtant à la base de la définition de l'étranger à la fois dans ses sens positif et négatif et, par-delà les évolutions postérieures des trois religions monothéistes, elle renvoie aux mêmes textes lus et interprétés de façon identique, en l'occurrence exclusive de l'Autre. Alors que Lévinas et Lacan au moins nous ont appris qu'il n'y a de semblable (un autre qui soit moi ?) que parce que le moi est originellement autre, la Parole, hypostasiée dans la Bible, dans les Evangiles et dans le Coran, donnée dans l'ensemble des textes monothéistes dit : l'homme est en garde de l'Autre. Cette assignation, que les Ecritures répètent sans relâche, est codifiée par le menu pour que les pratiquants la remémorent à chaque instant. Là est le sens du *Dhikr soufi...* répétition incantatoire, incessante. Mais si Dieu est le Tout-Autre dans le monisme monothéiste, l'Autre, misérable existant dans le monisme existentiel, devient une caricature à travers le miroir.

Cette assignation est sans cesse remise en jeu dans son dévoilement par le commentaire (herméneutique, talmudisme, tafsir, exégèse), qui met à jour ainsi la possibilité de ce que Lévinas nomme l'Humain. Le sujet ne se constitue que par la fermeture à cause de la séparation : l'homme est séparé du Tout-Autre (Dieu) et séparé de sa mère pour naître à l'existence. L'irruption de l'Autre le surprend toujours ; mais l'Autre ne vient pas remplir le vide « en moi » mais me détourne de « moi/soi/nous » ; la schizophrénie monothéiste produit la déréliction et la faim de l'Autre (la glottophagie colonialiste) me pose plus de problème que ma propre quête.

Ainsi dans mon travail d'enquête, tous les « clercs » officiels — prêtres, rabbins, pasteurs — que j'ai pu interroger m'ont cité le Deutéronome : « Souviens-toi que tu as été toi-même étranger au pays d'Egypte... » Le mot hébreu utilisé étant d'ailleurs le plus intéressant ici puisque, après tout, « *Guer* » (pluriel « *Guerim* ») peut se traduire par migrant, ou mieux encore par « tiers », alors que le terme « *goyim* » est réservé à ceux qui obéissent à n'importe quel pouvoir profane.

Le meurtre d'Abel par Caïn s'explique par l'impossibilité de passer de l'idée de dualité à celle de relation non antagoniste qui produit l'incapacité au dialogue avec l'Autre. Or le dépassement du narcissisme obsessionnel (« Touche pas à mon pote » opposé à « je préfère ma cousine ») qui se sent menacé, ne peut être dépassé que par le besoin puis la reconnaissance d'autrui...

Il faudra donc préciser la position de chacune des trois religions vis-à-vis des autres et les conséquences qu'elles en tirent pour leur cohabitation en France. Je ne peux m'empêcher de signaler qu'une discussion sur ce sujet avec un collègue bouddhiste m'a permis de mesurer son effroi quant au dogmatisme sectaire du monothéisme, alors qu'il a quelque mal à comprendre la différence de fond entre ces trois religions... Un Japonais par exemple peut être à la fois adepte du zen, en même temps pratiquer le shintoïsme voire le tao plus quelques arts martiaux. Cette idée d'une pluralité pratique paraît totalement farfelue sinon dangereuse pour un monothéiste. Et pourtant les Maîtres musulmans comme Ibn 'Arabi et 'Abd al-Qadir (l'Emir Abdelkader) pensent qu'il est possible d'être juif avec le juif, musulman avec le musulman, chrétien avec le chrétien et autre avec l'Autre[5]. Il ne me paraît donc pas possible d'éviter un petit détour par l'herméneutique[6] ou tout au moins par sa version triviale à partir de la question suivante : comment mesurer l'influence de la catéchèse (le plus souvent oubliée) dans la constitution de l'imaginaire « français » et plus particulièrement dans la définition de la religion de l'Autre. S'il est vrai que Marx a analysé et démasqué l'inconscient social[7], Freud a fait de même pour l'inconscient personnel. S'il est donc vrai que la psychanalyse et le marxisme nous apprennent comment percer les superstructures pour arriver aux causes et aux mobiles véritables, alors l'Histoire des religions telle que je la comprends, conçois, et pratique aurait le même but : « Identifier la présence du transcendant et le supra-historique dans la vie de tous les jours » écrit Mircéa Eliade dans son Journal[8] :

« Le phénomène capital du XXe siècle, ce n'est pas la révolution

5. Michel Chodkiewicz, *Emir Abd el-Kader. Ecrits spirituels,* Le Seuil, 1982. Cf. en particulier le commentaire du *mawqif* 254, pp. 127-130 ; mais aussi : *Le Sceau des saints,* NRF Gallimard, 1986.

6. Je m'y suis déjà essayé dans « Ecritures saintes, désert, monothéisme et imaginaire », texte auquel j'ai la faiblesse de beaucoup tenir, paru dans *Le Maghreb dans l'imaginaire français,* Aix-en-Provence, Edisud, 1985.

7. Je sais, beaucoup proclament que Marx est mort... Mais alors pourquoi lire encore et toujours Platon ou Aristote, ou Spinoza ou Liebniz *ad libitum ?*

8. *L'Epreuve du labyrinthe,* Belfond, 1978, p. 169.

du prolétariat mais la découverte de l'Homme non européen et son univers spirituel. L'inconscient... tout comme le monde non occidental ne se laissera déchiffrer que par l'Herméneutique de l'Histoire des religions. »

Ce détour est nécessité par les échecs retentissants, que l'Occident refuse de voir[9], du projet de société moderne. La fin du siècle promet des crises croissantes du système économique mondial accompagnées de prises de conscience religieuses de plus en plus contradictoires.

Peut-être avions-nous mal perçu tous les tenants et les aboutissants, conséquences récurrentes de la sécularisation : un des effets révélateurs de la présence de l'Autre parmi l'Entre-Nous renvoie à des échecs patents. L'islam mobilise alors que l'Eglise change après s'être vidée; elle revoit, à la lumière des nouvelles données, sa propre critique de la séparation; elle repense les conditions de sa propre catéchèse... Et cela *parce que* la présence islamique en France survient au moment précisément où nous doutons de notre supériorité; la crise des idéologies, la dissolution de la métaphysique (historiciste et scientiste), le déclin du mythe du progrès et de l'idée même de linéarité historique, autrement dit le déclin de l'hégémonie marxiste et structuraliste, nous pousse à regarder l'apport de l'Orient à domicile autrement, comme résidence secondaire. L'expérience religieuse apparaît à beaucoup comme une absence de solution. Et si l'absence d'issue était un signe, comme le suggérait Heidegger?

Et s'il fallait prendre place dans ce site, *ce nouveau lieu aménagé par la présence de l'islam?*

Et si ceux venus de là-bas nous aidaient à comprendre que cette voie n'est pas sans issue?

La Présence massive d'un Autre, appartenant à une religion monothéiste issue du même tronc commun qui est au principe de notre culture et de notre civilisation, nécessite donc, à mon sens, l'analyse de la définition de l'Autre dans celle-ci. Certes, il faut y ajouter la pensée grecque avec d'autant plus d'intérêt que l'Occi-

9. Certains, pourtant, nous préviennent depuis des décennies. René Dumont, *Un monde intolérable. Le libéralisme en question,* Le Seuil, 1988. Dès 1966 il avait écrit avec Bernard Rosier : « Nous allons à la famine »... et certains trouvent surprenant et choquant que les émeutes de la faim commencent à envahir même le bassin méditerranéen!

dent fait semblant d'oublier que, précisément, cet Autre l'a transmise via l'Andalousie, cet Occident musulman... Des Barbares (*oï Barbaroï*) aux *Goyim,* des païens et des Gentils aux Infidèles, que disent les trois religions de l'Autre, qu'apprennent-elles à leurs enfants sinon que Dieu a donné sans partage aux enfants d'Abraham la Terre promise jusqu'à la fin des temps... Beaucoup de chrétiens semblent ignorer ou avoir oublié que leur Christ a guéri le fils du Centurion (officier d'une armée d'occupation !) et la fille de la Cananéenne (peuple indigène massacré par les juifs depuis Josué au moins), qu'il a fréquenté les lépreux mis à l'écart, la Samaritaine (femme et hérétique), les publicains (collabos) et que son affection pour les femmes et les disciples va plutôt aux exclus, aux mineurs, aux marginaux, rarement aux nantis. Cette myopie, que Bachelard a traquée toute sa vie, produit aujourd'hui un curieux effet pervers. Par rapport aux vagues successives de migrants « européens » (italiens, espagnols, polonais), l'émigration maghrébine (et turque) est perçue comme *essentiellement* musulmane alors qu'elle est avant tout *essentiellement* force de travail [10].

Cette confusion en dit long sur notre inconscient : transformer la réification capitaliste et l'aliénation du lumpen-proletariat en légitimation identitaire dangereuse pour la société d'accueil, est une pratique qui relève du tour de force dont l'occultation est la seule raison d'être. Aussi je propose d'abandonner le terme ambigu de « société d'accueil » pour celui, plus clair à mon sens, de « société de résidence » voire « société de passage » tout au moins jusqu'à l'intégration finale.

De plus, en dix ans, l'émigration a changé de nature et d'essence : elle était *utilitaire* et *provisoire*, elle est devenue *sédentaire* et *narcissique*. Elle ne veut plus être *autre* mais *soi*, acceptée comme telle. Il me semble que cette illusion de la société française, qui a cru l'Autre passager ou intégré par assimilation, est l'une des causes de la revendication du droit à la différence *culturelle.*

La France est désormais confrontée à cette nouvelle donnée ; les émigrés ne repartiront pas et ils veulent être musulmans en France, musulmans de France et, pour beaucoup, musulman français.

10. Larbi Talha, *Le Salariat immigré dans la crise. La main-d'œuvre maghrébine,* CNRS, Aix, IREMAM, 1989.

Beaucoup de Français seront surpris d'apprendre que l'islam est implanté en France depuis longtemps [11], des siècles même, et que le véritable problème porte sur son occultation par rapport à sa visibilité récente. Ainsi, avant d'en venir à l'islam proprement français, me paraît-il nécessaire de rappeler quelques grandes séquences. Le Sud de la France a été en partie musulman pendant plusieurs siècles et la date symbolique de Poitiers montre bien le mécanisme de l'occultation idéologique inculquée par l'enseignement de l'Histoire nationale.

La première « vague islamique » que la Gaule (qui n'était pas encore tout à fait la France) a connue, se situe au début du VIIIe siècle et a duré jusqu'au XIVe siècle au moins... L'Espagne est islamisée au début du siècle et très vite les Berbères du Maroc et les convertis espagnols, qui se sont donné une dynastie arabe issue des Ommeyades, franchissent les Pyrénées.

Narbonne est prise en 716. En mai 721, les troupes musulmanes attaquent Toulouse, défendue par le comte Eudes qui est le beau-père de Munuza, chef berbère de la Septimanie (Roussillon-Languedoc), point que les manuels d'histoire français omettent de signaler. Entre 725 et 731, les musulmans (qui sont des Berbéro-Mauresques et non pas des Arabes) prennent Carcassonne, Nîmes et... Lyon ; ils ne s'arrêteront qu'en Bourgogne. De l'autre côté, les musulmans montent jusqu'à Bordeaux et sont arrêtés à Poitiers en octobre 732, date très incertaine. Arrêtés ne signifie pas qu'ils sont repartis : de nombreuses chroniques nous laissent à penser que certains s'installèrent au nord de la Loire et que la plupart restèrent et firent souche en Aquitaine [12].

A partir de cette date et jusqu'à la fin du siècle, les prises et reprises vont se multiplier au rythme des alliances. Ainsi les comtes de Provence s'allièrent-ils plus souvent avec les « Espagnols » qu'avec Charles Martel, ses frères et fils... Les musulmans s'installèrent en tout cas fortement en Avignon. Les Carolingiens allaient établir des relations diplomatiques avec le Calife de Bagdad et tout

11. Il existe pourtant une littérature : Francis Lamard, *L'Islam en France,* Paris, Albin Michel, 1986. Annie Krieger-Krynicki, *Les Musulmans en France,* Paris, Maisonneuve et Larose, 1985, pour ne citer que les plus récents et sans mentionner la littérature orientaliste spécialisée.

12. Je dois beaucoup à l'érudition de Jean-François Clément, et notamment d'un texte à paraître dans notre ouvrage commun, extrait de l'*Annuaire de l'Afrique du Nord :* « L'islam en France. »

petit Français a appris dans son vieux livre d'école, qu'en revenant d'Espagne (où il a pris Saragosse en 778), Charlemagne perd son « neveu » à Roncevaux sous les coups de main des Basques !

Au début du IXe siècle les Ommeyyades de Cordoue concluent des trêves mais celles-ci ne font que favoriser les expéditions maritimes : Marseille et Nice sont attaquées, l'évêque d'Arles est fait prisonnier et les musulmans (que l'on commence à appeler « sarrasins » [13], installent des ports fixes en Camargue, sur la côte varoise. A partir de celle-ci (et du port de Jabal al-Qila) [14], les Sarrasins montent jusqu'à Sisteron et Embrun au début du Xe siècle. Bien entendu les préoccupations religieuses sont secondaires mais les relations commerciales ne se réduisaient pas non plus, comme voudrait le faire croire la petite histoire, à des pillages... Les Sarrasins vont même introduire en Provence maritime et varoise la culture du chêne-liège. Les Provençaux de cette époque s'allient volontiers avec les Italiens qui sont les alliés de Byzance. Aussi, leur hostilité ne porte-t-elle pas essentiellement sur les Sarrasins. Il faudra un empereur allemand pour détruire les enclaves musulmanes du massif des Maures : Otton.

Ce bref raccourci a pour but de poser la question : étant donné ce que nous savons des difficultés de communications de l'époque et des techniques d'implantations des « envahisseurs », se pourrait-il que la (future) France ait absorbé, sans le savoir, par assimilation, les « Sarrasins » fatalement restés sur place, de l'Aquitaine au massif des Maures ? Et si oui, l'islam est-il ontologiquement un obstacle à l'intégration ?

Il faut signaler également une autre forme de présence musulmane permanente : les esclaves (car la France pratique elle aussi la course !) ou prisonniers barbaresques pris en mer, les marchands, les voyageurs, comme en témoignent la correspondance et les

13. Philippe Sénac, *Musulmans et Sarrasins dans le sud de la Gaule du VIIIe au XIe siècle,* Le Sycomore, 1980. Cf. également Cahiers de Fanjeaux, *Islam et chrétiens du Midi (XIIe-XIVe siècle),* Privat, 1983.

14. Comme celle du Béarn (j'ai relevé en un seul voyage : Lascar et *Lascaris* (soldat), Lhez (*al-Haouz,* la plaine agricole), Mascaras, Barbaresco sans oublier Betharam (La maison interdite, ce qui est original pour une grotte de cette importance). L'onomastique provençale a conservé quelques noms : Ramatuelle (Rahmatu'llah), Almanar (Le Phare) près d'Hyères ; quelques stèles sont encore visibles çà et là sur les côtes varoises.

archives de la chambre de commerce de Marseille. Sans oublier les références dans la littérature et la peinture, ni l'existence de la mosquée des « Galères » fréquentée par les « Turcs » serviteurs des marchands marseillais, les tordjmans-interprètes, et pas seulement les galériens.

Au XVIe siècle, nouvel arrivage en France : les survivants de la Reconquista chassés d'Espagne par l'Inquisition. On cite toujours le cas des juifs espagnols et portugais, (marranes) en oubliant les milliers de musulmans *(los moriscos)* [15] qui vinrent en France lors de l'avènement de Henri IV. Certains auteurs pensent que si plus de 500 000 musulmans quittèrent l'Espagne pour le Maghreb après les derniers édits d'expulsion (en 1601 et 1610), quelque 150 000 trouvèrent refuge en France. Beaucoup repartirent ensuite pour le Maghreb, en particulier par le port d'Agde. Les autres restèrent et se fondirent peu à peu dans la population locale qui avait une forte tradition de droit à la différence combattue par l'Eglise catholique (albigeois, cathares, vaudois), bien avant l'apparition du protestantisme. Le Sud n'a jamais oublié qu'il fut la première victime de la croisade de saint Dominique et la musique et la poésie occitanes sont là pour témoigner de la profonde imprégnation de l'Amour courtois... arabe ! Malheureusement (mais c'est un bon indicateur idéologique), les travaux sur ce point sont le fait d'Anglo-Saxons. Le grand spécialiste de la poésie occitane se nomme Patrick Hutchinson (certes, il vit à Aix) ; il partage cette compétence avec un Américain (Nykhl) et un Espagnol (Ribéra). Le provençaliste (allemand !) Appel est d'accord avec eux : les rythmes et entrelacements de rimes propres aux *zejel* et *muwassab* andalous et arabes existent dans les poèmes provençaux (et pas dans la littérature latine médiévale), l'amour courtois se rattache à Ibn Hazm et Ibn Guzman plus qu'à la Chrétienté, etc. [16].

Par ailleurs, comment ne pas signaler que tout le Moyen Age chrétien va étudier à Cordoue, que les rapports entre « intellectuels » chrétiens, juifs et musulmans sont féconds, à l'image du moine franciscain catalan Ramon Lulle (XIIIe siècle) pour rester dans

15. Mercedes Garcia-Arenal, *Los Moriscos,* Madrid, Editora nacional, 1975.

16. Sur ce sujet cf. dans le numéro cité des *Cahiers du Sud* l'article de Charles Sallefranque : « Périples de l'amour en Orient et en Occident : les origines arabes de l'amour courtois. »

notre région. Les « rois-comtes » de Catalogne, comme Jacques Ier par exemple, laissent le droit de pratiquer leur religion aux musulmans des Baléares et de Valence après le désastre de Muret (1213). Je connais une gravure catalane qui montre une joute poétique où l'on voit côte à côte un musicien musulman avec un luth (*'oud*) et des musiciens catalans. A cette époque l'œuvre de Ibn Hazm de Cordoue, *Le Collier de la Colombe,* est un grand classique transpyrénéen, composé en 1027 *(T'awq al-H'amama fi-l-Ulfa wa'l-Ullaf).*

Albert le Grand doit tout à Avicenne (Ibn Sina) et saint Thomas beaucoup à Averroès (Ibn Rosch). Que serait Spinoza sans Maimonide (Mosche Ibn Maimoun), tandis qu'Ibn Gabiriol (Avicébrol) disséquait des cadavres à Tolède et que la médecine judéo-arabo-espagnole est enseignée à Montpellier jusqu'au XVIIe siècle... Mais la Peste noire de 1348 sera attribuée aux juifs... et l'Inquisition s'installera à Barcelone en 1487 avant de couvrir toute l'Espagne « libérée » du joug musulman...

Moins connu mais tout aussi vrai : Daniel Defoe a trouvé son histoire de Robinson dans un roman d'Ibn Toufayl ; *Hayy ibn yakdhan* (« Le Fils de la gazelle ou le philosophe sans maître ») dont il existe au moins deux versions en arabe à la Bibliothèque nationale et une version en latin à la British Library.

Pour conclure sur cette période jalonnée par plusieurs vagues musulmanes, il faut souligner leur importance quantitative comparée à la population de l'époque — plusieurs centaines de milliers de musulmans — proportion qui me paraît beaucoup plus grande qu'aujourd'hui. De plus, ces populations juives et musulmanes, berbères et ibériques, étaient globalement d'un niveau intellectuel et technique plus élevé que les populations autochtones auxquelles elles apportèrent ainsi de nombreuses techniques novatrices : médecine, arts, travail du cuir, de l'acier, agriculture moderne, etc.

On peut donc soutenir qu'avant la période coloniale, la France, au cours de sa constitution en Nation, a pu absorber, sans trop de problèmes, des quantités non négligeables de « musulmans ». Ensuite seulement elle se posera les deux questions qui nous reviennent aujourd'hui comme un écho lancinant, un effet rétroactif que certains, peu soucieux de l'identité française, nommeraient « feed back » : la France de Molière, et celle de Montesquieu devenait une puissance coloniale puis musulmane...

La France, une puissance musulmane depuis le VIIIe siècle

Comment peut-on être Persan ? Même si cette question a été posée en France, nous verrons qu'elle n'a jamais été épuisée par l'imaginaire français depuis le XVIIIe siècle. D'autant qu'elle est corrélée avec l'autre question liée au colonialisme : mais qu'allait-il donc faire dans cette galère ?

Il n'est pas possible d'aborder le problème de l'islam en France sans avoir à l'esprit toute la masse d'informations qui constituent la mémoire collective d'une société comme la nôtre : les croisades, une des rares périodes de nomadisme profond qu'a connu l'Occident, la mission civilisatrice de la France, la colonisation sous ses formes les plus populaires, de l'*Escadron blanc* à l'*Atlantide,* de l'exposition coloniale à la Casbah de *Pépé le Mokko* et *Casablanca,* ville étrange et troublante, par-delà le voyage en Orient et enfin la guerre d'Algérie, l'effondrement de l'empire et les retours dramatiques, la présence massive d'immigrés. Ce « manque à rêver » de toute ma génération se traduit par l'enfouissement profond de la guerre d'Algérie et le non-dit de cette déchirure : cette plaie ouverte au flanc sud de la France méditerranéenne a été brutalement ravivée pendant les campagnes électorales de 1987 puis par l'effondrement du mythe algérien en 1988. Or, sur ce dossier fantasmagorique, la mémoire collective des enfants de la deuxième génération (pieds-noirs, Beurs et Feujs) n'est pas la même que la nôtre. En 1988, à Alger, les anciens combattants sont morts définitivement et la légitimité n'est plus ce qu'elle était... Tout a basculé une fois de plus à Bab El Oued, l'histoire adorant bisser en farce. Les Beurs n'ont plus d'ancêtres à trahir ; ils peuvent en toute quiétude devenir ce qu'ils sont.

Cela ne saurait nous faire oublier que la France a été une très grande puissance musulmane et qu'en échange de l'occupation d'une partie du *Dar al-Islam* (Algérie, Maroc, Tunisie, Mauritanie, une partie de la Libye, épisodiquement la Syrie, le Liban, sans oublier l'Afrique « noire » occidentale...), la République abandonnait l'une de ses règles les plus fondamentales en laissant au culte musulman, donc aux règles du droit musulman, le soin de gérer le statut personnel des individus qui, ainsi, étaient des nationaux-citoyens d'une catégorie particulière : le droit civil et le code napoléonien ne s'appliquaient pas aux musulmans ni aux juifs d'Algérie. Et si l'on avait écouté certains qui se refusent, aujourd'hui à l'application du *jus soli* aux enfants issus de la colonisation alors qu'ils voulaient « l'intégration » de leurs parents, là-bas, nous aurions une Assemblée nationale avec plus de 200 députés musulmans...

Au XIXᵉ siècle, les hommes politiques français ne répugnaient pas à proclamer la France « grande puissance musulmane » et c'est ainsi qu'en reconnaissance de la contribution des troupes coloniales à la guerre de 14-18, la IIIᵉ République, radical-socialiste, laïque et franc-maçonne, créa la mosquée de Paris, au moment même où la France appuie la création du Liban multiconfessionnel, quelques années avant l'exposition coloniale. Et si cet établissement fait aujourd'hui l'objet de controverses, si certains Français oublient le prix du sang payé à Cassino par les tirailleurs, les tabors, c'est peut-être qu'entre-temps, il nous a fallu assumer l'effondrement de l'Empire. Or cette génération, celle qui au sortir de la guerre contre le nazisme s'enlisa à Diên-Biên-Phu ou dans les Aurès, n'a plus vingt ans depuis longtemps et regarde, comme stupéfaite, presque atterrée, les Barbares débarquer en métropole : nouvelle Rome ouvrant sa citoyenneté par l'édit de Caracalla.

La France de 1988 se paye une campagne électorale sur sa propre identité..., comme si les Beurs la menaçaient plus que l'Acte unique européen. (L'expression Beurs est une commodité de langage et non pas une catégorie pertinente. Dans cette réflexion où il est fait appel assez souvent à l'imaginaire, il faut signaler que ce terme, récusé par les acteurs sociaux qu'il prétend désigner, est très significatif du problème lui-même : sans doute construit en *verlan* à partir du mot « arabe » mis à l'envers sous la forme argotique, puis ré-inversé. Ce qui me paraît en dire long sur le double et son miroir..., et sur la dialectique du semblable et du différent.)

La société française a produit une mémoire qui est en même temps complexe et amnésique. Elle semble oublier que se produit toujours le même enchaînement : exactions contre les Italiens[17], de

17. Ralph Schor, *L'Immigration en France.* Sources imprimées en langue française et filmographie, Nice, CMMC 1986. Cet état des travaux donne

1896 à 1940 avec des morts, des violences et des enfermements ; mais aussi toutes les formes de racisme ordinaire, d'antisémitisme, de refus des nomades, etc. Mais, dès que se pose le problème de l'intégration, celle-ci est déjà réalisée... Ainsi en va-t-il pour le cas extrême de l'antisémitisme. Le grand spécialiste de la question, Léon Poliakov, démontre clairement que les réactions les plus virulentes contre les juifs apparaissent au moment où ils deviennent vraiment citoyens. De même Jacob Katz démontre dans tous ses travaux que les juifs d'Europe orientale et centrale contribuent au développement des nationalismes y compris du sionisme, leur activisme intégrationiste venant paradoxalement renforcer les vagues antisémites du XXe siècle (il ne s'agit pas de réduire l'antisémitisme à cette seule proposition, mais simplement d'illustrer mon propos). J'en déduis logiquement que, lorsque les Beurs seront intégrés, ils essaieront d'empêcher les Turcs, à leur tour, de suivre les mêmes voies... Parmi les personnes que j'ai interrogées, lors du non-débat sur le code de la nationalité, la plupart des opposants à l'application du *jus soli* avaient eux-mêmes des parents parfois proches qui avaient bénéficié de ce droit.

Aussi est-il possible de comprendre ce qui nous arrive en faisant un peu d'analyse comparative et en se référant à un minimum d'histoire.

Mais qu'allait-il donc faire dans cette galère ?

Sommes-nous en train de subir les contrecoups de la situation coloniale que nous avons volontairement occultée et enfouie ?

Aussi paradoxales qu'elles paraissent, ces questions sont constantes et présentent une caractéristique étonnante : alors qu'elles ont reçu des réponses plus que pertinentes dans le champ scientifique [18], elles continuent à tarauder la société française. Il faut croire que nous avons tous quelque part intérêt à la méconnaissance et que l'explication première se trouve plutôt du côté de l'imaginaire que de la connaissance scientifique.

Les Français ont en effet un goût prononcé et constant pour le complot du parti de l'étranger : ce furent d'abord les protestants,

---

une idée, par-delà les travaux précis de l'auteur, sur l'ampleur de l'oubli des Français en matière de conflits, d'incidents, de difficultés dans l'intégration des étrangers non « arabes » ou « musulmans ».

18. Le seul Laboratoire de l'IREMAM à Aix-en-Provence a publié plus de 100 ouvrages sur le Maghreb.

puis les juifs et les franc-maçons et aujourd'hui les musulmans relayés par le « lobby de l'émigration » que dénonce Le Pen... Il suffit de reprendre cette admirable citation de Joseph de Maistre : « Le plus grand ennemi de l'Europe qu'il importe d'étouffer par tous les moyens qui ne sont pas des crimes, l'ulcère funeste qui s'attache à toutes les souverainetés et qui les ronge sans relâche, le fils de l'orgueil, le père de l'anarchie, le dissolvant universel, c'est le protestantisme[19]. » Changer le mot protestant par juif, franc-maçon, enfin arabe ou musulman, et l'on obtient une typologie constante, repérable dans l'Histoire de la France moderne ; Raoul Girardet lui consacre un chapitre pétillant[20] dans son ouvrage sur les idéologies. Cette attitude peut être définie par le modèle : « la main de Qaddhafi... » qui en est la forme récente. Cette formule n'est que la version moderne de la chanson de Gavroche : « Je suis tombé par terre, c'est la faute à Voltaire, le nez dans le ruisseau, c'est la faute à Rousseau. » La plupart des Français pratiquent, semble-t-il, avec une certaine facilité le rejet hors de l'Histoire et du temps de la responsabilité de leurs actes. Quand ils ont, de plus, la possibilité de désigner un ennemi-extérieur-caricaturable, ils franchissent le pas avec une telle allégresse qu'aucun discours raisonnable ne peut plus les arracher à leurs convictions. Ce furent tour à tour la perfide Albion talonnée par le Kaiser qui contrarièrent notre généreux programme colonial de Fachoda à la canonnière d'Agadir au XIXe siècle... Puis la main et l'or de Moscou contribuèrent largement à l'effondrement de l'Empire — tout en permettant la trahison attendue à Mers el-Kébir (1940) — avant que n'entrent en scène (entre 1953 et 1956) les fellagha, les Nasser et autres fanatiques-terroristes-ennemis de la civilisation, c'est-à-dire de la France... Enfin, Dieu merci, après un court passage des barbus castristes, les Français purent consommer sur leurs étranges lucarnes le sémillant colonel libyen qui allait bientôt céder la vedette au plus extraordinaire type idéal de l'Altérité : l'imam Khomeyni, laissant loin derrière la barbe quelque peu inesthétique de Yasser Arafat.

L'Histoire de la France serait en tout point exemplaire et limpide si les fanatiques de tous poils n'étaient là pour nous empêcher d'apporter au monde entier la vérité française, la civilisation, les Lumières, les Droits de l'Homme... Il faut donc essayer, à partir

19. *In* R. Girardet, *Mythes et mythologies politiques,* Le Seuil, 1986.
20. R. Girardet, *op. cit.,* chapitre : « La conspiration. »

d'une séquence historique longue, de comprendre comment l'Occident et plus particulièrement la France, se sont constitué un imaginaire négatif de l'Orient, de l'islam, du Turc, de l'Arabe, alors que les trois religions monothéistes viennent du même lieu, ont la même version de la Révélation originelle, ont intégré le même message grec et occupent la même zone géographique.

Le despotisme oriental

Objet de curiosité plutôt que de connaissance, objet d'engouement (l'égyptomanie est bien antérieure à l'égyptologie), en un mot *exotisme,* l'Orient est un topos, un lieu de nulle part. Avant de devenir une proie pour l'Occident il va d'abord signifier le *despotisme,* au point que « despotisme oriental » ressemble fort à une tautologie. Mais ce non-lieu peut aussi être à usage interne. Ainsi lorsque Voltaire envoie son *Mahomet* au pape, c'est pour lui dire : « Voilà ce que vous êtes. » Le *Bajazet* de Racine n'a pas lieu en Orient mais à la Cour... Et pourtant l'imaginaire est fondé sur la peur continue de l'Arabe et du Turc depuis Poitiers jusqu'à Vienne : de 732 à 1529.

La bataille de Poitiers n'a d'importance que parce qu'elle devient la légende et le symbole de la mise en place d'une dynastie qui va triompher. En soi il s'agit d'un événement qui ne marque pas réellement l'arrêt des « invasions » maures : 'Abd al-Rahman al-Ghafiqi, gouverneur arabe d'Espagne, entré par Roncevaux, a battu Eudes, le duc d'Aquitaine (et surtout son gendre musulman) et marche vers la Loire. Charles Martel rencontre l'avant-garde de l'armée musulmane sur l'ancienne voie romaine qui relie Châtellerault à Poitiers dans un lieu nommé depuis Moussais-la-Bataille et c'est là, à la fin du mois d'octobre 732, qu'al-Ghafaqi est tué. Les musulmans y virent un signe de Dieu et la famille carolingienne, son premier succès. *Et tout le monde s'empresse d'oublier qu'une partie de l'Aquitaine, toute la Septimanie, le Languedoc-Roussillon, restent sous contrôle musulman sans drame...* La symbolique négative, « ça marche », témoin ce texte surréaliste du député-maire d'Aix-en-Provence : « La croix ou le croissant ; il y a 533 ans, Constantinople » par J. P. de Peretti Della Rocca, dans *Le Nouveau Libéral,* n° 14 du 30 décembre 1986 :

« Le 28 mai 1453, exactement, Mahomet rentrait après un siège de 52 jours dans Byzance, dernière place forte de la Chrétienté en pays d'Orient. C'était hier. Aujourd'hui, les choses ont-elles changé ? L'Empire ottoman est alors en pleine expansion. Mahomet, sûr de lui, dominateur et impérialiste. Les choses ont-elles changé ? Aux clameurs foudroyantes des musulmans " Allah, Lahil, Allah ", répond le faible écho des " Kyrie eleison " des chrétiens. Les choses ont-elles changé ?

« Alors la tragédie se noue. Elle dure encore et se renouvelle sous nos yeux incrédules en cette fin de xxe siècle. Rien n'a donc changé !

« L'Empire byzantin-chrétien a duré 1 123 ans et 18 jours. Fou d'orgueil, ce jour de mai 1453, Mahomet II s'écrie en rentrant dans Constantinople : " Avant deux ans, j'entrerai dans Rome. " Il ne réalise pas son souhait, toutefois, tous les territoires balkaniques lui furent soumis jusques aux portes de Vienne.

« Désastre pour l'Occident chrétien, perte irréparable ! La guerre de 14-18 fut la conséquence de cette invasion. Mais qui s'en souvient ? Mais Beyrouth, aujourd'hui, qui s'en soucie ? »

J'ai, bien entendu, conservé l'intégralité du texte, forme et fond. Je précise que M. de Peretti n'est pas élu du Front national mais de l'UDF[21]. Le texte de sa diatribe continue sous le titre « Les Barbares sont aux portes de Byzance », par une longue description apocalyptique des assauts puis de la prise et du pillage de la ville. Le texte est entrelardé de l'interrogation leitmotiv : « Les choses ont-elles changé ? »

Les mots clés sont actualisés : jihad, chaouchs, bachibouzouks, terribles janissaires, chiens de chrétiens, harems, viols, égorgements, Oradour-sur-Glane, pillage, chaos, souillure...

Une étude fine du vocabulaire des dernières campagnes électorales, plus particulièrement en province, démontrerait que ce type de discours est assez banal dans la France actuelle et correspond d'ailleurs à une « grand'peur » qui, tout en étant produit par elle, produit l'hystérie sécuritaire.

Il faut donc essayer de sonder cet imaginaire des Français pour en saisir la profondeur historique et peut-être les constantes.

21. Et il nous a fait la grâce d'interdire le film de Scorcese *La Dernière Tentation du Christ,* estimant sans doute qu'une ville d'art et d'eaux, dotée de trois universités, ne pouvait juger par elle-même.

Les Échelles du Levant et de Barbarie de François Ier à François Mitterrand

Aix-en-Provence a été pendant des siècles la Cour d'appel pour les Echelles du Levant, la Nation française et les capitulations, qui tint sa dernière audience le 15 mai 1939[22]... Le mot Echelles semble venir du turc *eskelé* « lieu de débarquement des marchandises », qui a donné « escale » en provençal. Tandis que Marseille entretenait des relations avec le Proche et le Moyen-Orient depuis sa fondation, 600 ans avant notre ère, dans le cadre harmonieux du premier exemple historique reconnu de mariage « mixte ».

Le magnifique tableau de Joseph Vernet *L'Entrée du port de Marseille* (1754), qui servit de frontispice aux expositions « L'Orient des Provençaux », nous montre d'ailleurs un port de Marseille où les turbans et les cafetans sont aussi nombreux que les perruques.

« L'Orient des provençaux » est la dénomination générale d'une série de 17 expositions qui se tinrent à Marseille entre novembre 1982 et février 1983 sous l'impulsion de Mme Edmonde Charles-Roux-Defferre. Ces expositions permirent d'exhumer des archives et des musées des centaines de pièces (tableaux, lettres, cartes, objets...) que plusieurs milliers de visiteurs purent contempler pour se rendre compte de l'intensité des relations entre Marseille et l'Orient. Les surprises ne manquaient pas ; comme cette maquette d'un quartier kabyle... en 1916, prévu pour Marseille ; des tracts en arabe (1925) demandant la libération... de la Ruhr et du Rif et même un congrès musulman en 1937. Pour ceux qui ont la mémoire courte, en supposant que leurs yeux se dessillent.

J'aurais pu prendre une référence plus ancienne encore que celle du règne de François Ier ; mais cette date est commode d'autant plus que ce roi fut le véritable organisateur des relations avec le marché islamique et que sa doctrine en la matière semble bien être à l'origine de notre politique jusqu'à ce jour. Il fut le premier roi de France à s'allier avec les Turcs, contre Charles Quint, et ceux-ci l'aidèrent même à reprendre Nice. Pourtant tout commença bien

22. H. Verdun, « Une juridiction qui disparaît, la Cour criminelle des Echelles du Levant et de Barbarie », *Annales de la Faculté de Droit d'Aix*, n° 84, 1942, pp. 3-26.

plus tôt puisque l'histoire raconte que ce fut un juif nommé Isaac que Charlemagne envoya (en 807?) en ambassade au calife de Bagdad, Haroun al-Raschid. Déjà les relations étaient ambiguës : alors que Haroun offrait une *horloge* à l'Empereur, celui-ci avait envoyé des chiens (animal impur en islam) au maître de Bagdad...

L'origine historique des capitulations semble se trouver dans un accord passé entre François Ier et Soliman le Magnifique, le 1er février 1535, et constamment renouvelé jusqu'à un traité signé le 28 mai 1740 entre Louis XV et Mahmoud Ier suivi d'un traité du 9 novembre 1742. L'Algérie et la Tunisie étaient alors des Régences sous la souveraineté de l'Empire ottoman ; mais les relations n'étaient pas bloquées entre la Sublime Porte et ses « colonies » maghrébines. Aussi des accords directs furent-ils signés entre la France et les Etats maghrébins (dès 1604) qui organisèrent le statut de la « Nation française » en Berbérie. Le mécanisme repose sur la non-immixtion de l'Etat islamique dans les rapports entre étrangers et il garantit, outre la liberté religieuse, la libre circulation et l'immunité judiciaire. On peut juger ainsi que les « Barbares » sont plutôt tolérants si l'on compare ce statut avec celui des minorités religieuses en France à la même époque.

Cette organisation se compose de trois entités : la Nation, le Fondouk et le Consul.

La Nation est constituée par les commerçants français résidant dans la ville musulmane qui a fait l'objet d'un tel accord et la chambre de commerce de Marseille est habilitée à délivrer les patentes (en particulier par une ordonnance royale du 21 octobre 1685). Le Fondouk est une concession et non pas une propriété, passée en forme de location (Par exemple, l'acte de 1659 qui prévoit la localisation du Fondouk de Tunis est signé entre le Bey de Tunis-bailleur et le consul de la Nation française.) Celui-ci veille aux privilèges mais il n'est pas le maître absolu ; il dépend de l'Etat bailleur, de l'assemblée des Français et de la chambre de commerce.

Ainsi dans le quartier d'Istanbul où se trouve aujourd'hui encore le grand lycée francophone (Galata Saray), on peut toujours voir dans une petite rue, qui marque la limite entre la Nation française et la Nation italienne, un bel édifice baroque dont le fronton s'illustre de cette fière devise : Loi, Justice, Force.

La protection juridique qu'offre ce système sera utilisée par les Français pour attirer les minorités des pays musulmans ; ainsi beaucoup de chrétiens du Proche-Orient et de juifs d'Afrique du

Nord bénéficièrent-ils peu à peu de ces protections qui leur permettaient de sortir de leur condition de *Dhimmi :* protégés sous contrat islamique.

De nombreux contentieux se développèrent selon les cas, ville par ville, pour limiter cette extension des capitulations. Mais les habitudes, les liens tissés feront que le groupe de pression des « protégés » ne peut être tenu pour négligeable dans la stratégie française. Surtout, cela donna la néfaste habitude aux Français de passer par des intermédiaires équivoques aux yeux des deux sociétés.

L'Empire turc étant à peu près circonscrit dans ses frontières, la guerre sainte contre les Infidèles étant abandonnée par Louis XIV, l'Orient devient une proie. Pour le conquérir il va falloir d'abord le connaître puis le délégitimer. Ainsi plus de deux cents « Récits du voyage en Orient » qui peuvent être répertoriés entre le XVIIe et le XVIIIe siècle constituent la thèse du « despotisme oriental » sans manquer pourtant d'en signaler parfois les aspects positifs, y compris religieux (Bayle en particulier est plutôt « islamophile »).

Mieux, la chambre de commerce de Marseille, dont on ne soulignera jamais assez le rôle dans toutes ces affaires, crée en 1669, à l'instigation de Colbert, une institution qui envoie de trois ans en trois ans des enfants de 10 ans nommés « enfants de langue » étudier le turc et l'arabe (et le latin !) à Constantinople et Smyrne. Marseille avait donc inventé l'Ecole des Langues orientales.

Ce système a fonctionné jusqu'aux traités de paix de 1919-20 qui partagent l'Empire turc entre les puissances européennes victorieuses, essentiellement la France et la Grande-Bretagne. Il est tout de même surprenant que la mémoire collective française ait à ce point oublié les responsabilités qui furent celles de la France à partir de ce moment-là. Point n'est besoin de relire *Les Sept Piliers de la Sagesse* pour se remémorer les enjeux dont les conséquences sont là, sous nos yeux, et en particulier le partage de la Palestine.

Il faut signaler que le Maroc, qui n'a jamais été lié à l'Empire ottoman, n'a pas fait partie de cet ensemble et appliquait plutôt le système musulman de la protection des *Dhimmi* (« Gens du livre » ayant passé un accord communautaire avec un souverain musulman).

La seule image que l'histoire officielle française enseignée aux enfants a retenue de cette extraordinaire organisation de la liberté du commerce et de l'industrie, est le « coup de l'éventail », la gifle largement méritée, car la France ne payait pas ses dettes, que le consul Duval (commerçant peu honnête) reçut du Dey d'Alger en 1826 et qui fut l'un des prétextes à l'expédition d'Alger... quatre ans plus tard.

Ainsi, avant d'être une puissance coloniale, la France avait installé des intérêts non négligeables en pays d'islam, au Levant comme au Maghreb, à Collo, à Bastion de France, en Algérie, utilisant les juifs et les renégats (convertis, corsaires corses et grecs) et bénéficiant de la tolérance musulmane. Ce n'était pas suffisant pour les appétits européens. L'endettement des Khédives ou des Beys et autres Deys, dû à la modernisation, allait permettre de passer à l'administration directe au début du XXe siècle, y compris dans les Protectorats comme le Maroc où le statut ne le permettait pas.

La France devenait ainsi une grande puissance musulmane. Les sociétés de géographie, les chambres de commerce, les juifs et les chrétiens du Levant poussèrent l'affaire dans laquelle ils virent aussi une promesse d'émancipation, il est vrai. Les intellectuels des Lumières y virent l'occasion pour la France d'apporter *la* civilisation. Victor Hugo : « Donne-nous de la poudre et des balles », dit l'enfant grec. Et Jules Ferry renchérit : « Il y a pour les races supérieures un droit, parce qu'il y a un devoir pour elles : elles ont le devoir de civiliser les races inférieures[23]. » Et pourtant quelle ne fut pas la surprise des Français, lorsque les Kabyles ou les Vietnamiens, ayant bien assimilé la leçon, demandèrent des comptes au nom même de ces principes que la France leur inculqua si parcimonieusement...

La politique française en Orient (terme vague qu'il faudrait préciser puisqu'après tout pour Saint John Perse, Alexis Saint-Léger Léger, comme pour Claudel et Malraux, l'Orient c'est la Chine...), la politique française au « Proche » et « Moyen »-Orient reste quasi constante, identique et en tout cas comparable sur plusieurs siècles. Elle consiste envers et contre tout à soutenir les minorités religieuses et tous les régimes, même les plus suspects pour ne pas dire les plus despotiques, les plus prévaricateurs, comme si la France

23. Il est possible de trouver quelques trésors de ce genre dans les classiques comme H. Brunschwig, *Mythes et réalités de l'impérialisme colonial français,* Colin, 1960, p. 75.

vertueuse avait besoin d'un modèle repoussoir pour s'auto-convaincre de la perfection de ses propres institutions et valeurs. Elle jetait ainsi dès cette époque, au Levant, les bases de son action qui sera constante jusqu'à ses récentes interventions au Liban et cette stratégie peut se résumer ainsi : la protection des minorités confessionnelles et le commerce grâce aux Levantins, torjmans, drogmans et autres *dhimmi-protégés.* Pour justifier ce choix, elle insiste toujours sur le triste sort des minorités chrétiennes que la France se doit de défendre et sur la nécessité de passer, pour commercer, par les intermédiaires « levantins », juifs, ce qui contribue à accentuer l'antisémitisme en France. Y compris chez des personnages aussi « révolutionnaires » que Flora Tristan qui écrit à propos de Marseille : « Plus je vois cette ville de Marseille et plus elle me déplaît. Cette ville n'est pas française. Il y a ici un ramas de toutes les nations... un Italien, un Grec, un Turc, un Africain et tous ceux de la côte du Levant... ont-ils fait chez eux de mauvaises affaires... ils viennent à Marseille... Ces barbares de différents pays apportent dans leurs habitudes mercantiles des manières de faire plus ou moins juives et arabes... il en résulte de cela que le commerce ici, en fait de fraude, de ruses, de fourberies ne le cède en rien aux plus grands forbans mercantiles du globe... Si jamais je deviens la servante de la Nation française je ne sais quel parti je prendrai pour cette ville de Marseille, mais certes je ne garderai pas ce ramassis de banqueroutiers juifs et arabes et cette masse de filles publiques concubines de ces barbares, devrais-je perdre le commerce du Levant, que je chasserais cette corruption de la France. Etre riche à ce prix, cela coûte trop cher, il vaut mieux être pauvre !... »

Ce texte, ô combien admirable et surprenant, date de 1844. Ouvrage clé pour la connaissance et la compréhension de la classe ouvrière française dans les mouvements progressistes à la veille de la IIe République[24]...

Cette ambiance, cette certitude de la perversion de l'Orient et de la pureté de notre Révolution avait contribué à légitimer, en particulier l'expédition d'Egypte de Buonaparte en 1798 (sous lequel perçait déjà Napoléon), qui apparaissait alors comme la victoire des Lumières, contre le despotisme, comme une promesse

24. Cf. « Villes, voyages et voyageurs en Méditerranée », *Cahiers de la Méditerranée,* 1988, Université de Nice, pp. 35-36. Flora Tristan, *Tour de France,* 1844, rééd. Maspero, 1980.

d'émancipation dont Victor Hugo se fera le chantre dans *Les Orientales :* « Sublime, il apparut aux tribus éblouies comme un Mahomet d'Occident. »

Mais par-delà le délire romantique, cet ensemble de convictions contribua à la constitution du Liban multiconfessionnel et à la stratégie française (et britannique) de partage de la Syrie. Il est surprenant que les Français, qui approuvèrent le président Mitterrand envoyant un contingeant d' « interposition » au Liban « parce que la France a des liens historiques » avec ce pays, occultent totalement la profondeur agressive de cette histoire. Ainsi, peu de Français savent que les accords Sykes-Picot sont considérés comme une blessure insupportable pour beaucoup de Syriens et de Palestiniens. Personne ne fait jamais la liaison entre notre vision de l'histoire, notre action au Proche-Orient depuis Napoléon, et le terrorisme des Georges Ibrahim Abdallah, Georges Habbache... et autres chrétiens syro-libanais ou palestiniens.

La mort de Michel Seurat en 1986, au Liban, après celle de Paul Pascon[25] est venue brutalement rappeler à quelques-uns d'entre nous que, parfois, l'Orient-Moloch dévorait les meilleurs de ses cheminots. Echec et mat : comment sortir de l'Orient quand le Cheikh est mort... Revenus abasourdis de notre long voyage, nous découvrions que le détour ne nous avait servi (comme d'ailleurs nous en avaient prévenu Mircéa Eliade, Levi-Strauss, Balandier[26] et quelques autres) qu'à constater tout ce qui n'allait pas dans la maison du Père. Aussi, quelle ne fut pas notre surprise de découvrir que l'Orient était venu jusques à nous et que l'Autre s'installait en France au moment où nous y revenions, dolents, fatigués, brisés parfois d'avoir porté le monde. Cette fois le « nous » était encore abasourdi : pas seulement les professionnels de l'Orient, les habitués du voyage, mais aussi, nous les petits blancs de retour des

25. Paul Pascon était un Franco-Marocain, professeur à l'Institut agronomique de Rabat, mort accidentellement en Mauritanie alors que ses enfants avaient tragiquement disparu quelques années plus tôt au Sahara, victimes propitiatoires d'un conflit fratricide. Cf. B. Etienne. « Les *Dhimmi* de la maghrébologie ou pour en finir avec la différence l'Altérité et toutes les féodalités », *Bulletin économique et social du Maroc,* numéro spécial en hommage à Paul Pascon, Rabat, INA Hassan II, 1987.

26. Balandier nous invitait au *Détour anthropologique* (Fayard, 1985) et Mircéa Eliade à *L'épreuve du labyrinthe.*

colonies, nous les millions de soldats revenus des guerres coloniales, nous les blessés, nous les obscurs, les sans-grades...

Et maintenant, « que faire ? » Vieille question léninienne sans réponse. Alors il faut faire avec.

VI

Le pluriculturel en échec

La plupart des sociologues français, les fonctionnaires des appareils idéologiques d'Etat ainsi qu'une grande partie des militants de gauche, éprouvent une vieille répugnance à raisonner en termes d'interethnique et de minoritaire. Cette attitude, fondée sur le principe d'égalité, produit le refus explicite a priori de l'analyse ethnique des besoins éducatifs. Or la présence massive d'étrangers « arabo-musulmans » en France a conduit l'Etat, à travers l'Education nationale, à poser le problème en des termes qui sont, sans doute, une violation patente des principes de la laïcité (pas de différence due aux origines ethniques, religieuses ou autres). La laïcité est ainsi contournée par des tactiques minoritaires qui s'affirment avec force aujourd'hui ; ce fondement de l'éthique républicaine a été pris en défaut parce que les acteurs qui s'y réfèrent ont cru s'en tirer en proposant le beurre *et* l'argent du beurre : *intégrer et donner le droit à la différence.*

L'intégration sociale — ici par l'école — renvoie à deux mécanismes distincts :

— L'allégeance commune des individus à des valeurs centrales de cohésion, donc à un système central de normes et de représentations.

— L'identification des membres de la société à des groupes plus restreints qui, eux, peuvent, s'ils obtiennent trop d'autonomie, produire des formes de légitimité concurrentielle. Or, comme l'affirment les politologues, « la différenciation sociale ne peut jouer son rôle intégrateur que dans la mesure où elle est compatible avec les normes centrales de légitimation[1] ».

1. B. Jobert, « L'Etat en action », RFSP, (4) vol. 35, 1985, p. 659.

Jacques Berque[2], éminent orientaliste professeur au Collège de France, dans un rapport qui lui fut demandé en 1981 et qui ne fut pas suivi par ceux-là mêmes qui le lui avaient commandé, pressait le gouvernement de reconnaître désormais la composante « arabo-musulmane » de la Nation française. L'Etat a mal traité le problème à travers ses pratiques habituelles. Mais avant de les démonter, il n'est peut-être pas inutile de signaler que cette composante est déjà une réalité dans la littérature francophone qui honore une certaine idée de la France.

Un certain nombre d'étranges étrangers barbares ont en effet été convaincus par une affirmation surprenante, produite par la société française révolutionnaire, intériorisée, admise et confirmée encore aujourd'hui par différents groupes surtout de gauche : « Le patriotisme français conduit tout naturellement *(sic!)* à l'Universalité. »

La France propose sa culture

« On n'habite pas un pays, on habite une langue », écrit Cioran dans *Aveux et anathèmes,* lui qui a choisi d'être Français et francophone. Aussi, avant d'exposer les problèmes que pose la différence culturelle des « musulmans » je voudrais rappeler que la colonisation fut autant le fait de Molière que de Bugeaud. Et, par-delà son hégémonie, la France coloniale a appris la liberté à certains peuples ou individus ; ceux-ci le lui ont bien rendu à Verdun et à Cassino ; ils ont également largement contribué à la littérature. Sans oublier les écrivains francophones de la négritude qui sortent un peu de mon épure ; les Français ont-ils conscience de l'importance de la littérature francophone maghrébine ? Qu'on en juge *a minima :* une bonne centaine de romans(R), essais(E), nouvelles(N), poésie(P), en négligeant les traductions(T) :

Je n'ai pas mis sous cette rubrique tous les écrivains pieds-noirs et juifs nord-africains car à eux seuls ils rempliraient des pages ; j'ai cependant signalé quelques auteurs juifs très proches de préoccupations plus liées aux miennes dans cet essai dont l'un est traduit en arabe, ce qui est plutôt rare. J'ai classé à part Memmi avec les

2. *Mémoires des deux rives,* Le Seuil, 1989.

« classiques » et les « ancêtres » et j'ai mis Jean Sénac à sa place, c'est-à-dire avec les « Algériens ». Mes choix sont arbitraires et non exhaustifs.

Les *classiques* ont publié de nombreux romans, certains plusieurs dizaines et sont bien installés dans la profession et la francophonie ; on peut signaler au moins Mohammed Dib parmi les Français vivants les plus productifs.

Ben Jelloun, Tahar, Maroc 1944 (PTRE). Etudes de philosophie Paris. Chroniqueur au *Monde.* A Collaboré aux revues *Souffle* et *Intégral.* Prix Goncourt pour *La Nuit sacrée,* Seuil, 1987.

Boujedra, Rachid, (RPE scénarios). Algérie 1941.

Khatibi, Abdelkebir, Maroc 1938. Etudes de sociologie à la Sorbonne de 1958 à 1964. Enseigne à l'université de Rabat.

Mammeri, Mouloud (ER). Algérie 1917. Berbérologue. Etudes secondaires à Rabat, Alger, Paris. Fait la campagne de France et celles d'Italie, d'Allemagne. Professeur à l'université d'Alger puis directeur du Centre de recherches anthropologiques, ethnographiques préhistoriques jusqu'en 1980.

Senac, Jean (EP). Algérie 1926-1973. Né de père inconnu, mère d'origine espagnole. Crée la revue *Soleil* en 1950 et en 1953 *Terrasses.* Son amitié avec Camus est altérée par son engagement au FLN. Participe à la fondation de l'Union des écrivains algériens. Assassiné en 1973.

Kateb, Yacine, Algérie 1929. Emprisonné après les manifestations du 8 mai 1945. Journaliste à *Alger républicain,* puis il voyage au Moyen-Orient et en Europe. En 1950, il émigre en France : ouvrier agricole en Camargue, manœuvre, etc. En 1956, il publie *Nedjma,* nouveauté dans le courant romanesque algérien. Il se consacre actuellement à l'animation théâtrale en langue arabe parlée.

Parmi ces classiques, certains ont disparu, d'autres sont de véritables *anciens* de la profession. Volontairement je n'ai pas distingué la nationalité parce que certains sont Français, d'autres, s'ils avaient vécu, ne l'auraient peut-être pas été, si dure était la hargne des braves Français d'Algérie qui ont préféré brûler la bibliothèque universitaire d'Alger plutôt que de la « leur » laisser...

Amrouche, Jean (PE). Algérie 1906-1962, Kabyle. « *La France est l'esprit de mon âme, l'Algérie est l'âme de mon esprit.* »

Amrouche, Taos (RP). Algérie 1913-1976. Sœur du précédent. Interprète de chants berbères.

Bencheikh, Jamel-Eddine (PT). Algérie 1930. Professeur à Paris-VIII.

Chraibi, Driss (RC). Maroc 1926. Etudes de chimie à Paris. Divers métiers. Habite l'île d'Yeu. Une quinzaine de contes, 7 romans.

Dib, Mohammed (NRP). Algérie 1920. Instituteur, comptable, fabricant de tapis, journaliste, critique dramatique, dessinateur. En 1974 donne des cours à l'UCLA. Installé à la Celle-Saint-Cloud.

Feraoun, Mouloud (RE). Algérie 1913-1962. Fils de paysan. Instituteur, directeur d'école, inspecteur des centres sociaux, non-violent. Assassiné par l'OAS.

Garmadi, Salah (P). Tunisie 1913-1982. Agrégé d'arabe en 1958.

Haddad, Malek (R). Algérie 1913-1978. Installé à Aix-en-Provence, il sera à l'origine de mes premiers travaux sur l'Algérie en guerre. Il part pour la Camargue avec Kateb Yacine, puis au Fezzan. Pour le FLN. Il part en URSS, Egypte, Inde. Culpabilisé d'écrire en Français, il a très tôt choisi de se taire.

Memmi, Albert. Tunisie 1920 dans la communauté juive. Camp de travail en 1943. Agrégé de philosophie à Paris. Retour à Tunis. En 1956 se fixe à Paris. Professeur à Nanterre et directeur de groupes de recherche sur la dépendance et sur la littérature du Maghreb. Nombreux essais sur le colonisé ; plusieurs romans dont : *Agar,* Gallimard, 1984.

Mais l'ancienneté et la permanence de cette littérature ne peuvent masquer la vitalité des nouveaux auteurs qui s'essaient et continuent à produire de la littérature francophone, qu'ils soient Français ou pas, qu'ils soient nés au Maghreb ou en France :

Aba, Noureddine (EP). Algérie 1921.

Amrani, Djamal (P). Algérie 1935.

Begag, Azouz (R). Algérie né en 1957. Habite à Villeurbane.

Bekri, Tahar (P). Tunisie 1951. Chargé de cours à Paris.

Belamri, Rabah (P, contes). Algérie 1946. Aveugle à 16 ans, vit à Paris depuis 1976.

Belghoul, Farida (R). France 1958, de parents Algériens. Réalisatrice.

Belhriti, Mohammed Alaoui. Maroc où il réside.

Benhdouga, Abdelhamid. Algérie 1925.

Boulares, Habib (T). Tunisie 1933. Ministre de la Culture et de l'information. Directeur-adjoint de *Jeune Afrique*.

Boumahdi, Ali. Algérie 1934. Etudes d'anglais. Principal dans un collège de Seine-Saint-Denis.

Bounemeur, Azzedine. Algérie.

Charef, Mehdi (R). Algérie 1952. Rejoint son père en 1960 en France où il vit en HLM. Cinéaste.

Choukri, Mohamsed (R). Maroc 1935. Apprend à lire et écrire à 20 ans. A publié des nouvelles dans des revues américaines, françaises et arabes.

Djebar, Assia (RE). Algérie 1936. Ecole normale en 1955. Pendant la guerre, collabore au journal FLN *El Moudjahid*. Romancière, cinéaste, metteur en scène, épouse du poète Malek Alloula.

Fares, Nabile (RP). Algérie 1941. FLN puis ALN. S'installe en France en 1962. En 1981 travaille à Aix-en-Provence dans le département culturel de la CIMADE. Crée un groupe de théâtre : « Le Théâtre de la Porte d'Aix. » Maître de conférence à Grenoble-III.

Ghalem, Ali. Algérie 1943. Fils de paysan, école coranique jusqu'à 17 ans. Réalise deux films. En France depuis 1965.

Hadj, Badia. (R) 1985.

Houari, Leïla (R). Maroc 1958. Vit à Bruxelles.

K. Ahmed (N) Algérie. France.

Kacimi El-Hassani, Mohamed (R). Algérie 1955. Vit depuis 1982 à Paris. Traducteur de plusieurs poètes arabes.

Kalouaz, Ahmed (R) France.

Kettane, Nacer. Algérie 1953. Médecine à Paris. Participe à la fondation de Radio-Beur.

Khair-Eddine, Mohammed (RTP). Maroc 1941. Fonde la revue *Eaux vives* qui disparaît vite. En 1965 ouvrier à Gennevilliers. En 1979 retourne au Maroc.

Khemir, Nacer. Tunisie 1948. Cinéaste artiste plasticien. Deux romans en version bilingue.

Khraief, Bechir (R). Tunisie 1917. Très beau roman paysan.

Laabi, Abdellatif (EPR). Maroc 1942. Fondateur de la revue *Souffles*. Arrêté en 1972, condamné à 10 ans, libéré après 8 ans. Son écriture d'avant-garde s'est transformée en un certain classicisme. Plusieurs prix littéraires lui sont décernés pendant sa captivité.

Lachmet, Djanet (R). Algérie, vit à Paris.

Meddeb, Abdelwahab (R). Tunisie 1946. A collaboré à plusieurs encyclopédies et a enseigné l'histoire de l'architecture aux Beaux-Arts à Paris. Plusieurs romans et essais.

Mengouchi (R). Algérie.

Metoui, Mohamed Moncef. Tunisie 1943. Ecrivain cinéaste, vit en exil à Paris.

Mimouni, Rachid (R). Algérie 1945, de paysans pauvres. Licence de sciences à Alger en 1968. Enseigne à l'Institut national de la production et du développement industriel.

Mrabet, Mohammed. Maroc 1940. Pêcheur de profession. *Le Citron,* traduit de l'anglais.

Niffari : *Stations,* version bilingue.

Olivesi, Djamila. Algérie.

Ouary, Malek. Algérie dans une famille chrétienne. Journaliste, Radio-Algérie, puis ORTF. Il réside en France.

Ouettar, Tahar (R). Algérie 1936. N'a subi aucune influence d'auteurs arabes, ne lisant que des auteurs occidentaux traduits en arabe.

Rabhi, Pierre (ER). Algérie, né en 1938. Paysan agrobiologiste en Ardèche dès 1960. Depuis 1981 mène une action soutenue pour une autonomie alimentaire au Burkina-Faso.

Rezzoug, Leïla. Typique de la nouvelle génération franco-algérienne parisienne.

Sahali, Rejeb ben. Pseudonyme.

Salah, Rajik ben. Tunisie 1949. Lettres et médecine à Paris. Enseigne le français et l'histoire en Suisse.

Sapho. Maroc. France. Née à Marrakech dans la communauté juive y réside jusqu'à 15 ans. Etudes de lettres à Paris. Fait ses débuts au théâtre, puis se tourne vers la chanson (a repris une chanson d'Oum Kalsoum). 2 romans, un recueil de dessins.

Sebbar, Leïla. Algérie, née en 1941 de père algérien et de mère française enseignante à Paris. 5 romans et des essais.

Sefrioui, Ahmed. Maroc 1915. Ecole coranique, puis école française. Interprète, garçon de bureau avant d'occuper la fonction de directeur du tourisme à Rabat.

Simon, Njami. Né à Paris. Premier roman policier de la génération Beur.

Tadjer, Akli. Algérie. Paris, 1954. *Les A.N.I. du « Tassili »*, Seuil, adapté au cinéma.

Touati, Fettouma (N). Algérie. Née en Kabylie. Travaille à Alger, puis quelque temps à l'université de Tizi-Ouzou.

Zehraoui, Ahsène, et Chikh, Cherif, présentent « Le théâtre Beur ».

Zitouni, Ahmed (R). Algérie 1949, vit en France depuis 1973. Enseigne à Aix-en-Provence dans le cadre de la formation continue.

D'autres enfin sont venus d'ailleurs, parmi lesquels je voudrais signaler le plus grand à mes yeux : Hawad. Poète targui, né en 1950 au nord d'Agadès. Il écrit en touareg et en français, peint, chante et danse. Il survit à Aix-en-Provence.

Ben Aych, Gil (R). Algérie. Né à Tlemcen (1948), dans la communauté juive. Vit en France depuis 1956.

Chédid, Andrée (NER). Egypte. Réside en France depuis 1946. *L'Etroite Peau,* traduit en arabe par Naïm Boutanos, Dar el Arab, 1984, version bilingue.

Cossery, Albert (R). Egypte 1913. Ecoles françaises. En 1930 vient à Paris pour ses études. En 1945 s'installe à Paris.

Guedj, Max (R). Algérie 1943. Juif algérien. *Mort de Cohen d'Alger,* L'Harmattan, 1986.

Henein, Georges (N). France. Egypte 1914-Paris 1973. Crée un groupe et une revue surréaliste au Caire (nihilisme rhétorique).

Khoury, Gérard. Liban, vit à Aix. Essais et romans historiques.

Khoury-Ghata, Vénus (RP). Liban 1937. Vit à Paris depuis 1973.

Salameh, Nohad J. Liban.

Saoudi, Fathia. Liban. Née en 1949 en Jordanie. Pédiatrie à Paris. En 1976 s'installe au Liban. *L'Oubli rebelle, Beyrouth 82 : journal,* traduit par D. Olivesi.

Toubia, Maguid. Egypte 1938. 13 romans et livres de nouvelles dont 4 ont été adaptés à l'écran.

Oserais-je rappeler que certaines maisons d'édition comme Le Seuil et Julliard ont publié les plus grands d'entre eux (par exemple Dib, Ferraoun, etc.), que plusieurs maisons d'édition vivent en partie de cette production, enfin que le marché du livre dans la francophonie est un aspect non négligeable de l'exportation française, y compris sur le plan des idées. Oserais-je affirmer que beaucoup de partisans du repli frileux sur l'identité française ne savent même pas que ces « Maghrébins », dont certains sont musulmans pratiquants, participent à et de cette identité que tant d'analphabètes leur dénient. Comme autrefois certains ne souhaitaient pas que Ionesco, Cioran voire Durkheim devinssent Français... Puisque les campagnes anti-émigrés mettent toujours en avant « ce qu'ils NOUS coûtent (*sic*) », il me paraît honnête de rappeler de temps en temps ce qu'ils nous rapportent. Certains sont devenus à ce point des classiques, que des extraits de leurs œuvres figurent dans les manuels scolaires de français.

L'école, française, laïque, gratuite et obligatoire

C'est par elle que l'ascension sociale était possible : aussi bien pour mes grands-parents provençaux que pour les Kabyles, puis pour les Italiens et les Espagnols..., et tous ces auteurs à qui je rends hommage.

Mais au fond tous ces gens-là, romanciers, essayistes ont réussi leur écrit ; tous leurs compatriotes ou coreligionnaires ne réussissent pas toujours l'oral de rattrapage parce que le système scolaire contrôle l'ascension sociale par la maîtrise de la langue de l'école et celle-ci est parfois démunie devant l'appétence des uns et les revendications différentielles des autres. Mais avant de se jeter sur l'excuse, facile à mon sens, de l'échec scolaire, il faut trouver les blocages en amont.

Quelle quantité d'altérité *culturelle* la France peut-elle gérer et absorber ?

Une éthique de la différence renvoie toujours à un travail sur soi sinon la différence se dégrade en inégalité parce que le droit à la différence est toujours limité par l'implacable norme de référence qu'est le JE ethnocentriste. Or, tout système d'éducation est une pédagogie de l'imposition de cette norme ; donc toute acculturation est en fait un lavage de cerveau et bien le contraire de ce que Cabet nommait l'androgogie, une pédagogie des adultes qui rende inutile la pédagogie elle-même. La France est passée maître dans l'aveuglement idéologique sur ce point alors que, paradoxalement, elle a en même temps produit l'une des meilleures écoles de sociologie de l'éducation, de Durkheim à Establet *(L'Ecole est-elle rentable ?)* en passant par Bernstein et Bourdieu[3] ; là encore, comme pour

3. J'ai déjà évoqué plus haut la thèse de P. Bourdieu à propos de la reproduction. Dans la partie ci-dessous je me référerai implicitement à la théorie des codes psycho-socio-linguistiques de Basil Bernstein, *Langages et classes sociales. Codes sociolinguistiques et contrôle social,* Editions de Minuit, 1975.

l'orientalisme, les savants savent et la « société civile » a des pratiques différentes.

L'ambiguïté et l'équivoque commencent, ici encore, par les mots : aculturation avec un c ; acculturation avec deux c ; déculturation, pluriculturel, transculturel. Et la définition utilisée de « minorités »[4] comme je le signalais au début de cet essai : il s'agit ici de minorités culturelles qui apparaissent souvent comme « ethniques », parce que *non conformes* linguistiquement, par exemple les Basques, les Bretons et les Corses... qui sont pourtant de francs catholiques. Or même au Canada la communauté culturelle n'a pas de définition précise et encore moins de définition juridique : les Français font curieusement le pari que les enfants ont une langue et une culture. Il me semble au contraire que nous avons, tout au moins les provinciaux, quelques diglossies (argot/slang : verlan/beur ; patois/langues régionales ; façons de parler), voire des bilinguismes pour les migrants et leurs enfants après une génération ; il me semble aussi que notre culture comporte des éléments ligures, celtes, germains, latins, grecs et judéo-chrétiens. Cette affirmation vaut aussi pour les musulmans en ce qui concerne au moins les éléments grecs.

Pour ma part, je soutiens qu'il n'y a pas, qu'il n'y a jamais eu, en France, de pluriculturalisme et de respect de la culture différente, mais au contraire hégémonie c'est-à-dire l'imposition de la vision légitime du monde ; il faut donc envisager toutes les conséquences de mon appellation « césaro-papiste » sur le plan culturel cette fois. Mais auparavant il est utile de rappeler quelques approches et solutions données au problème des minorités, ailleurs.

L'Histoire donne quelques exemples[5] de l'éventail des mesures possibles :

— La minorité peut être expulsée ou transférée ailleurs. A l'époque contemporaine plusieurs exemples peuvent être retenus : Pakistan/Inde, Grèce, Tchécoslovaquie...

— La minorité peut être regroupée dans des « ghettos », contin-

4. Par-delà la définition que j'ai donnée mais qui n'est pas la mienne, on pourra lire avec profit le collectif *Les Minorités à l'âge de l'Etat-Nation*, Fayard, 1985.
5. Safran, *op. cit.*

gentée d'une façon physique de façon à limiter les contacts avec le reste de la population et éviter la diffusion de sa culture propre. Cette solution a été utilisée par la France au Moyen Age pour les juifs chassés d'Espagne et du Portugal (c'est-à-dire le premier cas) ; par les Etats-Unis pour les Indiens dont le génocide n'est pas homologué.

— L'assimilation culturelle par la force est plus rare : nous pouvons tout de même signaler le cas de la « russification » des Polonais et d'autres peuples de l'Empire tsariste, politique que ne semble pas avoir abandonnée la République des soviets...

— L'extermination totale, systématique et programmée, des minorités différentes a été pratiquée par l'Allemagne nazie envers les juifs et les tsiganes, et, à un degré moindre par la Turquie avec les Arméniens. Elle est pratiquée contre les Kurdes par les cinq Etats du Kurdistan. Mais le génocide des Arméniens n'est pas lui non plus homologué...

— Combinée avec la deuxième solution, par exemple sous la forme de Bantoustan (Homeland), la minorité peut être privée de ses moyens d'existence, par la destruction subtile de ses institutions culturelles en cooptant et intégrant son élite.

Ces mesures, plus insidieuses, car elles peuvent être prises au nom du passage à l'Universel, ont été appliquées par tous les Etats civilisés durant l'entre-deux-guerres, et pas seulement en Pologne, en Allemagne, en URSS et en Afrique du Sud. Cette formule a été combinée en effet avec une stratégie, soit « irrédentiste » encouragée, soit avec des mesures conduisant à la séparation physique du territoire de la minorité. Cette technique a permis à l'Europe coloniale de tracer des frontières en Afrique, qui sont actuellement, entre autres, à l'origine de la quasi-totalité des conflits actuels.

Pour des raisons qui tiennent en particulier à l'holocauste, au goulag, au Cambodge et à l'horreur qu'a connue ce siècle, ces solutions ne sont plus « praticables » aujourd'hui... encore que, sans citer des exemples trop sauvages, il est tout de même possible de s'interroger sur ce qui se passe à Gaza et dans les territoires occupés par Israël sans être immédiatement accusé d'antisémitisme primaire...

Le cas de l'Afrique du Sud est, malheureusement, encore plus intéressant pour ma comparaison : d'une part puisqu'il s'agit d'une minorité victime de l'intolérance religieuse (les huguenots et divers protestants hollandais) qui est à l'origine du système le plus élaboré ;

d'autre part parce que l'ensemble des approches que je viens de typologiser ont été appliquées dans ce cas. Dès 1950 sont proclamés les fondements du système : Immorality Act, Mixed Marriage Act, Group Areas, et Population Registration Act. Puis suivent, en 1952, les Native Laws Amendement Act ; en 1953, Reservation of Separate Ameneties Act et Bantu Education Act. L'édifice est enfin couronné par le Job Reservation Act en 1956. Par cet ensemble de mesures (dont certaines ont été modifiées), les Noirs ne peuvent ni séjourner ni travailler en dehors de leurs « Homelands » ou Bantoustans sans se soumettre à toute une série de mesures de contrôle et de police qui rendent la vie insupportable. Et pourtant presque 4 millions de métis (qui ne sont classés ni avec les Blancs ni avec les Noirs) démontrent, par leur seule existence, l'inanité et l'inefficacité d'un tel système... La leçon principale de ce cas limite tient à la résurgence des cultures religieuses qui servent de *lieu du politique* comme cela se produit dans certains pays arabo-musulmans et peut-être dans certaines expériences en France.

Restent en effet trois approches que la France a expérimentées, peut utiliser et envisage d'utiliser dans le désordre de son absence de politique en la matière...

— *Dépolitiser les différences culturelles* par le recours à différents compromis institutionnels : la *fédéralisation* comme en Suisse avec des langues, des radios et des enseignements différents ; le *dédoublement* comme en Belgique, mais le succès n'est pas évident ; l'*autonomie* fonctionnelle ou administrative sélective comme en Italie et en Espagne avec des Régions autonomes culturellement, parfois même politiquement et économiquement... Barcelone est un bon exemple de capitale économique et culturelle. Une approche plus complexe est tentée aux Pays-Bas mais d'une façon « consociationnelo-communariste » qui ne convient pas à la culture française. D'ailleurs aucune de ces solutions n'est compatible avec le jacobinisme.

— *Coopter* les minorités culturelles, voire ethniques, avec leur accord, par des voies non violentes : mise en avant des attraits économiques, démonstration des avantages que comporte la culture hégémonique. Cette stratégie a toujours été celle de la France césaro-papiste qui l'a pratiquée jusqu'en 1981. La République est mangeuse de minorités et de différences par disparition, elle rend semblable, elle « assimile »... et elle dissimule cette politique derrière des universaux : droit à l'éducation pour tous, égalité des chances, etc. Elle planifie l'ascension sociale des différents par l'école et la fonction publique à partir de la méritocratie.

— La création d'une culture inclusive et superposée qui ne soit ni celle de la majorité ni celle de la minorité. La France n'y est pas prête alors qu'elle est menacée elle-même de devenir une sous-catégorie colonisée de la culture mondiale hégémonique : la basic informatique...

Alors que dans la culture anthropologique anglo-saxonne, qui inventa le mot, *acculturation* signifie « processus d'intégration d'un individu ou d'un groupe à un milieu culturel étranger, résultant d'un contact direct et prolongé avec celui-ci, et assimilation de ses manières et modes de vivre, de sentir et d'agir... » (par exemple, s'américaniser), ce terme est compris dans un sens opposé en France et généralement par « accession de l'enfant à la culture de son milieu social ». Autrement dit socialisation. Si j'applique ces définitions aux beurs je peux alors affirmer qu'ils sont acculturés par l'école alors qu'elle socialise leurs petits camarades. Il ne faut pas s'étonner dans ces conditions que la mission de l'Education nationale soit au-dessus de ses forces. Les enseignants se plaignent de l'insolence des enfants et ceux-ci de l'agressivité des maîtres...

Comme toujours pour comprendre comment nous en sommes arrivés là, il faut refaire un peu d'histoire.

De même que les rois *de* France ont été d'abord *Rex Francorum,* rois *des* Francs, la formule « Nos ancêtres les Gaulois » n'a pas un sens archéologique mais politique et identitaire, ici et maintenant. La notion d'identité collective mise en avant par Michel Oriol et l'équipe de l'IDERIC de Nice[6] essaie de faire le lien entre ce qui n'apparaît ni comme de purs effets d'apprentissage, ni comme de purs effets de domination et de contrôle social. Les notions d'intégration et d'assimilation ne seraient pas simplement les produits des stratégies de la reproduction sociale telle qu'elle a été définie par P. Bourdieu et telle que A. Sayah l'a utilisée pour traiter des immigrés[7].

J'avoue mon embarras d'autant plus que ces mots sont utilisés

6. L'Institut d'études et de recherches inter-ethniques et interculturelles : bibliogr. *in* IREMAM, *op. cit.*

7. L'œuvre de Sayah est considérable sur ce plan, malheureusement publiée dans des revues très spécialisées. Cf. la bibliographie citée de l'IREMAM. Les travaux du groupe de recherches GRECO 13, etc.

politiquement dans des sens qui ne coïncident pas avec ceux des sociologues qui, eux, au moins, ont le mérite d'en débattre...

Le processus historique d'adjonction des Corses, des Flamands, des Savoyards et des Niçartes aux Catalans puis aux Italiens et Polonais, sans oublier quelques Ibères espagnols (car les Portugais ne restent pas), s'est fait de façon lente et progressive par leur intégration (disparition en tant que différents) dans la société française. En supposant que cette proposition soit tout à fait exacte (j'en doute pour les Corses, par exemple, qui viennent de réaffirmer leur identité spécifique), elle s'est cependant réalisée de manière suffisamment efficace *mais non sans casse,* pour que ces « différents » puissent être considérés aujourd'hui comme Français à part entière.

Ce processus a contribué à renforcer le procès lui-même parce qu'en même temps il renforçait l'idéal républicain de l'homogénéité, tout au moins en donnait-il l'illusion. Cet idéal apparaissait alors (surtout sous la IIIe République) comme rationnel, et « républicain » devenait synonyme de « progressiste ». En examinant les choses d'un œil plus critique, il est possible de démonter le mécanisme de cette occultation et de démontrer que l'Etat est à la fois intégrationiste et contribue à la disparition des minorités par assimilation. Ce processus est réalisé en grande partie par l'école qui normalise et rend conforme, puisque la seule définition pertinente de « minorité » concerne un individu-acteur social ou groupe — « non conforme ». Une minorité ne peut influencer la majorité que si elle bénéficie d'un crédit de particularisme *(idiosyncrasy credit)* et que, grâce à celui-ci, elle peut *dévier impunément*[8]. Ce ne fut jamais le cas des Provençaux et des Bretons sauf dans les anciennes révoltes paysannes sous la monarchie. Ce fut parfois le cas des Basques et des Corses mais l'Etat leur rappelle chaque fois violemment qu'il exerce seul le monopole de la violence légitime.

La demande de langue arabe ou de berbère est pour le moment liée à un statut de respect d'une différence étrangère. Qu'en sera-t-il quand elle sera « francisée » ? Il y a gros à parier qu'alors l'Etat utilisera sa vieille technique de refus du particularisme, en argumentant comme il le fait pour les autres différences linguistiques.

Le conservatisme régional, culturel ou religieux, qui vont souvent de pair, s'oppose à l'éloge du progrès technique et de la modernisa-

8. Serge Moscovici, *op. cit.*, pp. 50-51.

tion dans une alternative impraticable. En effet la société et la conception du monde qui en assurent la cohérence ne peuvent rester latentes (le progrès étant mouvement) sauf à adopter une attitude schizophrénique tendant à éviter l'éclatement de la société au prix de l'écartèlement du sujet. Par contre, les candidats politiques (et/ou religieux) sont nombreux pour essayer d'en tirer profit (des voix) sur le plan électoral. Les dernières campagnes électorales en 1986 et 1988 ne furent pas tristes sur ce sujet..., et aboutirent à quelques surprises comme à Marseille et Strasbourg avec les résultats acquis par le Front national dans deux régions complètement différentes sur le plan « migratoire ». Je rappelle qu'un de mes arguments comprenait aussi la proximité frontalière et il n'est pas invraisemblable de penser que les Alsaciens sont beaucoup moins « intégrés » que ne le ressasse le discours légitimiste nationaliste. Il est vrai que la France a fait trois guerres sur ce thème mobilisateur qui s'effondre à l'heure de l'Europe... dont la capitale, même parlementaire, ne sera pas Strasbourg malgré les promesses démagogiques des uns ou des autres.

Lorsque les élections se jouent à quelques milliers de voix près, la présence d'un million de Français musulmans devient une variable non négligeable. Or l'ensemble des éléments constitutifs de l'imaginaire des Français fait ressortir d'une façon très aiguë l'insupportabilité de l'établissement d'une « communauté » musulmane en France. Il est vrai que, par-delà l'aspect « différence cultuelle » occultant une pseudo-différence culturelle, la pérennité du contrat fondateur de la réalité étatico-nationale est mise en cause. Il va falloir affronter cette épreuve autrement que par l'invective, les décrets ou les bons sentiments : les rapports entre la communauté politique et les communautés culturelles ne peuvent être considérés comme insignifiants.

La fin de la migration provisoire de main-d'œuvre et l'implantation irréversible de populations allogènes posent le problème de la citoyenneté d'une façon nouvelle. L'idée de citoyenneté implique l'appartenance à la communauté politique nationale. Cette appartenance produit un certain nombres de rôles sociaux à travers lesquels le citoyen adhère à l'idéologie de l'ensemble social dans lequel il s'insère. Ainsi en France la *citoyenneté,* la *nationalité* et l'*identité culturelle* sont-elles superposées et indissociables.

Avec l'implantation définitive d'une immigration tentée par le modèle français de citoyenneté, apparaît la possibilité d'une multiplication des référents culturels et des références nationales surtout dans la perspective européenne. Globalement les Portugais restent en France moins que les Espagnols ; mais que feront leurs enfants scolarisés ?

Ce phénomène nouveau se produit au moment où émergent sur la scène politique française des revendications d'identités communautaires non fondées sur un territoire mais sur la reconnaissance de caractères jusqu'ici refoulés (juifs, Arméniens), soit à travers des cultures régionales revivifiées par le haut (l'Europe et l'autonomie du Pays basque espagnol et de la Cataluna-sud) et non plus par les associations de maintenance, soit à travers des différences insupportables parce que beaucoup plus particularistes encore : femmes, prisonniers, homosexuels, micro-mémoires... qui ne remettent en cause ni la citoyenneté ni la nationalité mais seulement l'hégémonie culturelle sous sa seule forme d'Etat-Nation jacobin.

Or l'Etat français fonctionne selon deux logiques dont la cohérence est contradictoire. Une logique du droit à l'expression et du droit à la différence qui tend à reconnaître la légitimité des particularismes. Et une logique du refus des clivages qui tend à affirmer l'égalité des chances pour compenser les handicaps sociaux et culturels.

Chaque individu a ainsi la possibilité d'exprimer son identité à travers un *espace social aménagé dans la sphère privée* de l'existence individuelle et familiale. Mais, par ailleurs, la sphère publique de l'action politico-étatique ne reconnaît les individus que sur leurs compétences fonctionnelles et non sur leur identité fondamentale. Bien plus, la sphère du public *ne tolère pas l'érection de ces identités en communautés* susceptibles de devenir un partenaire social.

L'Etat français présente une caractéristique précise en ce domaine : lui seul définit qui sont les minorités éthniques, culturelles et religieuses et postule qu'elles ne constituent pas *a priori* des ethnies et des communautés. Nous verrons au chapitre suivant les conséquences de ces présupposés en matière religieuse. En matière de culture, la conséquence première est la répression : le cas des Gitans français en est la parfaite illustration ; ils sont des citoyens français sans droit de vote parce que sans domicile fixe. En fait l'Etat ne supporte pas le nomadisme qui dissimule mal une revendication beaucoup plus dangereuse ; le nomade exprime le refus d'un droit qui, dans le cadre du pacte nationalo-politique, organise seul la liberté. Ainsi après l'abrogation de la loi Le Chapelier, le carnet « ouvrier », le passeport intérieur, les Gitans, comme les bannis, pointent dans les gendarmeries... La cause principale tient dans ce fait historique : la reconnaissance des groupes ethniques entraîne, en France, l'affaiblissement de l'Etat.

Aujourd'hui la contradiction apparaît mieux parce que d'autres types de revendications de droit à la différence ont surgi. L'Etat moderne a besoin d'un espace exclusif qui fait de lui un assimilateur de minorités. L'outil de cette assimilation a été longtemps l'école qui permettait d'inculquer et de faire intérioriser les valeurs centrales de cohésion de la culture hégémonique. Celle-ci est actuellement attaquée de toutes parts. Bien plus, la gauche a mis sur pied un projet de décentralisation et de droit à la différence qui implique la reconnaissance de minorités culturelles. Si les expériences d'école autonome basque (Seaska/Iskatola) ne vont pas sans poser de problèmes, comment l'Etat abordera-t-il la querelle scolaire, confronté à une revendication nouvelle d'autonomie des arabophones français ? D'autant plus aiguë qu'elle passera à la fois par des communautés étrangères — les migrants en tant que travailleurs ont-ils droit à une culture spécifique ? — et par des communautés religieuses plus ou moins organisées, à la fois nationales et étrangères : la catéchèse des musulmans peut-elle être donnée en arabe ? Ou bien cette langue peut-elle être extirpée, comme le patois ou le yiddish ainsi que le pensaient Mirabeau, Sieyès et beaucoup d'autres ?

Parallèlement, un certain nombre d'enfants issus de l'émigration, un certain nombre d'enfants immigrés, un certain nombre d'immigrés eux-mêmes, connaissent un échec scolaire complet, bafouant ainsi la grande illusion de l'intégration. Beaucoup se trouvent en déréliction et, en même temps déjà, dans le *village mondial,* happés par la *culture-marchandise* dont ils sont des consommateurs voraces. Ils n'ont donc ni leur culture d'origine (pour certains, elle se réduit à quelques bribes de berbère afin de communiquer avec leur mère) et ils n'ont pas acquis la culture du pays d'accueil — la France — sauf sous ses formes les plus marginales. Ils nourrissent alors les fantasmes classiques d'une irrésistible ascension sociale qu'a constamment falsifiée le mythe égalitaire et leurs modèles sont effectivement Eddie Murphy, Michael Jackson, Tarik Benhabiles et Adjani. « Arabes non identifiés », comme dirait Akai Tadje *(ANI du Tassili)* ou « Arabes de service », avatar français du « bon nègre » ou de l'Oncle Tom... ? Le film de Mehdi Sharef *Thé au harem de Archi Ahmed* prouve, à mon avis, qu'une nouvelle culture se crée qui en dit long sur les deux sociétés, tellement insupportable pour les autorités comme en témoigne le sort du film *Les Folles Années du twist* boycotté des deux côtés... Mais les copains des cités : les Mohammed Travolta, les Rocking-Babouches, tous les chakchouka ne s'y trompent pas, eux ; ils sont lucides jusqu'au bout et en avance, déjà, dans le village mondial.

« *Black is beautiful* »

ILS CHANTENT EN ANGLAIS, ILS PARLENT EN ARABE (OU EN KABYLE), ILS COMMUNIQUENT EN SLANG ET EN VERLAN MAIS ILS RÊVENT EN FRANÇAIS... Je propose donc de les nommer « *Beni-gavroches* » puisque, désormais, le terme Beur a vécu, ou tout au moins est révoqué en doute par beaucoup.

Par rapport à leurs ancêtres dans l'émigration, pour qui le « noir alibi » était représenté par les boxeurs et joueurs de saxophone, ou le torero pour les Gitans d'Andalousie, une étape intermédiaire a été constituée par le héros chinois (ou noir) des films de karaté en scope et en couleurs, dont les effets positifs ont été mal étudiés par tous les intellectuels de gauche qui méprisent la culture populaire. Paradoxalement, ces films ont donné confiance aux jeunes du tiers monde en leur faisant miroiter des possibilités de lutte qui ne passaient pas par les chemins de leurs aînés, devenus « anciens combattants » patentés et donneurs de leçons. Face à l'échec traumatisant des guerres de libération nationale, une autre voie était possible à travers un merveilleux qui n'avait rien d'européen. Le fait est là : le spectacle de Ray Charles saluant le reaganisme triomphant vaut bien celui des athlètes noirs aux Jeux olympiques de 1984, comparé à de précédents Jeux où les poings noirs gantés de noir s'étaient levés...

L'itinéraire qui mena certains des Black Panthers (issus des Frères Soledad et des prisons américaines) de l'exil à Alger, où je les ai connus, sur le chemin de la rédemption islamique, est, semble-t-il, un modèle qui peut, qui doit fonctionner quelque part dans la tête de certains « issus des marches » et non pas « issus de l'émigration ». D'aucuns ne s'y trompent pas si l'on en juge par toutes les stratégies concurrentielles mises en place par les uns et les autres, ici et là, pour « récupérer » les différentes « marches », y compris celles parties de Marseille, dans les années 80. Aujourd'hui, ce type d'action, « ils en sont revenus ». Les conflits, les sécessions se produisent sur des référents culturellement différents : les Beurs de Marseille se séparent de SOS Racisme sur le problème de la jeunesse palestinienne qui est à la limite du culturel, du religieux et du politique. La révolte des Pierres en Palestine, l'Intifada a provoqué des ravages dans la jeunesse algérienne qui s'est révoltée en décembre 1988. Marseille est trop près d'Alger pour que les conséquences ne conduisent pas à de nouvelles stratégies qui se dessinent, en particulier des stratégies de rupture avec le pays d'origine ; donc une attitude plus intégrationiste.

Et ils comprennent tous, tout cela, à la fois... Malika me dit doucement avec son beau sourire : « Vous savez, quand la femme de ménage arrive le soir au bureau, on se parle en arabe, à voix basse... Les Autres ne me prennent pas pour une Arabe... et moi, je me sens juive... » L'attirance représente l'aspect passif et la visibilité l'aspect actif des rapports sociaux. Mais dans les rapports interpersonnels, la comparaison exprime le besoin des minorités, en transit de sens. Les groupes qui se sentent dépendants ont, eux, besoin, de reconnaissance sociale. Comment les Français osent-ils envisager de se passer d'une telle lucidité ?

Celles-là, ces jeunes femmes maghrébines, marseillaises surtout, j'avais proposé de les appeler « pétroleuses radicales » et non plus Beurettes, car elles sont le produit de la modernité due à l'échec de la rente pétrolière dans leurs pays d'origine. Elles veulent tout simplement *être*. Mais elles risquent gros parce que les *deux* sociétés les insupportent. Je propose donc de nommer mon type idéal « Malika » Malika-Malcolm X. Après tout, les Black Muslims sont bien devenus des WASP... les jazz-men des TV-prêcheurs adventistes et, beaucoup, des businessmen de l'American way of life post-Viêt-nam.

Cela démontre, avec plus de limpidité, la difficulté des classements utilisés. J'ai moi-même dissocié, pour la commodité de l'exposé, le culturel du cultuel mais pas totalement du religieux. Dans les médias, la confusion est constante : quelle est la nationalité, la religion ou la culture de Yannick Noah, des journalistes Rachid Harab, Aït Hadidouche, du tennisman Tarik Benhabilès, de la speakerine Nadia Samir, etc., de tous ces Beurs qui réussissent envers et malgré tout, malgré tous. Quelle est la culture ou la religion du magnifique danseur étoile Kader Belarbi, du chanteur Karim Kacel et du groupe « Carte de séjour »[9]. Sheheb et Kacel ont dit publiquement que « *l'autre langue est oubliée* »... « Tu chantes en kabyle sur Sheila, en français tu dis, c'est du Neruda. » Khader, jeune Marocain qui a le groupe de raï le plus funky chante : « Hier quelqu'un m'a dit, retourne dans ton pays !... Mon cœur s'est serré et mon cœur a saigné... N'a-t-on pas le droit de vivre ici... » Le cante jondo, le flamenco, le raï, le blues : même combat..., contre tous les intégrismes et tous les sécularismes. Les grands concerts pour les grandes causes rapportent peut être gros au « show biz », mais mobilisent plus de jeunes que les partis politiques et les Eglises : le fait est là.

Aussi quelle fut notre joie, à quelques-uns, lors du grand défilé en faveur de Le Pen à Marseille, d'entendre et de voir tout en haut de la Canebière, un groupe de Beurs chanter « Douce France... », gentiment, un peu ironiquement, en face de braillards vindicatifs éructant leur violence et leur hystérie sécuritaire qui suintaient la peur de l'Autre, d'où leur haine.

Par-delà lcs arguments de droit, nationalité, droits sociaux, droit de vote, la perception des frontières de la différence passe par les corps : le corps comme lieu du politique apparaît comme un corps ethnique ; le corps du différent et le corps français. Il ne s'agit point de « race », donc pas de racisme, mais de références communes qui peuvent être des racines, racines retrouvées, racines imaginaires, racines recomposées qui, bien que diversifiées, continuent à faire sens.

Coiffures « afros » plutôt rasta ; cheveux décolorés plutôt putes ; « Touche pas à la femme blanche » « touche pas à mon pote », relations dyadiques, maléfiques. Tout le registre de ces attitudes que Devereux classe en « autoplastiques » et « alloplastiques » comme le port des chaînes avec « main de Fatma » ou « bouclier de David/étoile de David ou de Salomon », etc. Signes stigmatisants retournés contre le stigmatiseur pour lui crier à la face : « Ah ! tu veux que je sois ontologiquement, essentiellement différent, eh bien ! tu vas la voir ma différence ! »

Et pourtant, la stigmatisation de l'Autre est toujours mal vécue

9. Y. Djafri, « La Chanson miroir de l'émigration », *Les Nord-Africains en France,* FNSP/CHEAM, Magali Morsy éd., 1985.

par cette jeune « Algérienne » née à Marseille, parlant[10] de sa peau d'arabe : « Tu l'as vue ta peau ? Tu seras toujours une Arabe. » Ici, le geste intraduisible, Malika se tire violemment la peau du visage... Et pourtant ce gamin de 9 ans dit à son petit camarade « bronzé » mais français : « Mon père, il a dit que si Le Pen était président, tu retournerais chez toi... » L'autre campe donc dans le corps social, pénètre ce corps, qui résiste avant de se laisser aller aux délices de la mixité puis de la fusion.

Plus ce corps est pénétrable par les maladies (la peste « juive » au Moyen Age, le Sida « haïtien » ou africain au XXe siècle), par la culture, par la langue, formes de l'altérité que symbolise la femme blanche, plus les individus construisent un entre-Soi qui s'oppose à l'entre-Nous de l'Etat-Nation. Tout se joue alors sur la sexualité avec l'Autre, en transgression des règles de l'endogamie. Ainsi, selon nos formules méditerranéennes, dans un système de phratries exacerbées par la modernité se réalise, au quotidien, le double dicton-loi d'avant la loi : le bonheur du retour mythique à la horde hystériques des *frères :*

— « Moi, contre mon frère. Moi et mes frères, contre mes cousins ; moi, mes frères et mes cousins contre tout le monde. »

— « Nos femmes, c'est pour nous. Vos femmes, c'est pour nous ; mais nos femmes, c'est pas pour vous. »

L'Etat de droit rousseauiste est impuissant devant ces stratégies dont il existe des versions corses, kabyles, gitanes, provençales et pas seulement « musulmanes », qui se croisent à Marseille sous les yeux *approbateurs* des Arméniens, des juifs sépharades et de tous ceux qui y trouvent la justification à leur propre refus de l'exogamie et leur horreur du mariage mixte. Lorsque le groupe est très homogène, en effet, comme celui des mozabites par exemple, au point de constituer une véritable communauté, il n'y a pas de grave conflit puisque personne ne transgresse la règle d'exclusion et que la sanction de la transgression éventuelle signifie la mort symbolique, la folie ou l'exil.

En revanche, lorsqu'il y a pénétration modérée, comme par capillarité, de l'altérité ou de la modernité, le groupe se rend compte qu'il doit se défendre. Mais sa capacité à résister à

10. Maryse Etienne et Christian Delestaing, *J'ai rendez-vous avec la mer*, Aix-en-Provence, Alinéa, 1984.

l'hégémonie culturelle qui l'agresse de toutes parts même anodinement (l'école, la cantine, les dates des fêtes, la langue, la rue...) et sa capacité de défense dépendent alors des ressources qu'il peut mobiliser à l'extérieur de la communauté : les camisards du Sud de la France n'ont pas réussi à mobiliser Genève. Il ne faut pas oublier le paradoxe : les protestants lisaient la Bible en français à un moment où les clercs catholiques maintenaient l'hégémonie du latin ; les juifs d'Europe centrale n'avaient pas encore l'Etat d'Israël et adhéraient alors à l'universel à travers la franc-maçonnerie et le marxisme.

Le cas des émigrés d'origine nord-africaine présente une caractéristique originale sur ce point. Ils ont trop de centres étrangers à mobiliser : leurs Etats d'origine, l'Arabité, la Berbérité, la Communauté musulmane (*l'Umma*) transnationale, en oubliant définitivement l'Internationale prolétarienne... Il n'est guère étonnant dans ce cas que les jeunes Beurs ne sachent plus trop à quels saints se vouer « When the Saints go marching... *on*. » Ainsi la stratégie de tension qu'a menée l'Algérie jusqu'à cette année, à propos de la protection de ses nationaux, illustre parfaitement la complexité du problème et ses enjeux selon que l'on approche les émigrés en France par leur statut juridique, par leur statut social, par leur culture (?), leur nationalité réelle ou potentielle, leur religion, leur présence nomade ou effective, enfin leur déculturation/transculturation schizophrénique...

Une question vient alors à l'esprit. Historiquement cela s'est-il déjà produit ? Les cultures détruites ont-elles produit de la folie, de l'exil, de la mort ? Ou bien, cette situation est-elle propre aux minorités religieuses ? L'Histoire *des* France(s) nous ouvre quelques pistes.

La résistance à l'assimilation

La France est un exemple assez extraordinaire de mélanges et de fusions qui se caractérise par l'oubli constamment renouvelé de ses propres origines. Mon hypothèse est donc que les Beurs, eux aussi, vont fusionner puis oublier à leur tour. Devereux montre bien que la technique la plus classique de ce processus est la régression[11] !

11. Devereux, *op. cit.*, p. 282 sqq.

Une lecture non jacobine de la modernisation de la France permet de relever les traces des résistances culturelles face à l'hégémonie. Certes, les périphéries ont été vaincues et ont, le plus souvent, adhéré aux valeurs (et aux règles du jeu) des vainqueurs. Ce n'est pas une raison pour éviter de tirer quelques leçons de la situation à laquelle nous sommes confrontés aujourd'hui[12].

Sous des formes atténuées, toutes les techniques allant du génocide à l'ethnocide ont été utilisées dans la formation du Centre « France ».

La lente colonisation des périphéries par le Centre a suivi un processus centenaire et constant depuis la centralisation personnelle par le roi-suzerain, puis la centralisation administrative avec le développement des droits régaliens, l'apparition de la justice ; centralisation géographique enfin avec la fixation d'une capitale, alors que d'autres monarchies ont plusieurs résidences en province. Louis XI organise la poste centrale, François Ier impose le français du Val de Loire (1539), l'édit d'Alès (1629) permet à Richelieu de supprimer les privilèges d'autonomie des protestants, etc. La pénétration sera complètement légitimée lorsque la suppression des privilèges rendra possible la théorie républicaine de la loi comme expression de la volonté générale. Cette colonisation-pénétration ne se fera pas toujours par la répression mais bien souvent à travers un mécanisme de compromis entre le Centre et les élites locales. Pour communiquer, la périphérie a été obligée d'acquérir la langue hégémonique et cet acquis rapporta plus de gratifications à certains. La clé de tout notre système original est là ; les exemples européens comparables (la Prusse comme Centre ou le toscan comme langue) sont, certes, homothétiques mais pas tout à fait identiques.

Comme je l'ai déjà signalé, le génie français s'est manifesté dans l'intelligence linguistique : par l'imposition, lente, de la langue du Centre, la France a réussi à détruire l'identité des nations dominées. Cette politique d'assimilation linguistique n'a pas consisté simplement à interdire l'usage du patois dans les cours de l'école laïque ou dans l'armée. Elle s'appuyait aussi sur des mouvements migratoires,

12. La science politique maîtrise bien cette séquence, mais je ne veux pas alourdir cet essai par des références trop sophistiquées, en particulier aux auteurs américains comme Rokkan ou Einsenstadt par exemple. Cf. en particulier sur les concepts de Centre et périphérie, B. Badie, *Le Développement politique,* Economica, plusieurs éditions, pp. 155 sq.

conséquence des déséquilibres écologiques et économiques propres aux sociétés minoritaires et périphériques qui ne peuvent pas mobiliser de soutien au Centre. La France rurale se vidait et devenait un conservatoire-musée. Paradoxalement, les extrêmes périphéries résistèrent mieux : Bretagne, Corse, Pays basque... et l'Alsace et la Lorraine pour laquelle nous fîmes quelques guerres inutiles.

Deux raisons au moins peuvent expliquer ce phénomène. La première est générale et tient à la langue. Celle-ci est une grammaire sociale, presque une philosophie spontanée en ce sens qu'elle constitue un ensemble structuré de notions, de bon sens, d'opinions, de mode de vie, bref un système de croyances et une conception du monde. Lorsqu'elle a pu être pratiquée *sans être réduite au subalterne,* elle a survécu. L'arabe et le berbère (ou le kabyle) ne devraient donc pas survivre en France au-delà de deux générations, si j'en juge par l'évolution dans ma propre famille qui parlait encore patois *domestiquement* jusqu'à ma génération.

La deuxième raison de la survie d'une culture tient à sa liaison avec une religion ou à sa capacité de mobiliser un Etat étranger ou un ensemble linguistique-frère. Ainsi le français a disparu des vallées piémontaises parce que la France a abandonné politiquement les francophones. Inversement l'hébreu est réapparu après la naissance de l'Etat d'Israël. L'islandais, pourtant parlé par moins de personnes que le kurde, n'a jamais été remis en question parce que l'Islande existe d'une façon autonome sans menace, ni interne ni externe. J'en déduis que seules des pressions extérieures peuvent maintenir la demande d'arabe en France surtout si elle se légitime par *la demande interne religieuse.*

Dans tous les autres cas nous retombons dans la définition de l'Etat de droit jacobin-césaro-papiste, qui gère la différence culturelle dans le cadre d'associations de maintenance et folklorise la différence en atténuant ainsi la demande. Mais si la différence « berbère » peut être ainsi gérée, la demande « arabe » renvoie plutôt à la différence religieuse, donc à d'autres formes de coexistence. Il me semble, en effet, que la demande *culturelle* de langue arabe ne se situe pas tout à fait sur le même plan que la demande du provençal en seconde langue au baccalauréat.

La prégnance de la langue arabe, sa force, sa légitimité tiennent à ce que le Coran précise fermement que la Révélation fut donnée en cette langue et celle-là seulement ; le texte canonique utilise explicitement la formule « langue arabe »/« *Lughat-al-'Arabiyya* », ou « lecture arabe », sur laquelle il ne saurait y avoir d'équivoque dans la traduction. Certains groupes se sont emparés de cette revendication en essayant de la dissocier de la demande religieuse.

Ainsi la Ligue des Etats arabes n'a pas toujours la même stratégie que les Ligues islamiques et son ambassadeur M. Essid a essayé de constituer un groupe en réunissant des « Français arabes » auxquels il a tenu le discours suivant :

« Je vous remercie de bien vouloir m'accepter parmi vous, alors que je ne suis pas comme vous, Français d'origine arabe, mais je suis Arabe.

Ce que j'ai à vous dire demande plus que quelques mots.

Je ne suis pas ici en qualité d'ambassadeur, mais, comme vous, engagé dans le même combat.

Il faut que cette communauté soit solidaire et puisse travailler ensemble vers le même but.

Nous sommes en train d'assister en France, ce qui n'est pas le cas dans d'autres pays, à une division parfois religieuse, parfois géographique, parfois métagéographique. Nous tenons à ce que 2,5 millions de Français d'origine arabe forment un groupe solidaire, et cohérent dans la société française.

Si j'en parle c'est parce que je m'inquiète pour les Arabes et pour la France.

L'Institut du Monde Arabe (IMA) a été créé par la France et les Etats arabes, pour mieux faire connaître les Arabes et l'islam au peuple français et contrairement au monde arabe, j'ai eu un point de vue différent du leur.

L'IMA a été inauguré à Paris. Il y avait des Arabes venus de tous les coins du monde, mais il n'y avait pas un seul Arabe représentant la communauté française d'origine arabe, ce qui est fort regrettable.

La France a une dimension arabe qu'elle ignore. Ce que je dis tout le temps, c'est que la France est un Etat arabe car il y a plus d'écrivains, de peintres, de médecins, de mathématiciens, de footballeurs arabes en France que dans les autres pays. La France, je pense, accepte cette dimension comme un " plus " pour sa culture et son devenir.

Tout le monde sait que la communauté arabe est multiconfessionnelle et nos pays ont toujours été le berceau du judaïsme, du christianisme et de l'islam.

Depuis quelque temps, il y a un slogan : les valeurs des judéo-chrétiens. Ce slogan est fait contre les Arabes. Il y a les judéo-chrétiens, et en face les représentants de la Barbarie, c'est-à-dire les Arabes.

Les musulmans sont plus proches des juifs et plus proches des chrétiens que ne pourront jamais l'être les juifs, des chrétiens et des Arabes.

Nous sommes actuellement tant Arabes que juifs et chrétiens.

Il est inacceptable que nous soyons mis dans un ghetto de civilisation. Nous avons très souvent fini par accepter d'être l'oublié, l'exclu.

En tant que Français, les juifs et les Arabes devraient conduire une bataille contre le racisme.

Or actuellement il y a un antisémitisme en France.

Pourquoi ?

Y a-t-il seulement des antisémitismes actuellement en France ?

En effet, les organisations qui se rencontrent pour s'opposer à l'extrême droite le font en tant que défenseurs du sémitisme.

Je le dis encore une fois, s'il y a une victime, c'est l'Arabe, et si les autres organisations étaient sincères, elles devraient s'occuper du racisme qui existe bien, et non seulement de l'antisémitisme qui existe beaucoup moins.

J'ai été invité à un colloque contre le racisme. Il y avait Simone Veil, Jack Lang, B.-H. Lévy, tous d'origine juive. Comment se fait-il que toutes les victimes du racisme sont des Arabes, mais qu'il n'y ait personne pour venir en discuter.

Jamais Harlem Désir ne parle des Arabes. Oh, oui, il fait des manifestations, mais en Afrique du Sud, contre l'apartheid, et il prend position pour un tel courant politique, mais il ne fait jamais de manifestations en France en faveur des Arabes agressés. »

Une association a été créée à Marseille (17 décembre 88) après cette première réunion — le Conseil national des Français d'origine arabe et leurs amis — au moment même où se négociait à Marseille et ailleurs dans l'Hexagone la constitution de Fédérations islamiques, dont je traiterai plus loin. Ce glissement vers l'arabophonie comme critère est en effet essentiellement une stratégie d'évitement de l'islamité. Il s'agit là d'un processus que nous connaissons bien, en particulier au Proche-Orient : il a été utilisé dans tous les pays arabes où existaient des minorités non musulmanes et il a produit, outre le Baath et la laïcité, une forte littérature arabophone, les seules expériences de laïcisation connues dans cette région. Est-ce un espoir ? Je ne le crois pas parce que la religion musulmane est trop intimement liée à l'arabité.

En effet, dans la pratique, le vécu — par exemple lorsqu'un émigré prie chez lui ou à plus forte raison dans une mosquée —, il le fait en arabe. La langue est une praxis sociale, c'est-à-dire un *modus operandi* véhiculé et inculqué aux acteurs sociaux autochtones par l'oralité sociale. La langue a donc dans ce cas une ratio animée par un élan (l'hormé grecque correspond ici à l'imagination créatrice d'Ibn ʿArabi) inverse de celle de l'environnement dans lequel la communication se fait par une langue différente, *profane*.

Nous sommes donc en présence de champs symboliques concurrentiels et comme je crois en l'hégémonie et non pas en l'interculturel, l'un des deux est en danger. Il faut alors trouver les modalités d'une coexistence qui n'aille pas jusqu'à la destruction de l'Autre par assimilation, ce que la France a réalisé jusqu'à ce jour.

Il se pourrait donc que l'interculturel soit remis en question par le pluralisme religieux plus que par l'échec scolaire. Une fois de plus l'islam en France a fait surgir un problème enfoui que beaucoup croyaient disparu dans les oubliettes de l'histoire : celui de la catéchèse. Et c'est au nom du droit à celle-ci que l'Eglise catholique, forte de sa victoire contre Savary, va relancer la revendication de l'application stricte de la loi Jules Ferry...

Il ne faut pas se leurrer sur ces effets secondaires et épiphénoménaux. Mai 68 avait fait apparaître des fractures bien plus profondes dans l'Unité mythique en propulsant des demandes de différences qui révélaient notre propre diversité : par-delà les Bretons et les Occitans, sont apparus au jour les femmes, les homosexuels, les prisonniers, les exclus, les handicapés, les marginaux. Le droit à la différence impliquait alors des limites à un nouveau droit à la coexistence dans l'unité. Celui-ci posait à son tour le problème de la coexistence en soi, avec soi. Les étranges étrangers si proches de nous n'étaient pas pour rien dans cette interrogation révélatrice de l'achèvement de tout un système d'acculturation. L'identité de l'être national est ainsi tout entière révoquée en doute. Il n'est pas possible de ne pas s'interroger sur les implications d'une telle découverte : la présence de l'Autre nous a révélé à nous-mêmes, Français, ce qui n'allait pas dans notre essentialité. Les notions d'appartenance territoriale et d'identité ne se nourrissent que de la tension avec l'Etranger. Toute la sociologie politique de Julien Freund peut se résumer en cette définition pertinente de la politique : la capacité à désigner l'ennemi. Mais l'ennemi providentiel, cher à Carl Schmitt[13], doit s'articuler à l'ennemi fantasmatique. Or, le juif n'est plus rentable sur ce plan ; la perfide Albion fait encore quelquefois l'affaire, l'Allemand de moins en moins. Ils nous reste l'Autre ! D'autant plus que Vatican II, lavant les juifs du crime

13. Cf. la démonstration éclatante de mon propos dans R. Drai, Cao-Huy Thuan, *Guerre, éthique et pensée stratégique à l'ère thermonucléaire*, L'Harmattan, 1988, pp. 26-27.

de déicide (Dieu merci !), il fallait bien que nous trouvions un nouveau bouc émissaire.

Coexistences

Comment coexister avec l'Autre sans se poser le problème de sa propre existence ? L'Autre renvoie dans un jeu de miroir subtil notre propre image et révèle notre capacité ou notre difficulté à vivre avec nous-mêmes. Au fond, la présence de l'Autre pose le problème de notre propre identité : « Celui qui nous révèle le sens de notre mystérieux voyage intérieur doit être lui-même un étranger », affirme Mircéa Eliade dans *L'Epreuve du labyrinthe*[14].

La longue histoire du monothéisme, pris ici au sens de fondement de notre culture et de notre civilisation, insiste en permanence sur cette tension avec l'étranger. La Bible est pleine d'avertissements et de rappels depuis : « N'oublie pas que tu as été toi-même étranger en Egypte », jusqu'à : « Tu seras étranger dans ta propre demeure. »

Il me semble en effet que le regard sur l'Autre dépend du statut de l'Un et du Même dans les deux cultures..., et la capacité de chacun d'entre nous à travers sa propre culture à penser l'altérité qui est en nous.

Dans le *monothéisme,* l'Altérité a un statut ambigu parce que *infernal* dans un double jeu de miroir. Lorsque j'étudie l'Autre présent chez moi — le musulman en l'occurrence — il ne s'agit plus de miroir mais de techniques scientifiques : le sondage, l'enquête, le questionnaire, la théorie, l'hypothèse, etc. Et pourtant ce spéculum ne renvoie que mon image ; or je suis créé à l'image de Dieu qui est Tout-Autre, c'est-à-dire une non-icône puisque je ne le connais que par la Révélation et à travers les porte-parole qui se prétendent légitimes pour interpréter Sa parole.

Les musulmans sont donc iconoclastes, légitimement, même lorsqu'ils ne sont pas prêts à suivre le Maître suprême, le Cheikh al-Akbar(Ibn ʿArabi) quand il écrit que ce qui est autre que Dieu est par rapport à Dieu comme l'ombre par rapport à la personne. Le mot *Khayal* (ombre) veut dire aussi imagination : la tâche du *soufi*

14. Entretiens avec Claude-Henri Rocquet, *op. cit.*, p. 169.

est de fonder la théorie des fictions religieuses, écrit Abdelwahab Meddeb[15].

Mais dans le monothéisme existe une deuxième altérité diabolisée : la femme. Il serait trop long et fastidieux d'exposer ici en quoi le passage des religions de la Déesse-Mère au Dieu d'Abraham imprègne tout l'imaginaire de notre incapacité à penser notre propre altérité. J'y reviendrai plus loin avec le problème que soulève l'application du droit musulman en France au statut de la femme. Mais il ne faudrait pas oublier pour autant que peu d'entre nous sont au clair avec cette altérité-là[16]. C'est pourquoi tout se joue dans la sexualité avec l'Autre ; l'intégration se fera par les mariages « mixtes » et les groupes concurrentiels luttent par tous les moyens pour éviter l'exogamie. Toutes ces contradictions ont été signifiées ces dernières années dans un lieu du débat politique précis : le statut personnel de la femme sécularisée, c'est-à-dire échappant aux lois d'exclusion du monothéisme. Il s'agit là d'une accélération fulgurante de l'Histoire puisque ce ne sont rien de moins que les fondements millénaires de la loi mosaïque qui apparaissent avec ce nouveau statut de la femme moderne. Et si les Français craignent tant la fécondité des femmes maghrébines alors que les leurs ne font plus d'enfants, c'est bien parce que, inconsciemment, ils ont perçu que Lilith[17] était de retour et ils tremblent de perdre le pouvoir,

15. « Ibn Arabi, de l'imagination à l'altérité », *Lamalif,* n° 188, mai 1987.

16. J'ai, pour ma part, produit quelques écrits « savants » sur la division sexuelle du travail religieux dans les programmes de recherches de l'IREMAM.

17. M. Righini, *Ecoute ma différence.* Cf. Michèle Bitton-Papillon, *Le Mythe juif de Lilith. De la féminité démoniaque au féminisme,* Université de Provence, UER de sociologie, 1988.

« Lilith, tu connais ? la première femme, et la première épouse d'Adam. Non pas Eve, Lilith.

Une créature somptueuse, Lilith, féminine et singulière. Surgie de la poussière, tout comme Adam. Divinement façonnée dans l'argile par les mains du Grand Potier. Et formée dans un moule bien à elle unique et exclusif.

Un être surprenant, Lilith. Qui ne ressemblait à aucun autre. Même pas, surtout pas à Adam.

D'identique au premier homme, elle n'avait que son origine boueuse. Mais la similitude s'arrêtait là. Elle était une femme, lui un homme.

Pour planer ensemble, il leur fut donné l'immensité du pays vert et bleu. Le paradis, quoi. Leur lune de miel, toutefois, ne dura qu'un temps.

le seul qui reste : celui de la division sexuelle du travail religieux.

Et pourtant les différences politique et sexuelle ne peuvent se penser l'une sans l'autre : qu'il soit politique ou sexuel, le totalitarisme valorise toujours la dimension de l'Autre sur l'image du même, l'idéal du moi. Il condamne le sujet à n'être que ce que l'Etat, le politique, le gouvernement, la Patrie, le parti, le Père, Dieu, disent qu'il doit être... Le corps social, comme le corps (sexué) est réduit à n'être que le signe ou l'enveloppe fétichiste de cette Nation originelle, première, menacée par l'Intrus. L'Autre est ce qui est interdit au politique et au sexuel, parce qu'il est radicalement séparé par ses origines.

Adam ne supportait pas de la voir si belle, si différemment belle. Si autre, si femme.

Il cherchait en elle son reflet, son ombre. Et il butait sur un être en chair et en os de femme, à l'aise dans sa peau de femme, parfaitement en harmonie avec ses désirs et ses plaisirs de femme.

Adam en était livide. Il ne pouvait pas se reconnaître en elle.

Alors, plutôt que de l'accepter, telle quelle, dans son altérité, il voulut la réduire à son image, et à sa merci.

Il alla se plaindre en haut lieu du caractère et du comportement inouï de sa compagne. Le Créateur écouta ses doléances.

Décidément, cette Lilith n'était pas possible. Elle n'acceptait pas de se soumettre. Comble d'indépendance et summum d'impudence, elle se mettait au-dessus, à côté, rarement en dessous de l'homme. Le monde à l'envers.

L'Eternel se chargea de le redresser. Il débarbouilla ses mains du limon, enfila ses gants de Grand Chirurgien, et sortit la docile Eve d'une côte d'Adam.

“ Enfin voilà ma véritable compagne ”, se dit l'homme satisfait.

Vite remplacée Lilith, par un produit dérivé, sorti de sa blessure, conçu à son image, pour son plaisir et à son service.

Eve, fille et sœur d'Adam avant d'en être l'épouse, née de son flanc et de son désir : c'était plus qu'il n'en demandait.

L'homme avait accouché de la femme. Le Père Eternel l'avait comblé.

Venit Eve, *exit* Lilith qui entre-temps, avait quitté Adam et déserté ce paradis infernal, s'enfuyant au plus profond des cieux.

Dieu lâcha ses anges aux trousses de la belle autonome. Et, pour la châtier, en fit une belle démone.

Cent fois maudite, Lilith, mais jamais détruite.

Et qui te dit que ce n'est pas elle, la diabolique Lilith qui, moulée dans son fourreau de peau de serpent, se glissa sous le pommier pour siffloter à l'oreille d'Eve la voluptueuse chanson de la dissidence ? »

Dans la tradition philosophique de l'Occident, qu'elles soient grecque ou judéo-chrétienne, toute relation entre le Même et l'Autre, si elle n'est pas l'affirmation de l'un ou de l'autre, se ramène à une relation impersonnelle dans un ordre universel.

Grec *versus oï Barbaroï*/citoyen *versus* métèque, ou dans la version moderne l'Homme, l'Individu *versus* le Sauvage, le Primitif, etc. Les étants se ramènent au neutre du concept par substitution de l'idée à la personne, de la logique de l'intériorité à l'extrémité de l'interpellation : nommer c'est créer, nomination, maîtrise, appropriation des choses...

L'originalité du monothéisme tient à ce que le *geste parricide* ose affirmer que le Non-Etre est réellement cette portion de l'Autre qui s'oppose à l'Etre parce que la nature de l'Autre se morcelle dans tous les êtres dans leurs relations mutuelles. Ou alors, c'est le Silence (ou l'éclat de rire du Tao). Or Dieu parle, mettant fin aussi à son absolu isolement et faisant ainsi circuler l'Altérité : mais cette parole qui met en relation produit une existence marginale de l'Autre qu'il faut faire échapper à la suprématie du Même.

Cette pensée de l'Autre, hypostasiée par la Révélation, annule ce que serait l'ordre d'une extériorité absolue : l'Autre. L'insupportable absence dont parle avec amertume G. Steiner dans *Le Château de Barbe-Bleue.*

Or, depuis Kant, nous savons que l'homme connaît sa finitude. Mais il ne peut franchir la limite du connaissable sans s'égarer, parce qu'une pensée qui prétendrait connaître *l'être du phénomène* (de l'*eïdos* au *télos*) et devrait pour cela relier le prédicat au sujet, ne saurait penser la relation indépendamment de la relation. Autrement dit, avons-nous le droit (épistémologique ou ontologique) de faire la distinction entre le phénomène et la chose en soi ; appeler « chose en soi » l'être des phénomènes à propos du Même et de l'Autre reviendrait à mélanger transcendance et immanence. Mais Husserl, à travers l'idée d'intersubjectivité transcendantale, perturbe encore un peu plus le jeu : pour échapper au Solipsisme transcendantal que constitue l'Autre comme étranger à mon *égo,* il le met hors du contenu concret qui constitue précisément mon *moi-même.*

La pensée occidentale ne peut pas penser une expérience hétéronome, celle d'un Autre, qui défait l'autorité du sujet ; pour le dire en termes théologiques : penser, au-delà du phénomène et de l'être, une épiphanie de l'Autre, irréductible à toute mesure, exige un bouleversement absolu des catégories par lesquelles le moi se connaît puis/et/ou entreprend de connaître. Ce désir de consommer cognitivement l'Autre, j'ai proposé de le nommer glottophagie colonialiste.

Les trois religions ont réagi différemment face à l'insupportabilité de la présence/absence de l'Autre en elles :

Le christianisme est revenu au polythéisme par l'*agapè* comme banquet totémique, la communion et l'attribution non seulement de la Trinité mais la possibilité du culte des saints par l'intermédiaire d'une Vierge Marie redevenue Isis — la Déesse-Mère.

Pendant ce même temps, effrayés par ce retour à avant la loi, surtout des catholiques, l'islam se raidit sur l'Un et le judaïsme sur le schizo-parano-identitaire.

Mais, dans tous les cas, la distinction connaître et penser cet Autre, qui n'est pas dans le phénomène, qui signifie un au-delà de l'Etre, est la condition pour continuer à parler. Même si nous savons que le discours éconduit la pensée de l'Autre et la maîtrise par le magistère des clercs et par l'herméneutique.

L'objet des débats entre sociologues, anthropologues, psychosociologues, politologues et psycholinguistes, devrait contribuer à bien situer cette confusion et à analyser aussi clairement que possible les conditions dans lesquelles s'élaborent et se développent les revendications d'identité quand elles prennent le masque du culturel (demande d'arabe ou d'hébreu) qui voile l'ontologique.

Rencontrer l'Autre sans tenter de le comprendre exige du moi de savoir se laisser dépayser — laïque ou mystique, séparé ou victime — ; il s'agit toujours d'un traumatisme parce que l'Autre apparaît, parle (à travers l'Archange Gabriel ou Satan[18]...) Le croyant est contraint par Sa Loi mais surtout contraint à une quête interminable des mots qui pourraient Le dire, hors Sa propre théophanie. Les musulmans le répètent, sous nos yeux, dans l'ivresse des 99 noms de Dieu qui sont autant de négation de Sa nomination.

Or l'Etre-là pense théorétiquement des objets qui sont des choses-là. Mais le postulat théorétique est, dans ce cas, inopérant. Notre Dieu ne se laisse pas (plus ?) hypostasier, réifier, humaniser ; le Verbe ne se fait plus chair ; peut-être est-il trop tard. Les

18. D'où les versets « sataniques » de la fameuse sourate l'*Etoile,* 53, 19-23.

musulmans sont notre remords vivant parmi nous : ils nous disent que nous avons soit falsifié la Parole, soit refusé le Message, en tout cas pendu (crucifié) le Messager.

L'expérience de l'hétéronome, la pensée de l'Autre en tant que tel, implique l'énigme de son nom (on se rabat sur le nom du père comme signifiant Maître), et cette expérience ne remonte pas à une connaissance systématique mais à une praxis d'assimilation de Moi à l'Un unique, innommable ; d'où une téléologie, une pensée des fins dernières, qui produit la mort et ses avatars, exil/folie. Car l'impensé de l'Occident n'est pas, comme le croient beaucoup, le sexe, mais la mort. Y compris la mort de l'Occident pourtant prévenu par Péguy sur ce point.

La source du sens est dans la liaison de l'expérience et de l'altérité — l'Altérité absolue ; l'Infini, absous de la relation, nous condamne au silence par le silence de l'Autre. Dieu merci, le discours de l'Autre fait constamment irruption... Parce qu'il ne supporte pas que le sujet prétende être le centre du monde du sens. L'Autre me déloge de l'hégémonie en me liant à un autre antérieur mais, ce faisant, il éveille la subjectivité du sujet. L'intelligence de l'Autre revient donc à découvrir dans l'Autre quel qu'il soit (*étranger ou femme*) un autre Soi-même. Freud affirmait que l'Homme ne déteste pas l'Etranger mais qu'il hait son propre frère. Le meurtre d'Abel par Caïn signifie l'impossibilité d'accéder de l'idée de dualité antinomique à celle de relation.

Que dit l'école de la République de l'Autre à nos enfants et que dit-elle à l'Autre de lui-même [19] ? Du Tout-Autre évidemment elle ne leur dit rien, ce qui n'est pas le moindre des paradoxes d'une civilisation qui se dit chrétienne (en partie du moins) et qui a cru que Dieu était mort parce qu'elle avait tué le roi. Le problème était dans la confusion : le roi n'était pas Dieu, comme Khomeyni n'est pas l'imam. L'Occident fait toujours la même erreur : il prend le simulacre pour l'Etre.

Mais de cet Autre plus réel qui est l'Etranger chez elle, que dit la République à ses écoliers ?

19. Claude Liauzu, Josette Liauzu, Simone Nassé, Mireille Tièche, IREMAM/GEEMAM, *L'Ecole et l'immigration : enjeux interculturels d'une société plurielle. Dossier critique. Essai bibliographique, 1975-1987,* Travaux et documents de l'IREMAM, n° 3, Aix-en-Provence, 1987.

Pas grand-chose et pas plus, voire aussi mal, que ce qu'elle dit de sa propre histoire[20] : justification par la civilisation universelle et les Lumières de toute l'entreprise coloniale face à l'inertie du monde musulman, « un monde déréglé », « en crise ». Mieux, alors que le « déclin » du monde arabe a été traité comme conséquence de la « sclérose » de cette société « figée », le « réveil » de l'islam se fait « contre l'Occident » et les documents choisis pour illustrer ces leçons tendent à renforcer les idées préconçues des élèves : foules en prière, voile, harem, flagellation chiite...

L'élève peut alors rassurer son papa : l'école lui enseigne ce que le Nom-du-Père lit dans son journal et voit à la télévision :

Musulmans = fanatiques = terroristes/émigrés = danger, etc.

Femmes voilées, femmes violées, Marseille c'est Beyrouth...

PLACE DES CIVILISATIONS EXTRA-EUROPÉENNES DANS SIX MANUELS SCOLAIRES DE SECONDE
(en nombre de pages)

Civilisations	**Nathan**	**Hachette**	**Istra**	**Bordas**	**Belin**	**Hatier**
Musulmane . .	17	23	30	12	14	44
Indienne	19	—			10	—
Chinoise			20	12		
Japonaise. . . .	11	—			18	34
Africaine	19	—	11	12	12	32
TOTAL.	**66 sur 424**	**23 sur 332**	**61 sur 320**	**36 sur 382**	**54 sur 374**	**110 sur 383**
Soit en % Civilisation musulmane. . .	**4,2**	**6,9**	**9,4**	**3,1**	**3,7**	**11,4**

Une rapide comparaison de la place des civilisations extra-européennes dans quelques manuels scolaires, et plus particulière-

20. Il n'est pas clairement expliqué à nos enfants que la France lorsqu'elle fête le 8 mai 1945 (la défaite du nazisme) bombarde l'Algérie ; lorsqu'elle signe la Déclaration des Droits de l'Homme en 1948, elle bombarde Haiphong et massacre les nationalistes de Madagascar...

ment l'étude de la présentation du monde islamique, permet de comprendre comment cet impensé, ce non-dit, nourri des rêves de l'Empire effondré, au mieux ne contribue pas à la connaissance de l'Autre, au pire entretient des fantasmes qui produisent des effets sociaux bien réels.

Il faut rappeler, pour comprendre la relative importance des chiffres les plus bas, que l'islam touche environ un milliard d'individus et recouvre une grande partie du continent africain et de l'Asie. Enfin il ne faut pas oublier que la France a eu des responsabilités sur cet ensemble, à la fois territorial et humain, pendant presque deux siècles. Le tableau suivant démontre, hélas, que pratiquement rien n'est dit à nos enfants sur les causes et conséquences des guerres coloniales, des résistances, et de la construction des nouvelles doctrines dans le tiers monde. La portion la plus congrue revient d'ailleurs au conflit du Moyen-Orient alors qu'Israël fait toujours l'objet d'un traitement à part, y compris dans un cadre européen. Comment fabriquer, sur de telles bases, des citoyens qui devront résister ensuite aux affirmations aussi légères que rapides sur les Palestiniens, sur la Perse et l'Iran, sur l'Afghanistan, etc. A moins qu'ils aient lu le Rudyard Kipling de *Un homme qui voulait être roi...*

PLACE DU MONDE MUSULMAN
DANS SIX MANUELS DE TERMINALE
(en nombre de pages)

	Scodel	**Hachette**	**Magnard**	**Delagrave**	**Hatier**	**Colin**
Décolonisation						
Guerre d'Algérie .	2	7,5	7	5,5	7	6
Tunisie, Maroc. . .		qq. lignes	qq. lignes		1/4	1/5
Conflits du Moyen-Orient. . . .	**2**	**4,5**	**9,5**	**6,5**	**4**	**3**
Islam depuis 1940 .	7 lignes	2	2	2	4	qq. lignes
Chocs pétroliers . .		1	2	5,5	qq. lignes	1
TOTAL	**4 sur 349**	**15 sur 398**	**20,5 sur 495**	**19,5 sur 398**	**15 sur 447**	**10 sur 351**
% civilisation musulmane	**1,15**	**3,80**	**4,20**	**4,90**	**3,40**	**2,80**

Mais qu'en pense le papa de l'élève « maghrébin » dont l'école prétend honorer le droit à la différence? En général, il fait confiance en l'ascension sociale par cette école-là. Surtout s'il est lui-même analphabète, d'autant qu'il a perdu toute autorité en migrant, qu'il n'est plus le signifiant-Maître dans un système qui reste patrilinéaire et agnatique. La perte de l'autorité du Père est, en effet, un des traits de la modernité dans l'émigration. Déchéance suprême... S'il « revient » à l'islam, il va enlever ses enfants de l'école laïque et les mettre chez les bonnes sœurs. Ensuite, il participera à la demande sociale d'écoles privées musulmanes dans le cadre de la loi Debré... et il est des Français pour s'en étonner.

Le droit à la différence dans l'unité est-il alors impossible?

Le droit à la différence poussé jusqu'à son extrême logique conduit au ghetto, tout au moins à la constitution d'îlots juridiques, puis localisés. Enfin, du ghetto au Bantoustan, il n'y a qu'un pas avant l'expulsion... telle est la logique intrinsèque du discours que nous tenons actuellement en France. Il n'est pas possible d'affirmer vouloir à la fois l'intégration *et* le droit à la différence.

La République une et indivisible dit à l'Autre : tu es différent; je te pardonne! Viens à moi, mon frère, ta différence m'enrichit... Mais le mieux qui te reste à faire est de t'assimiler, de devenir comme moi, de disparaître en tant que différent. Tu verras comme on est bien dans l'entre-Nous... Si tu refuses cette main tendue des Lumières, de l'Universalité, c'est que tu préfères les ténèbres et que tu mérites ton lieu : le ghetto.

Le drame des « communautés » qui revendiquent le droit à la différence tient au fait qu'elles sont amenées à devenir ce que l'Autre leur reproche d'être... et à constituer des ghettos. Par une double logique implacable. Logique de celui qui cherche à sortir du ghetto, retourne à Sion et crée un Etat sectaire qui l' « auto-bantoustanise ». Et logique de celui qui veut extirper l'Autre en lui reconnaissant le droit de vivre son épanouissement... ailleurs, comme le préconise le Groupe de recherche sur la Civilisation européenne (GRECE) par exemple[22].

Ce chassé-croisé qui a permis de remplacer la notion de race par celle de culture est un des points dramatiques de notre histoire contemporaine.

Par-delà l'hystérie sécuritaire, simple avatar électoraliste, l'af-

22. Cf. l'excellent numéro spécial de la revue *Eléments* sur les Arabes.

الحمد لله الذي اكرمنا بالعلم وعلمنا ما لم نعلم
قال رسول الله صلعم «علماء امتي مثل انبياء بني اسرائيل»

D'une réunion d'amis, enseignants et chercheurs est née la volonté de créer un lycée musulman à Paris. Notre annonce a suscité un courrier important et nous remercions les amis et parents d'élèves musulmans qui nous ont écrit. Nous avons besoin d'une aide aussi importante que l'aide nécessaire à la construction d'une mosquée.

ÉCRIVEZ-NOUS SI VOUS VOULEZ QU'UN PREMIER LYCÉE MUSULMAN LIBRE VOIE LE JOUR EN EUROPE :

HADJ EDDINE EL GHAOUTSI
B.P. 45 - 94340 JOINVILLE-LE-PONT[21]

21. Annonce parue dans *Le Monde* du 23 novembre 1983.

front consiste en la banalisation de l'holocauste de l'Autre ; laquelle est passée, entre autres voies, par l'incapacité de l'Etat à gérer la demande pluriculturelle des migrants et de leurs enfants.

L'interculturel en question[23]

L'interculturel est en échec non parce qu'il est une mauvaise stratégie mais parce qu'il est la fausse conscience de l'échec culturel tout court : de la crise culturelle de l'Etat-Nation providence à celle des membres des appareils idéologiques reproducteurs et en particulier des enseignants qui ne savent plus exactement quoi enseigner à qui, faute de politique cohérente depuis une vingtaine d'années[24]. L'école n'est plus perçue comme un instrument de socialisation, encore moins de mobilité et d'ascension sociale, contrairement à ce qu'a connu ma génération, notamment les Corses et les paysans bas-alpins descendus en ville[25].

Les travaux de Françoise Henry-Lorcerie montrent bien comment la présence « arabo-musulmane » a révélé des problèmes que l'appareil d'Etat (et dont les enseignants, fussent-ils humanistes, militants) ne pouvait traiter sans remettre en question certains de ses fondements idéologiques : l'école est source d'inégalités aussi bien par les différences qu'elle génère que par celles qu'elle ne génère pas ! Les problèmes d'insertion, d'intégration, d'adaptation (mais *à* ou *dans* ou *de* l'école française ?) sont apparus lorsque, d'une part, les gouvernements ont décidé de délégitimer la présence migratoire *maghrébine* en France, et lorsque, d'autre part, la

23. Le travail le plus sérieux sur ce problème a été fourni par Françoise Lorcerie-Henry dans une série de rapports « mis au placard » parce qu'ils dérangeaient les « fromagistes » du système. Elle a heureusement publié plusieurs articles sur ses travaux, *in : Annuaire de l'Afrique du Nord,* t. XX, 1981, pp. 267-298 ; *A.A.N.,* t. XXIII, 1984, pp. 399-425. « Education interculturelle et changement institutionnel : l'expérience française », *Pluralisme et Ecole,* Québec, IQRC, 1988, pp. 223-270.

24. Sur la variation de la politique scolaire cf. le dossier de l'IREMAM, pp. 23-27, le texte des circulaires de 1974, 1978, 1983, 1986 et les statuts des structures : CLIN, CLAN, ELCO, CEFISEM, etc.

25. J. Leca, « Une capacité d'intégration défaillante ? », *Esprit,* n° 10, juin 1985, pp. 9-28.

Communauté européenne a commencé à proposer l'instauration de dispositifs de préservation de la culture des enfants de migrants *européens* dans les pays d'accueil membres de la CEE. Ces deux faits — paradoxaux sinon contradictoires — se situent dans les années 1975-1978. Ils vont conduire à des stratégies parallèles de « réinsertion », de « retour » et d'aide au retour, qui se sont révélées peu efficaces.

Mais, par-dessus tout, ces faits ont conduit à *ethniciser* le problème de la différence. Cette ethnicisation contribuait à masquer le véritable problème (l'apparition de nouvelles identités plurielles) et à sécuriser les agents de l'institution scolaire qui ne savaient plus à quels saints se vouer.

L'intégration fonctionnelle des « Arabo-Maghrébins » et des jeunes mal scolarisés implique la resocialisation des enseignants selon le mot de Basil Bernstein, mais aussi la modulation — à inventer — de l'incroyable rigidité du code scolaire français qui produit un exceptionnel renversement des responsabilités conduisant à la forclusion du social. Les représentants de la Ligue de l'enseignement en sont parfois conscients qui proposent comme Michel Morineau : la « laïcité doit penser une voie nouvelle dont l'interculturalité, c'est-à-dire l'organisation du brassage, la communication, l'utilisation de la porosité des cultures, est sans doute une des hypothèses[26] ».

Dès lors, allons-nous vers une nouvelle identité culturelle ? Pouvons-nous imaginer des allégeances pluriculturelles, voire pluriethniques couplées à des attachements plurinationaux ?

Les jeunes jugent leur groupe d'origine, ses valeurs, ses codes culturels, à partir des critères de la société d'accueil, dans laquelle ils sont en transit ; transit de sens, d'investissements, d'aspirations, de frustrations, de déceptions. Cette situation est mal vécue, d'autant que le jeune « Maghrébin » constate le niveau de son statut, celui de ses parents. Le code culturel d'origine est dévalorisé, déformé, peu gratifiant et la délinquance devient une stratégie identitaire.

L'observation des mouvements des Frères Soledad, des Black Panthers, des Black Muslims fait apparaître que la recherche d'identité communautaire islamique vient lorsque le jeune a fait tout le parcours et qu'il s'en est sorti par miracle. Mais avant d'accomplir ce chemin de Damas, il ne rencontre que distorsions, corruptions,

26. *La Laïcité en débat, op. cit.*

répression. Il va donc dévaloriser, dans la confusion, la tradition et la religion de ses parents, plus exactement, les bribes qu'il en perçoit. D'où une série de conduites/réponses pour combler la destructuration de soi et celle de la famille : amour/haine ; attraction/répulsion ; représentations réductrices imprégnées d'imaginaire ; catégorisation illégitime et imperméable à la perception effective des conduites réelles qui le font passer de « chez nous c'est comme ça ; c'est la religion » à « touche pas à mon pote ».

En effet le seul *lieu* d'accueil est le groupe des pairs dans le quartier, l'école, la banlieue et le football. Les copains, semble-t-il, sont séparés des adultes par la « nouvelle Kulture-Jeune » qui atténue les conflits strictement raciaux en les canalisant sur la compétition sexuelle en particulier. Cette clé permet de comprendre à la fois le drame de l'exogamie (car la destructuration de la famille favorise l'intégration des femmes) et le passage au politique par le tissu associatif plus que par la citoyenneté. Mais les relations restent encore ambiguës dans les bandes de quartiers et asymétriques dans le groupe des pairs. Le rejet n'est pas simple racisme : il nécessite l'infériorisation de l'élément défavorisé que contribue à entretenir l'école républicaine par son système émulatif pseudo-égalitaire. Le jeune « Maghrébin » est dévalorisé dans sa propre culture et dans celle à laquelle il aspire. Ainsi produit-il de l'agressivité, qui produit de l'agressivité, etc. La société « d'accueil » *déréalise* les conduites en niant leur propre dévalorisation pour les traiter comme victimes d'agressions racistes alors qu'il s'agit du processus inverse : l'humanisme de gauche, peccamineux et mal décolonisé, a commis des erreurs par incantation antiraciste.

En fait le jeune « Maghrébin » n'a pas d'ancrage sérieux, ni culturel ni religieux, dans un groupe d'appartenance dont l'identité serait (encore) forte : il est peu et mal arabisé ; peu islamisé et très tenté par l'acculturation au groupe dominant — l'hégémonie étant perçue comme plus performante.

Après un temps d'errance à travers divers groupes de provocations identitaires intenables (cheveux afros, main de Fatma, chapelet, arabité affichée, parfois islamité), l'écart entre la déclaration de filiation et la pratique effective des codes apparaît brutalement. Il ne reste alors que les signes alloplastiques. Malika va tuer MALCOLM X.

Plusieurs itinéraires sont repérables dans les dix ou vingt dernières années (avec des variantes harkis/kabyles/algériennes, mais peu tunisiennes et marocaines), qui tous reviendraient à l'idée ou la démarche suivante : quels modes d'installation dans les groupes de représentations *idéelles* sont les plus gratifiants ? Pour les partisans de l'intégration, la stragégie la meilleure est l'intégration à tout prix et Malika leur crie : « Celles d'entre nous qui ont réussi ne doivent pas être condamnées à devenir les assistantes sociales spécialisées dans l'échec des autres. » Autrement dit, l'intégration va faire disparaître le fromage de l'émigration et certains travailleurs sociaux devront se reconvertir. Même si nous sommes loin du compte, le problème est posé : qui aide qui ? pour quoi faire ? dans quel esprit ?

Nous avons défini quelques grands modèles d'expériences :

Un mode combinatoire, et un modèle éclectique, qui consiste à recomposer, imaginairement, les qualités de la société d'origine avec celles de la société d'accueil, en espérant pouvoir être tout à la fois musulman, laïque, démocrate, républicain et français et peut-être d'autres choses en prime...

Un autre mode plus drastique consiste à revenir à un islam idéel à partir d'une relecture de la société d'origine telle qu'elle est *supposée être* dans le passé, avant l'Autre, avant la colonisation, avant l'Etat-Nation, avant l'exil. Ce mode se combine souvent avec l'idée d'une société nouvelle franco-islamique *telle qu'elle devrait être.* Le jeune devient alors islamiste et produit deux stratégies : soit il enclenche l'idée de retour abandonnée par ses parents ou ses frères, et le service national est pour lui une occasion. Le retour du retour est souvent catastrophique et le jeune homme peut aller jusqu'au délire mystique : j'en connais deux que Dieu Lui-Même a chargé de rénover l'islam ici et là-bas. Plus souvent, le jeune islamiste devient le recteur de conscience de sa famille, de son groupe, voire du quartier (à Marseille, par exemple, un garçon a pris en main une cité abandonnée par tous).

Il connaît mieux le Coran, ce qui le valorise. Il ne disjoint pas toujours le sujet et la réalité car son militantisme trouve place dans le tissu associatif islamiste, et il devient un leader.

La plupart des transitaires, après de difficiles contorsions, choisissent le dépassement des divisions en consacrant leurs efforts dans une « transculture transgroupale » en particulier à travers la musique : d'où la fréquence de mes références au « raï » et à Michael Jackson comme paradigme. Parce que la tradition ruse avec la modernité. L'oralité sociale traditionnelle protège du système techno-bureaucratique du centre[27]. « Elle brouille les messages de la culture officielle par un flot » de paroles, un déluge interne de mots échangés dans la famille ou dans « le voisinage, mots concrets et spécifiques qui contredisent la généralité et l'abstraction des messages officiels. »

Toutes les stratégies de valorisation que je viens d'exposer — et que j'avais dû séparer pour cela — *peuvent se produire en même temps,* et déjouer les catégorisations produites par la société d'accueil.

La limite de l'interculturel, voire son échec[28], tient à l'implicite de l'école républicaine : seul le catéchisme républicain est légitime ; or il est en français dans le texte. Les enfants « maghrébins » se trouvent dans des situations de diglossies, voire de bilinguisme, comparables à celles de nos grands-parents que l'école a matés en extirpant les patois. Le handicap linguistique s'aggrave du fait que l'arabe n'est pas une langue neutre comme le provençal ; elle lie l'adolescent à la religion du Père et à l'Etat d'origine.

Aussi l'Algérie a-t-elle obtenu que certains de ses enseignants viennent dans les écoles et les collèges français pour apprendre l'arabe et la culture d'origine aux enfants : le résultat est assez catastrophique car les systèmes pédagogiques sont profondément différents pour ne pas dire incompatibles. L'enfant dévalorise un peu plus sa culture et, partant, supporte encore moins sa ressemblance avec ses pairs. L'enfant qui s'intègre par l'école, méprise sa langue domestique et maternelle. Elle lui enseigne l'arabe classique en le stigmatisant alors qu'elle devrait enseigner l'arabe dialectal... aux petits Français !

Comment conjuguer les deux cultures ou les bribes efficaces de l'une et de l'autre dans des registres différents, voire concurrentiels, sans devenir fou ? La société « transitoire » pose trop de questions auxquelles les migrants ne peuvent répondre ; la transgression paye pourtant, et beaucoup sont prêts à payer fort cher. S'assimiler en silence ou partir, rentrer dans sa folie, ou l'exil ; la mort aussi parfois, comme le prouve le taux élevé de tentatives de suicide chez les adolescentes nubiles, scolarisées, menacées de renvoi au pays,

27. Yves Barel, *La Marginalité sociale,* PUF, p. 203. La politique éclatée.

28. Cf. Françoise Henry-Lorcerie, *op. cit.*

menacées de mariages, menacées par l'endogamie ou la tradition mal interprétée... Mais s'assimiler en silence ou mourir ne constitue pas une alternative décente. Malika/Malcolm X. crie ; il nous faut l'écouter... Les transitaires sont prêts à payer fort cher pour un gain maximum...

Et pourtant, sociologues, psychiatres et spécialistes du pénal constatent un fait surprenant : l'anormale normalité des Maghrébins ! il n'y a pas de pathologie particulière des migrants, il n'y a pas d'échec scolaire particulier si l'on compare avec l'échec scolaire des autres migrants (espagnols, italiens, portugais, antillais, comoriens) ; il n'y a pas de délinquance spécifique « islamique » ou « maghrébine » ; seulement des règles sociologiques banales, une pathologie urbaine des classes sociales défavorisées dans la réification périphérique. Le problème de la société d'accueil porte donc plutôt sur les distorsions cognitives des motivations et des stratégies de l'Autre.

L'interdisciplinarité telle que nous la pratiquons à Aix-Marseille avec le professeur Scotto[29], constitue à mon sens une voie raisonnable d'exploration du réel. Mais interdisciplinarité ne signifie pas interculturel, pluriethnisme. La culture dominante reste hégémonique. La transplantation favorise le choc individuel du changement et la décompensation se fait par l'adaptation du sujet ; depuis le vieil émigré, kabyle CGT qui se résigne à mourir ici parce que sa petite-fille fait math-sup au lycée Mongrand, jusqu'à l'adolescent scolarisé chez les bonnes sœurs, les allers retours produisent du flou dans les représentations.

Ce bricolage culturel favorise l'exogamie comme forme première de l'intégration, la baisse de fécondité et les mariages mixtes comme stratégies d'intégration.

Malgré la difficulté concrète, le coût social élevé, le prix psychologique à payer, il semblerait que l'hégémonie soit là irréversiblement à l'œuvre. Je crois qu'il faut ici suivre la thèse d'Emmanuel Todd[30] : en France il y a de moins en moins de

29. Nos trois universités réunissent régulièrement, autour de séminaires organisés soit à l'IREMAM soit dans le service du professeur Scotto à Marseille, des journées d'étude où urbanistes, sociologues, anthropologues et psychiatres mettent en commun leurs recherches, sur l'anormale normalité des Migrants maghrébins !

30. Il l'a présentée oralement plusieurs fois à des colloques ou séminaires auxquels j'ai participé. Mais on peut lire son *La Nouvelle France*, Le Seuil, 1988.

mariages et de plus en plus d'enfants « naturels ». Ce système comme modèle favorise l'intégration justement parce que la famille n'est plus un modèle dans la société d'origine ni dans la société d'accueil : c'est au fond le seul point de convergence de deux systèmes culturels concurrentiels et qui continuent de produire des attitudes conflictuelles.

La baisse de la fécondité paraît irréversible, les jeunes femmes françaises « issues de l'émigration » s'alignant sur les comportements de leurs pairesses. Bien plus, le recul de l'âge au mariage, l'apparition du célibat, la réussite, font qu'un certain nombre de « pétroleuses radicales » vont droit dans la vie célibataire à trente ans. Certaines s'essaient au mariage et au concubinage avec des non-musulmans désignés très péjorativement encore dans l'argot arabo-dialectal (Ga'oui).

Les chiffres que nous possédons depuis le recensement de 1982 et quelques sondages effectués à Marseille et dans la région Provence-Alpes-Côte d'Azur permettent d'affirmer que cette nouvelle stratégie est également irréversible.

Le vrai problème tient au fait qu'il y a de moins en moins de mariages dans la société française. Ainsi, le modèle de la société d'accueil (mariage hypergamique) n'influence plus les nouveaux couples. Le conformisme matrimonial (ascension sociale de la personne qui a réussi confortant sa position par un mariage au-dessus de sa condition initiale) tente les Beurettes mais ne fonctionne pas réellement car les obstacles sont nombreux. Si la dérive matrilinéaire de la société française facilite le processus d'intégration, *c'est aussi* parce que le modèle « maghrébin » de famille endogamique[31] patrilinéaire est cassé par la migration et la sédentarisation. Les jeunes femmes suréduquées, suralphabétisées, affrontent les attitudes conflictuelles de deux groupes en transgressant la religion du père. L'interprétation de l'interdit du mariage d'une musulmane avec un non-musulman est orthodoxe mais peut faire l'objet d'une autre interprétation à mon avis : « Ne donnez vos filles à ceux qui ne croient pas en un Dieu unique que lorsqu'ils auront la foi... » (S.2, v.221). Le mot exact « *mushrikin* » signifiant « associationistes » ou « polythéistes ».

De toute façon, même si les individus sont intégrés, la commu-

31. Alors que le Coran insiste sur l'horreur de l'inceste Sourate 4, v. 43, 22, 23, etc.

nauté ne l'est pas parce que, précisément, l'intégration de l'individu implique la désintégration de la communauté. Si, de plus, le processus confirme la désintégration des normes religieuses, il est alors possible d'avancer une hypothèse supplémentaire : les religions minoritaires comme le judaïsme et l'islam en France, n'ont pu survivre que face à une Eglise catholique forte ; la disparition de l'hégémonie catholique peut aboutir à la faiblesse des religions minoritaires. Cette thèse est soutenue également par Emmanuel Todd et confirme celle de Marcel Gauchet [32]. Cette hypothèse s'est vérifiée historiquement avec le judaïsme provençal. Elle me paraît pour l'instant à la fois réfutable, si j'en juge par le renouveau juif et musulman, et pertinente si ce renouveau est le résultat de la reprise en main par l'Eglise catholique de son rôle classique de montreur de doctrine indiscutée. Ce débat me paraît au cœur des enjeux actuels dans une France qui devra bien renégocier sa séparation entre l'Etat et ses Eglises... ou laisser la place à des revendications identitaires confessionnelles qu'elle ne pourra plus gérer.

L'islam présent en France nous a donc conduit à revoir d'une façon plus critique l'universalité de l'un des concepts fondamentaux de nos certitudes : la laïcité.

32. *Le Désenchantement du monde,* Gallimard : le christianisme est la religion de la sortie de la religion à cause de la séparation entre Dieu et César.

VII

ISLAM ET LAÏCITÉ

La nécessité de l'exposé m'a obligé à séparer culturel et cultuel, mais il est aisé de comprendre que le point de jonction des deux remet en question le concept central de notre système éducatif national : la laïcité, dont j'ai affirmé qu'elle était violée par ceux-là mêmes qui en font la base éthique de leur légitimité et de leur profession de foi. Là encore le problème s'est posé parce qu'est apparue une demande sociale qui ne pouvait être traitée dans le seul cadre des modèles sociaux préexistants. La présence massive et sédentarisée de l'islam de France, qui se veut islam français, nous oblige désormais à repenser la laïcité.

Quels problèmes l'islam pose-t-il à la France ?

La question apparente et martelée par les hommes politiques et les médias porte sur l'obstacle autant politique que religieux que constituerait l'islam, en soi, à une bonne intégration des musulmans. Cette question n'est que la partie émergée de l'iceberg. L'islam soulève une série d'interrogations sur l'universalité des concepts fondamentaux de la République, et l'affirmation des grands principes inscrits aux frontons des édifices publics. Mais faire appel a priori à l'inconciabilité des valeurs de l'islam et du christianisme pour expliquer le refus de la France par les Maghrébins ou le refus des Maghrébins par la France, en oubliant entre autres le poids de la décolonisation, revient à attribuer aux systèmes culturels la responsabilité des fautes et des errements des hommes. Je reste convaincu que l'islam français est une chance pour l'islam parce qu'il va être amené à réaliser ici et maintenant une synthèse vitale. Mais pour ce faire les acteurs sociaux des deux cultures doivent avoir conscience de la fécondité de cette réciprocité et revenir sur certaines de leurs convictions. Le problème ne peut être surmonté qu'ensemble[1].

Il y a quelques mois, Jean-Louis Schlegel[2] affirmait que cette question se posait à un moment où la tradition catholique était ébranlée. Mais l'Histoire s'accélère parfois. Aujourd'hui, nous constatons que l'épiscopat catholique, depuis sa réunion de Lourdes en octobre 1988, s'est engagé à nouveau sur le chemin dynamique de la reprise en main du secteur « public » en affirmant haut et fort des limites minimales sur le plan de la sexualité, de la moralité des mœurs et sur la relecture profane de *son* histoire..., d'aurant que le denier du culte n'est plus ce qu'il était et que l'épiscopat est obligé aujourd'hui d'en passer par des campagnes de pub... *volens nolens.* Si la crise de l'école est liée à l'affluence, celle de l'Eglise est liée à la désaffection et l'oblige à se repenser comme non hégémonique.

La demande sociale d'islam a joué là un rôle non négligeable. Il ne faut pas oublier par ailleurs que l'Eglise est talonnée par ses intégristes et que ceux-ci s'étaient donné en leur temps une doctrine pour défendre le catholicisme intégral qui se référait *(Sodalitium pianum)* à saint Pie V, le pape de la dernière croisade et de la victoire de Lépante sur les Turcs (1571).

Par-delà le fait que les mosquées *apparaissent comme mieux remplies que les églises,* les problèmes que soulèvent l'application du droit musulman — la polygamie étant le cas limite —, la demande de catéchèse, la gestion de la mort, etc., ouvrent une faille dans le césaro-papisme laïque et montrent les limites de l'idée de différence et surtout du droit à la reconnaissance de la différence. Celle-ci ne saurait porter atteinte ni remettre en cause l'un des fondements sociaux de l'Occident : la famille et le couple monogamique qui sont suffisamment menacés par la modernité sans que l'islam vienne encore compliquer le problème.

Autrement dit, l'islam français en France pose le problème des

1. Nous sommes plusieurs à tracer des routes, et des ponts surtout. Il faut lire le dossier du Centre Thomas More (Lyon, La Tourette, L'Arbresle) n° 53, *Religion et laïcité, une approche « laïque » de l'islam,* par Mohammed Arkoun et Henri Sanson.

2. Dans un article très fécond dans l'ouvrage collectif cité *La Citoyenneté,* pp. 295 sq.

limites réelles du concept de laïcité, la fragilité de son universalité parce qu'il pose la question de la remise en cause de ses fondements « occidentaux ».

Cette question apparaît d'autant plus « désagréable » qu'elle émane moins de la deuxième religion en France, que de ceux qui ne supportent pas cet état de fait. L'islam est numériquement la deuxième religion de France mais sociologiquement elle est portée par un groupe dominé, défavorisé, réduit au silence politique et en pleine évolution. D'aucuns comprennent enfin qu'elle est porteuse de grands changements politiques et culturels.

Je voudrais, avant d'aborder cette question, rappeler une fois de plus que l'imaginaire a toujours joué en défaveur de l'Autre; témoins ces deux citations choisies entre mille : « Qui êtes-vous bonnes gens ? et d'où venez-vous ? », interpelle Michelet dénonçant la conspiration jésuitique. « Par où êtes-vous passés ? La sentinelle de France ne veillait pas bien cette nuit à la frontière, car elle ne vous a pas vus... Gens qui voyagez la nuit, je vous ai vus le jour ; je ne me souviens que trop de ceux qui vous amenèrent : c'était en 1815; votre nom... c'est l'étranger. » Raoul Girardet[3] rappelle l'ancienneté et la permanence du complot que dénonçait déjà Joseph de Maistre.

Mais, jusqu'à l'indépendance de l'Algérie, le complot s'était cantonné dans les limites cohérentes du judéo-maçonnisme...

« *On verra dans un siècle, la France, en pleine décroissance démographique compter 10 à 15 millions d'habitants juifs contre 20 à 25 millions d'authentiques français !* », s'écriait A. de Boisandré dans son *Petit Cathéchisme antijuif* de 1899 réédité en 1942...

La France ne manque pas de néo-antisémites, qui furent avant tout et toujours antisémites, antijésuites, antiprotestants, antimaçons et même anticatholiques pour soutenir qu'elle est menacée de « libanisation » ou, pis, de devenir musulmane parce que « ces gens-là font des enfants comme des lapins »... Certes M. de Lesquen[4] et le Club de l'Horloge ne s'expriment pas en public aussi grossièrement que les amis de M. Le Pen en privé ; ils parlent notamment de

3. R. Girardet, *Mythes et mythologies politiques, op. cit.*, p. 42. Mais il faut lire tout le chapitre sur le complot judéo-maçonnico-jésuitique.

4. M. de Lesquen dit en effet des choses fort subtiles, même si sa thèse a glissé de la race à la culture... Cf. par exemple ses remarques à la

« préférence nationale ». Lorsque le Front national dénonce le « lobby de l'émigration », il fait écho à l'éternelle thèse du complot. On se demande d'ailleurs si M. Le Pen n'appartient pas lui-même au lobby de l'émigration, parce que sans ce thème, il serait tout de même un peu court dans ses discours politiques. Rendons grâce à

---

commission de nationalité, *op. cit.*, pp. 425, 426, 430. Il n'a manifestement pas compris, lorsqu'il préconise le *Jus sanguinis,* que beaucoup de Beurs sont justement Français... par ce droit-là. Non, je pense qu'il a fort bien compris ; à moins qu'il estime qu'un fils de héros de Cassino, musulman, n'est pas digne d'être Français. Il existe à Aix-en-Provence un cimetière curieusement nommé « américain » qui contient quelques milliers de tombes, sur plusieurs hectares, de soldats coloniaux, maghrébins et africains, qui sont morts pour nous délivrer de la peste brune. M. de Lesquen ne peut pas ne pas savoir cela.

5. Affiche électorale, mai 1988, placardée à Aix-en-Provence et à Marseille.

Jeanne : Dieu merci, sur ce point, les Bougnoules servent la vraie France. Certains agissent plus clairement encore : Me Arnaud de Lassus dénonce l'Ennemi lors des journées de l'amitié française à la Mutualité, le 16 octobre 1983 : « Les quatre super-puissances qui colonisent la France... le marxiste, le maçonnique, le juif, le protestant que symbolisent les ministres Fitterman, Hernu, Badinter et Rocard... » Nouveau discours ou discours éculé ? Qui est dupe ? La Nouvelle Droite dissimule mal les oripeaux de la Droite éternelle. Le préfixe néo n'a jamais rien changé à l'affaire : les concepts grecs ou hégéliens sont-ils universels ? Voilà la question... Belle occasion de faire le point sur le consensus national, comme ce fut le cas au moment de l'affaire Dreyfus ?

La laïcité française est-elle un accident de l'Histoire ou un progrès dans l'histoire de l'Humanité ? Est-elle une idéologie comme les autres et le laïcisme une doctrine qui peut produire ses propres « intégristes » ? Pouvons-nous sans danger céder sur ce point au chantage du droit à la différence ? Il n'est pas possible de faire l'économie de cette série de questions. Et le drame serait que nous soyons amenés à découvrir qu'au fond la laïcité n'est que l'expression idéologique des intérêts de la petite bourgeoisie parasitaire mise en danger par la modernité mondiale. Nous assisterions dans ce cas, d'ici 1992, à de beaux combats d'arrière-garde et à des chassés-croisés qui ressembleraient furieusement à ceux de la fin du XIXe, lorsque la droite et la gauche inversèrent leurs positions internationalistes et nationalitaires...

L'islam refuse la séparation

Les musulmans, exception faite de ceux qui ont été formés dans la mouvance de l'école française, ne considèrent pas la laïcité comme un concept universel. Encore moins considèrent-ils comme pertinente l'opposition des sphères privée et publique, religieuse et laïque. Les croyants et pratiquants musulmans induisent même, au titre des méfaits de l'Occident, l'athéisme et l'apostasie, à l'imitation servile de l'Occident, par les élites transculturées et donc perverties. Est-il nécessaire de préciser que cette opinion se fonde sur une méconnaissance de la pensée arabe qui, dès le IXe siècle, bien avant l'Europe, avait clairement posé ces problèmes ? De même, les musulmans n'ont pas envie de connaître certains pans de leur propre histoire et les philosophes arabes comme les mutazilites ou les zindiqs, ont payé fort cher cette atteinte portée au cœur même de l'islam.

Le débat est à ce point occulté que même le mot « laïcité » est équivoque en arabe : il est très difficile de préciser la date d'entrée dans les dictionnaires arabes du terme qui est utilisé aujourd'hui : *al-Almaneya.* Sa racine trilitère est ʿALM et peut renvoyer à savoir/ science ; signe/étendard/drapeau ; monde et univers, selon que l'on modifie la première voyelle ʿA. Cette dernière acception est communément admise mais ne supprime pas l'ambiguïté.

Excepté les réflexions puissantes de philosophes anciens auxquels je faisais allusion, le concept arrive en Egypte, à l'époque contemporaine, avec l'*Aufklärung,* l'expédition Bonaparte, les saint-simoniens et les francs-maçons. L'idée d'une laïcité étatique et scolaire, celle de J. Ferry et de Renan — que la IIIᵉ République va ériger en dogme — est tout à fait étrangère à la pensée islamique. Mais elle n'est pas étrangère à la pensée arabo-musulmane : là encore il s'agit de préciser le contenu du discours. Si par exemple je pars de la définition que propose Renan en 1882 : « La laïcité, c'est-à-dire l'Etat neutre entre les religions, tolérant pour tous les cultes et forçant l'Eglise à lui obéir en ce point capital », je peux affirmer que cette définition n'a pas de sens pour un musulman puisqu'il n'y a pas d'Eglise... ni d'Etat ; l'universalité de la définition est ici prise en défaut.

Pourtant le texte coranique lui-même proclame : « La *ʿiqraha fi-al-Din* », qui peut se traduire par : « Pas de contrainte en religion. » Le texte sacré est plein de ces affirmations : « Quiconque veut croire, qu'il soit croyant ; et mécroit qui veut » (S. 18, v. 29)... « Tout bien qui t'arrive vient de Dieu ; tout mal qui t'arrive vient de toi » (S. 4, v. 79). Il ne s'agit pas là d'indifférence en matière religieuse : la sûreté de l'islam quant à sa suprême pertinence, sa conviction de la clôture de la Prophétie avec la mission mohamédienne, ont conduit les sociétés musulmanes historiques à organiser très strictement le culte des autres religions reconnues [6], sans que ce droit fût toujours et partout appliqué avec une extrême rigueur.

En revanche, cette organisation hiérarchisait les croyances, ne

6. B. Etienne, *L'Islamisme radical, op. cit.* Le chapitre sur la Dhimma et les hiérarchies musulmanes, p. 79 sqq.

laissant aucune place à l'athéisme ou aux autres cultes non monothéistes. La présence coloniale a modifié cette attitude générale en deux sens paradoxaux : elle a renforcé la conviction de la supériorité des musulmans et du danger représenté par l'Autre (chrétien, juif et surtout athée) ; en même temps, elle a permis à certains intellectuels de poser le problème de la séparation du religieux et du politique. Ainsi, en Egypte, dans les années 1925-1926, s'instaure un débat toujours actuel[7] et qui fait l'objet de controverses virulentes, pas seulement dans les milieux islamistes.

Sans sombrer dans les fantasmes occidentaux sur le multiconfessionnalisme libanais, ni même faire allusion au statut réel des minorités chrétiennes (coptes égyptiens, chrétiens, palestiniens et libanais ou syriens), on constate qu'il n'est pas aisé de vivre la laïcité aujourd'hui dans aucun pays arabo-musulman[8], malgré des expériences incroyablement laïques comme celle du Baath syrien. La confusion entre le spirituel et le temporel, qui caractériserait l'islam, est une « vérité première/erreur première » qu'il faut rapidement éliminer ; l'islam n'a jamais confondu ces deux instances. Par contre il est plus pertinent de se demander si peut exister une séparation entre les sphères du privé et du public ; plus précisément, quel type de droit peut s'appliquer aux individus confrontés à des défis sociologiques et historiques apparemment incompatibles avec leur islamité. La réponse est claire : le droit musulman (le *fiqh*) est le fait des hommes et non pas de la transcendance, et chaque fois que l'islam s'est trouvé face à ce type d'obstacles il l'a résolu par le pragmatisme le plus efficace : nécessité fait loi et Dieu connaît les véritables intentions.

7. Ce débat est initié par un ouvrage célèbre d'un héritier de la prestigieuse Université d'Al-Azhar qui le chassera, comme elle critiquera férocement son continuateur actuel pourtant très haut magistrat connu. Ali Abderrazak, *Al-Islam wa Usul al-Hukm,* 1926 (*L'Islam et les principes gouvernementaux*) dont on trouvera des extraits en français dans A. Abdel-malek, *La Pensée arabe contemporaine,* Le Seuil, p. 68 sq. Muhammad al-Ashmawi, *Al-Islam al-Siyasi (L'Islam politique),* Le Caire, Sina lil Nashr, 1988.

8. H. Sanson, *Laïcité islamique en Algérie,* CNRS, Aix-en-Provence, 1983. Cet essai constitue un des rares témoignages de cette expérience. Cf., du même, un admirable exercice (sur le modèle de Loyola) : *Liberté spirituelle : retraite en terre d'Islam,* Rome, Centrum Ignatium spiritualitatis, 1988.

Les concepts d'intention droite (*al-Niyya*) et de nécessité (*al-Darura*) sont les deux clés de la compréhension ; la jurisprudence musulmane ou islamique est si complexe, si vaste et si contradictoire, que sans ces deux notions, elle serait incompréhensible et totalement illogique, voire opposée au texte sacré. D'autant qu'il est toujours possible de leur ajouter l'idée d'intérêt public *(al-Maslaha al-ʿAmma)* qui permet, couplée à l'effort d'interprétation personnelle et rationnelle (*al-ljtihad*), de résoudre à peu près tous les problèmes qui ne mettent pas en question le texte coranique lui-même... et encore ! Ainsi Mohammed Arkoun distingue-t-il le « fait coranique » (la Parole de Dieu et la fonction prophétique) du fait islamique (la culture, les institutions, les codes éthico-juridiques qui *expriment historiquement* ce fait coranique). Le langage religieux du fait coranique s'épanouit sur trois plans solidaires : le culte, la Loi (*al-Shariʿa*) et la pensée dans lesquels seul l'Ordre reste transcendantal. Certains maîtres prônant d'autres lectures ajoutent que la loi est faite pour les ignorants...

Même dans ces branches très particulières, le droit musulman a rencontré des coutumes et des logiques juridiques fort différentes. Les docteurs de la loi ont donc été amenés à ajouter à l'intention droite et à la nécessité tout un arsenal de ruses, *al-Hyal,* subterfuges et subtilités juridiques propres à détourner l'esprit des lois. De plus, l'individu peut changer de rite (en fait d'école d'interprétation jurisprudentielle) et trouver dans l'immensité du corpus canonique l'affirmation et la négation de la plupart des opinions des docteurs... C'est dire que la *Shari'a* contient en elle-même les voies de sa malléabilité, de son adaptabilité et même de son détournement.

Mohammed Arkoun rappelle sans cesse que l'unanimité des musulmans à considérer les énoncés de la Vulgate officielle constituée à l'époque du calife Othman (vers 650) comme représentant la totalité de la Révélation constitue un état de fait et ne correspond pas à la réalité, encore moins à l'état du droit ; de même pour les recensions des dits du Prophète *(hadith)* au cours du IXe siècle par Bokhari et Muslim. En ce sens il est donc possible de soutenir que la Tradition *(al-Sunna)* doit être soumise au crible de l'analyse historique et des sciences sociales. Mais cela signifie aussi, par delà la discussion théologique, la possibilité qu'émerge en France une réflexion féconde sur ce point. Concrètement, « l'Islam » ne constitue nullement un obstacle à l'intégration, du moins il n'est pas un obstacle différent, spécifique et non analysable.

D'ailleurs, quelle règle, imprescriptible autant que définitive, voudrait qu'une société purement laïque ne puisse puiser l'essentiel de ses paradigmes dans un Livre Saint sans pour autant mettre en danger l'exercice de ses responsabilités ? Il n'y a, à mes yeux, pas assez de différences originelles, entre les trois religions monothéistes, pour que ce qui est advenu par le christianisme ne profite pas au judaïsme et à l'islam. Sur ce point il faut pourtant tenir compte de l'opinion contraire de Marcel Gauchet[9], qui pense que le christianisme est « religion de la sortie de la religion ». Mais cette discussion philosophique, comme d'ailleurs celle plus politique sur la nature de l'Etat hégélien, si elles se posent *là-bas,* dans les pays d'origine, peuvent être envisagées ici de tout autre manière. L'islam en effet partage avec les autres religions les pressions exercées par la sécularisation, l'urbanisation, l'individualisme et surtout le « consumérisme » qui produit cette « double » faim de démocratie, de pain et de culture. Si, historiquement, certaines dynasties (dont la première, les Omeyyades) se sont arrogé le pouvoir spirituel[10], il n'y a pas aujourd'hui d'autre possibilité en France, pour l'islam, que de refaire le parcours des autres religions. Quant aux dynasties arabes actuelles, elles périront comme toutes les autres : par le tyrannicide puisqu'elles se sont revêtues du manteau du Prophète comme le firent ses successeurs assassinés[11].

Pourquoi n'assisterions-nous pas aujourd'hui en France à une application originale du droit musulman se créant au fur et à mesure pour répondre aux problèmes spécifiques posés aux musulmans français ? D'autant plus — et c'est la deuxième piste que je voudrais signaler — qu'historiquement les exemples foisonnent : les Arabes et les musulmans ont été de très grands voyageurs, ils ont *vu* et décrit l'Autre, eux aussi. Mieux, une tradition attestée et légitimée dans des hadiths sunnites et chiîtes répète : « L'islam a commencé expatrié, il redeviendra expatrié... Heureux les expatriés. » Maints émigrés me l'ont confirmé... « Nous sommes tous des *Muhajirun,* vivant le martyre du Prophète chassé de La Mecque... », faisant

9. M. Gauchet, *Désenchantement du monde,* Gallimard, 1985.
10. Sans aucun fondement comme l'ont clairement démontré des auteurs classiques et modernes. En particulier M. Arkoun dans toute son œuvre. Cf. entre autres références le texte du Centre Thomas More, p. 57.
11. Cf. l'*Islamisme radical, op. cit.*

ainsi référence aux Emigrés/*Muhajirun* qui suivirent Mohammed dans son exil/fuite *(Hijra)*.

Comment oublier que cette curiosité des musulmans fit d'eux des grands géographes (le mot est arabe), et leur permit d'absorber de nombreuses cultures sans les étouffer, de l'Iran à la Berbérie. Cette sinuosité rend caduc le paradigme d'un islam idéal type historique concret immuable et qui ne saurait s'adapter à la société française sans l'adopter...

Les musulmans sont, en France, confrontés à la question : comment ne pas perdre la transcendance dans le cadre des lois de la République ? La religion musulmane peut-elle être vécue au jour le jour, dans la sphère du privé sans que cela produise de trop grandes difficultés de conscience ou des pratiques excessives alors que cela apparaît aux yeux de certains comme une aberration théorique ?

Personne n'a signalé qu'au cours d'une émission de télévision, Mme Jazaerli, conseillère juridique de la Mosquée de Paris m'a répondu à ce propos qu'entre l'application de la *Chari'a* et le droit civil, c'est ce dernier qui s'imposait en France... Elle l'a redit lors d'une émission télévisée sur les femmes dans l'islam en compagnie de Magali Morsy [12]. Il apparaît clairement que les Français s'interrogent sur ces deux points : la laïcité et la condition juridique de la femme. (Je rappelle que ces deux questions figuraient comme prioritaires dans le travail de réflexion confié au Sanhedrin napoléonien... en 1806.)

Sur la première question, j'en suis arrivé à la conclusion suivante : La laïcité est un mode de vie social et politique, que la France et, en partie seulement, les Etats de l'Europe de l'Ouest ont adopté après plus d'un siècle de luttes opiniâtres intestines. Les Etats-Unis, à mon avis, ne sont pas laïques et l'URSS a longtemps pratiqué la lutte antireligieuse plutôt que la démocratisation séculière et laïque... Il m'apparaît donc que la laïcité à la française est un accident de l'histoire. Pourquoi alors incriminer l'islam de ne pas comprendre ce fait historique rare et de n'y point adhérer ? Un historien sérieux (en matière de laïcité règnent plutôt l'invective, les certitudes et convictions idéologiques) nous a-t-il donné quelque explication satisfaisante ? Marcel Gauchet voit dans le contenu intrinsèque du christianisme qui a séparé César en rendant à Dieu ce qui est à Dieu, la cause déterminante de la laïcité à la française.

12. Antenne 2, le 4 septembre 1988.

Belle commodité de langage plus que pratique réelle, car le monothéisme ne peut se penser en dehors du Tout-à-Dieu même si Celui-ci est le Tout-Autre. Mais l'islam n'a jamais donné quoi que ce soit à César et n'a donc pas eu besoin de le lui reprendre...

Est-ce alors notre héritage juridique romain, ou nos traditions germaniques ? A moins que ce ne soit la philosophie grecque, ou le sujet séparé, cher à Kant et pressenti par Spinoza ? Autrement dit, quelle exceptionnelle conjoncture cyclique a fait qu'en ce lieu, le peuple de France ait tué Dieu, le roi et son père en un acte dont la symbolique ne trouve d'équivalent qu'avec Aaron ; celui-ci créa un dieu à la tête d'animal qui ressemblait furieusement à la Déesse-Mère bien qu'il soit connu sous l'appellation contrôlée de Veau d'Or. Moïse, de rage, en brisa les Tables de la Loi ; sa colère ressemblait alors, *mutatis mutandis,* à celle de J.-M. Le Pen prenant la tête de la croisade anti-islamique en brandissant l'étendard de Jeanne d'Arc...

Abdallah Laroui, intellectuel marocain fécond, pense que nous pourrons répondre à cette question plus tard... car rien ne permet d'affirmer que la laïcité sera une notion toujours interdite à la dogmatique islamique[13]. Je pense effectivement — et M. Arkoun a largement exploré cette voie — que tout est encore jouable en France et que l'islam français, l'islam en France, va profiter de cette occasion qui lui est offerte de se tester : le paradigme islam-idéal-historique-concret est en ce sens un outil de travail, falsifiable pour le plus grand bonheur des hommes qui vivent.

Le voile

La situation de la femme fait l'objet du même type d'analyse a-historique. Si la femme musulmane est dans cet état d'infériorité insupportable aux Français, pris tout à coup d'un humanisme fébrile pour l'Autre, c'est bien entendu à cause du Coran... Certes, mais ces mêmes Français, qui n'ont bien sûr jamais lu le Coran dans le texte, se posent rarement la question de savoir comment les femmes « chrétiennes » qui ont eu, pendant *dix-neuf* siècles, un statut bien inférieur à celui de la femme musulmane (qui lui n'a que quatorze siècles...), ont pu briser ce statut, tout au moins le rendre

13. *Islam et modernité,* La Découverte, 1987, p. 172.

« vivable ». Là encore rendons à César... S'agit-il d'une spécificité du christianisme, du judaïsme [14] et de l'islam, ou s'agit-il d'une loi générale d'évolution des sociétés holistes, modernes et capitalistes ?

Dans ce cas, comment les sociétés périphériques échapperont-elles à cette *loi?* De toute façon, les musulmans en France n'y échapperont pas. Là encore, si les anthropologues ont observé cette règle, la « société civile » s'aveugle et préfère appliquer la critique historique aux autres qu'à soi-même... surtout depuis que l'Histoire s'universalise et que la mondialisation menace « notre » identité.

Les plus récents travaux de M. Arkoun et de Fatima Mernissi [15] confirment l'intérêt de l'anthropologie religieuse comparée : il faut, pour les interpréter, replacer les sourates incriminées dans le contexte de leur révélation et les passer au crible de l'histoire. Sans entamer pour autant la foi du croyant, pour deux raisons. La première est que Dieu connaît « l'intention droite » des hommes et qu'Il est le seul Juge. La seconde tient au fait, répété mille fois et toujours occulté, que l'islam a été confronté à des situations historiques complexes sur quatorze siècles, et qu'il ne faut pas confondre les pratiques des hommes en situation et la loi transcendante. La notion « d'état de nécessité » permet de répondre aux défis concrets auxquels sont confrontés les croyants, dans des termes que l'on retrouve à l'identique chez Maïmonide et sa fameuse *Lettre aux juifs du Yémen...*

Ainsi, sur le plan exemplaire du statut de la femme, est-il même possible de soutenir avec Fatima Mernissi que le Prophète fut un véritable émancipateur des femmes et que peu à peu reprirent le dessus, contre la Révélation, non seulement les intérêts des nantis, des puissants mais les vieilles habitudes bédouines et « machistes » (je préfère le terme de « rajouliste ») des Arabes et des Méditerranéens, patrilinéaristes, segmentaires. Il est remarquable de constater que les sociétés corse, kabyle, sicilienne, ibérique ont parfaitement résisté sur ce plan aux religions monothéistes. Germaine Tillon l'avait démontré dans un livre aujourd'hui oublié, *Le Harem et les cousins.*

14. Michèle Biton-Papillon, *Le Mythe de Lilith : de la féminité démoniaque au féminisme, op. cit.*

15. Fatima Mernissi, *Le Harem politique. Le Prophète et les femmes,* Paris, Albin Michel, 1987.

Cf. également Magali Morsy *in Notre Histoire,* n° 44, numéro spécial.

En effet, une étude « orthodoxe » de l'exemple donné par le prophète Mohammed lui-même, tel qu'il apparaît à travers les biographies *(Sirat)* même apologétiques, montre qu'il érigea leur autonomie économique en principe dont nous ne connaissons pas d'équivalents historiques jusqu'au XXe siècle européen. Ses femmes, ses filles et même Sakina (ou Sukeina), sa petite-fille la plus fameuse, menèrent des combats guerriers, politiques et économiques à côté des hommes et parfois sans leur accord ni leur soutien ; Aïcha bien sûr qui succéda à l'épouse-première-musulmane Khadija, mais aussi Umm Selma, mère autonome de quatre filles, Fatima épouse de ʿAli, sans oublier Safiya la juive et Maria la copte...

Deux problèmes tracassent les Français aujourd'hui : le voile et la polygamie. Il faut lire avec attention le chapitre que Fatima Mernissi leur consacre, l'exemple le plus frappant restant le port du *Hijab*. Ils illustrent parfaitement la technique de détournement de la révélation. Il faut d'abord expliquer les conditions de la « descente de la sourate » 33 verset 53, révélée dans des circonstances précises. Le *Hijab* tire son origine d'une portée d'ordre éthique marquant la volonté de rupture entre le profane et le sacré. Ce n'est que bien plus tard que le sens se matérialisera pour marquer l'isolement de la femme et sa coupure d'avec le monde extérieur. Le voile qui protège la musulmane devient un rideau qui écarte la femme. Le port du voile par la femme musulmane est conçu — le texte coranique lui-même le précise — comme le signe distinctif qui la désigne en tant que musulmane afin « qu'elle soit reconnue et qu'elle ne soit point offensée ». C'est bien à travers cette lecture que les militantes islamistes le portent comme valorisation, voire comme signe de réponse à la stigmatisation, au fond comme une sorte d'étoile jaune à l'adresse de la société d'accueil.

Le détournement de ce sens a été le fait d'une société fondée sur la domination masculine[16] s'enfermant de plus en plus dans des mécanismes d'exclusion de l'Autre. La colonisation vint légitimer et remettre à l'honneur l'aspect protecteur du voile ; le cycle recommence alors : libération nationalitaire, ré-enfermement avec, chaque fois, de grands débats entre ceux que le Coran nomme des

16. Je voudrais rappeler une fois encore ce mot de Marcel Mauss : « Nous n'avons fait que la moitié de la sociologie », *in Essais de sociologie...*, p. 137.

« Hypocrites/*Munafaqun* » et ceux qui restent fidèles au texte, lequel, au VIIe siècle, fait incontestablement de la femme l'égale de l'homme devant Dieu (les chrétiens auraient-ils oublié leurs propres positions en la matière ?). La Sourate 33, « les factions » ou « les coalisés », verset 35, balance dix fois le féminin et le masculin :

« Les musulmans et les musulmanes (les soumis et les soumises à Dieu), les croyants et les croyantes, les orants et les orantes, ceux et celles qui sont toujours véridiques et sincères, ceux et celles qui sont constants (qui font preuve de patience), ceux et celles qui redoutent (Dieu), ceux et celles qui font l'aumône, ceux et celles qui jeûnent, ceux et celles qui sont chastes (ceux et celles qui voilent leurs parties intimes), ceux et celles qui invoquent beaucoup (Dieu), qui ne cessent d'évoquer Dieu en pensées et en paroles.

« Pour ceux-là (Dieu) a préparé la pardon et une rétribution immense. »

J'ai volontairement donné plusieurs traductions, le texte étant en fait plus concis. Mais cette même sourate répète plusieurs fois des mises en garde afin que les musulmans (ou musulmanes) ne retombent pas dans l'anarchie des temps anté-islamiques. Il faut donc bien resituer le verset révélé dans son contexte historique ; tout le reste est le fait des hommes. Et les hommes sont les hommes, dit la Tradition : « Ne mettez pas au compte de Dieu ce qui est le fait des hommes. »

La polygamie

Certes, le Coran dit que la famille est l'unité sociale de base ; la femme a donc été définie par son statut d'épouse. Or sur la polygamie qui tracasse les Français, force est de constater à quel point la situation a fluctué dans les textes et dans l'histoire. Tout prouve que, mises à part quelques scories de *notre* passé colonial, aucune raison ne milite en faveur de l'application d'un pseudo-droit à la polygamie en France.

Si l'on retourne aux textes plusieurs variables déterminantes apparaissent : le Coran commence par moraliser la pratique « jahiliyenne » anté-islamique et limite la polygamie ; puis il donne un statut juridique à l'épouse et permet à la femme d'hériter... véritable révolution au VIIe siècle, dans une société tribale, patrilinéaire où les femmes font partie du butin. Enfin le texte coranique précise : « Si vous craignez de ne pas être équitable, n'en prenez qu'une... » Certes les Arabes qui vont partir à la conquête du monde et dont beaucoup meurent au combat, continuent à épouser leurs belles-sœurs veuves (selon une pratique comparable au Lévirat judaïque) pour que les enfants restent dans la généalogie ; certes les riches arabes, dans les périodes fastes ont abusé de ce « droit ». Mais les hommes pieux en ont toujours donné une interprétation restrictive, ils n'en ont jamais fait une obligation, comme le croit un vain peuple.

Il faut au contraire, à la suite de M. Arkoun et F. Mernissi, rappeler que les hommes qui détournent le message, qui trahissent l'islam, qui assènent des vérités premières au nom du sacré ou qui parent de la légitimité religieuse une interprétation en réalité sociale et contingente, le Coran les voue aux gémonies : « Ceux qui scellent les preuves et la direction que nous avons fait descendre après que nous avons montré aux hommes ce qui est dans l'Ecriture, ceux-là Dieu les maudit... » La traduction mot à mot semble être : « Oui, ceux qui cachent ce que nous avons fait descendre en fait de preuves et de guidance après l'exposé fait aux gens dans le Livre, voilà ceux que Dieu maudit et maudissent les maudisseurs... » (2, 159) ; ou encore : « Ceux qui se taisent sur ce que nous avons fait descendre comme preuves évidentes et bonne direction... » La sourate « La vache » ou « La génisse » est pleine de cet avertissement sous différentes formes dans les versets 59, 41, 23 et 24, 12, etc.

J'affirmerai, en conclusion de ce développement, que la division sociale sexuelle produisant cette phobie antiféminine constitue bien une caractéristique de la société arabe comme de la plupart des sociétés méditerranéennes, mais certainement pas de la culture musulmane. Bien au contraire, toutes les interprétations antiféminines par la suite sont le fait des hommes parce que le Coran était sur ce point trop « révolutionnaire ». Ainsi, puis-je en déduire que le texte coranique n'est nullement un obstacle à l'intégration... les hommes, oui. Mais je ne suis pas assez naïf pour espérer qu'une grande théologie féminine remettra les choses à leur vraie place. Si j'en juge par les débats à ce sujet dans les deux autres religions monothéistes, je précise tout simplement que l'islam n'est pas en retard.

Par contre, l'alternative demeure : face à une société laïcisée et sécularisée, l'islam moniste produit des résistances à cause de sa réticence à hiérarchiser les droits de la Cité ou de l'Homme avant ceux de Dieu. Le problème n'est politique qu'en apparence ; il est l'antagonisme entre l'immanent et le transcendantal qui reste insoluble pour les *trois* religions. Si le christianisme a cédé, *partout où il est minoritaire politiquement,* il persiste dans cette attitude partout où il est majoritaire et chaque fois qu'il le peut. Pourquoi en irait-il autrement pour l'islam ?

Désormais en France, l'islam *français* a le choix entre le maintien du système religieux dominant et l'impossibilité d'accéder à la modernité ; ou l'acceptation du processus qui cantonne la religion pour l'essentiel dans la sphère du privé.

La France offre un espace de liberté « gallicane » que les plus hautes autorités musulmanes actuelles en France semblent apprécier, comme en témoigne cette réflexion du recteur de la Mosquée de Paris [17].

Ezzedine Mestiri : « Commment l'islam peut-il évoluer dans la société française et au sein d'un Etat laïque ?

Cheikh Abbas : — Notre religion doit s'accommoder de toute situation aussi inédite soit-elle, et exister dans tout environnement socio-culturel. Etre musulman ce n'est pas passer son temps à savoir quelle attitude il faut avoir vis-à-vis de tel Etat ! Etre musulman c'est vivre sa foi dans une relation sincère et honnête avec Dieu et les hommes. A ma connaissance, l'Etat français, laïque certes, n'embarrasse aucun croyant. Avec des mosquées ou sans, l'Etat français ne nous a jamais empêchés de prier dans nos foyers, avec nos familles, et d'œuvrer pour la solidarité et la justice. Je dirais même que, parce que la société française est imprégnée par cette laïcité, il nous est plus aisé peut-être de vivre notre foi... L'islam doit épouser son époque moderne et entrer dans son siècle par l'intelligence de ses hommes... L'alimentation n'est pas la question principale. Les interdits dans ce domaine sont connus : la consommation du porc et de l'alcool. Tout le reste n'est pas important... »

Il me semble qu'au fond l'islam est la recherche de la *paix* (*SLM*) *intérieure par la soumission* (*ISLM*) à la volonté de l'*un.* Allah ne s'exprimant pas plus clairement que Yavhé ou que Dieu, l'islam présente ce grand avantage que chaque croyant peut interpréter cette volonté avec sa raison (*al-Aql*) et le secours des Ecritures.

17. *Hommes et migrations,* n° 1102, avril 1987.

La société d'accueil est-elle prête à relire ses propres certitudes à l'écoute des interrogations de l'Autre qui devient partie intégrante d'elle-même ?

La France fonde la séparation

La laïcité telle que la définissait Renan en 1882 ne revient pas à l'indifférence en matière religieuse bien au contraire : l'Etat est neutre, tolérant, et force l'Eglise catholique à lui obéir en ce point capital. Jules Ferry avait développé cette idée l'année précédente devant le Sénat : « Nous n'avons pas éliminé l'enseignement religieux, nous avons seulement dit qu'il cesserait d'être donné par l'instituteur et qu'il serait donné par le ministre du culte. Le catholicisme religieux, qui est une manifestation de la conscience d'une si grande partie de la population française, a droit à notre respect et à notre protection dans la limite du contrat qui lie les cultes à l'Etat ; nous avons voulu la lutte anticléricale, mais la lutte religieuse, jamais. » Quel texte admirable mais aussi quel chemin parcouru depuis : l'Eglise a compris le grand service que la République lui a rendu en la « séparant ». Ainsi Mgr Coffy, archevêque de Marseille, pouvait-il me dire en toute sérénité que le problème de la catéchèse portait moins sur l'enseignement privé confessionnel que sur la possibilité de l'assurer le mercredi dans les établissements publics. Quand je lui demande s'il estime que cette mesure doit s'appliquer aussi aux autres religions, il en convient. Mais je n'ai pas osé lui demander de définir la limite du mot « religion »[18].

Et quelle ne fut pas ma surprise de lire dans *Le Figaro-Magazine* d'octobre 1988 que plus de 60 % des Français trouvaient normal que l'on enseignât l'islam dans les lycées... Voilà qui ouvre de nouvelles perspectives. Encore que l'enseignement religieux soit une affaire trop sérieuse pour être laissé à la seule compétence des curés, des rabbins et des imams. Pour ma part je préférerais que cet

18. J'imagine la tête de certains inspecteurs académiques devant une demande de ce type émanant des bouddhistes fort bien représentés dans notre région... Il est vrai que le bouddhisme n'est sans doute pas une religion.

enseignement soit confié à des savants, pas nécessairement laïques, *a fortiori* laïquards. Mais cette décision, si elle était jamais appliquée, nécessiterait une intense réflexion sur un problème insupportable pour les producteurs de légitimité républicaine : instituteurs, travailleurs sociaux, membres de la LICRA et des Droits de l'Homme, ou de la Ligue de l'enseignement et des parents d'élèves, etc. qui vivent d'autant de « fromages » en tant qu'apparatchiks et dont la seule production est leur propre discours de légitimation, sautant sur leur chaise comme des cabris en criant « laïcité ! laïcité ! laïcité !... ».

La société française est en effet très ambiguë : elle est à la fois catholique, grossièrement, laïque, parfois laïquarde, et méprise tous les autres cultes qu'elle assimile avec une facilité déconcertante à des sectes. Et pourtant, dans sa pratique réelle, la France a bien intégré les différents seuils de sécularisation puis de laïcisation qu'elle a subis.

Robespierre avait compris que tuer le roi revenait à dénuder brutalement le pouvoir. Il voulut créer un culte d'Etat pour le peuple, dont Voltaire pensait méchamment qu'il avait besoin d'opium... Paris vécut donc l'aventure, plutôt pittoresque de la fête de la Fédération et de l'Etre suprême. Après cette expérience, la France fut sans doute le premier Etat moderne à comprendre qu'il n'avait pas à assumer le *salut* de ses citoyens.

La première étape vers la sécularisation est constituée par le Concordat (15 août-8 septembre 1801) et les Articles organiques de 1802. Il ne s'agit pas encore de laïcisation car Buonaparte, sous lequel avait déjà percé Napoléon, avait encore besoin de l'Eglise qu'il voulait mettre au pas, c'est-à-dire à sa botte.

Cette période va durer jusqu'en 1905 ; la loi de séparation constitue le deuxième palier par lequel la société française passe à la laïcisation (à l'exception de l'Alsace-Lorraine, « allemande » en 1905). Cette expérience est très riche d'enseignement pour mon propos. A travers le cas « juif », elle va aboutir à la constitution d'une distinction fondamentale entre la sphère du privé et celle du public — appliquée aux religions. Cette séparation implique la distinction entre le *culte intérieur* privé et n'autorise les cérémonies et les emblèmes religieux qu'à l'intérieur des églises, et le *culte extérieur* qui n'est *public* que dans la limite des règlements de police exigés par la tranquillité publique.

Grossièrement il est possible de résumer ces étapes de la façon suivante. En 1791 le Comtat Venaissin est réuni à la France ; en même temps tous les juifs de France sont « émancipés » : ils ne sont d'ailleurs nombreux qu'en Alsace et dans le Sud-Est. En 1801 le Concordat reconnaît la religion catholique comme « religion de la majorité des Français ». En 1807, présidé par Furtado de Bordeaux, se réunit le Grand Sanhédrin convoqué par Napoléon en 1806. Il eut à traiter de l'exogamie et donc de la capacité des juifs au mariage mixte, et de la fidélité des juifs à la France. Ceux-ci étaient extrêmement divisés. Pour simplifier, il y avait les « assimilationistes », plutôt originaires du Sud de la France, et les Alsaciens que l'on appelait « allemands » plus vigilants sur la spécificité. Le débat me semble le même aujourd'hui à propos des musulmans...

Les décisions finales firent l'objet de publications juridiques en 1808 et prévoyaient une période expérimentale sur dix ans, au bout de laquelle les décrets ne furent pas renouvelés. Heureusement, car ces textes méritèrent immédiatement le titre d' « infâme décret » : ils reprenaient *de facto* l'accusation d'usure... Par ailleurs, ils organisaient la répartition territoriale des consistoires chargés de l'administration du culte et de l'enseignement dans les départements où se trouvaient plus de 2000 juifs.

Les juifs accédaient à l'état civil de droit commun. Il faut rappeler que les protestants l'avaient obtenu de Louis XVI en 1787 et que celui-ci avait chargé Malesherbes de réfléchir au cas des juifs. La Charte de 1830 supprime la notion de *religion d'Etat.*

Avec la législation de 1905, les consistoires se transforment en associations *cultuelles,* c'est-à-dire dans la seconde phase.

Pour l'anecdote et la mémoire gommeuse, il faut signaler que les juifs d'Algérie deviennent citoyens français en 1870 avec les décrets Crémieux, alors que les trois consistoires algériens avaient été rattachés au Consistoire central en 1862. Ce détour illustre la différence de traitement d'une communauté à une autre, puisque les Français musulmans de souche nord-africaine (*sic !*), citoyens de seconde zone, ont dû attendre presque cent ans pour devenir à leur tour Français à part entière, en 1958. Et ceux-là mêmes (dont Le Pen) qui étaient les plus attachés à ce que l'Algérie restât française manifestent le plus grand acharnement pour que les Algériens français ne le soient plus : nouvel exemple de non-dit et de notre mémoire oublieuse.

Un aussi bref résumé ne saurait faire oublier toutes les difficultés, toutes les formes qu'a prises l'antisémitisme, de l'affaire Dreyfus à

Vichy. Ce ne fut pas simple en effet, d'autant que se mettaient en place, parallèlement, les structures nationalistes puis internationales du sionisme.

Toutefois, le débat sur l'octroi des droits civiques et politiques avait commencé bien avant, à propos des protestants, qui les obtinrent (le 29 décembre 1789), alors qu'en dépit de la supplique de Mirabeau, ils étaient refusés aux juifs.

Je voudrais m'arrêter un instant sur les discours de cette époque : ceux de Pierre Bayle, Mirabeau, mais aussi de l'abbé Grégoire, qui défendent l'idée de tolérance[19] car je suis toujours surpris de l'amnésie totale des Français qui invoquent en 1987, deux cents ans après, lors du non-débat sur le code de la nationalité, les mêmes arguments, qu'on en juge.

Robespierre : « Les vices des juifs naissent de l'avilissement dans lequel vous les avez plongés ; ils seront bons quand ils pourront trouver quelque avantage à l'être » (discours du 23 novembre 1789). Il faut lire l'admirable *Sur Moses Mendelssohn et sur la réforme politique des juifs* (1787) de Mirabeau qui, comme l'abbé Grégoire, affirme que les juifs sont hommes « comme nous avant d'être juifs » et que leurs défauts sont causés par leurs tribulations. (En va-t-il différemment aujourd'hui pour les Beurs ?) Il insiste sur l'aspect religieux : « Mais la religion des juifs... ne contient certainement pas de principes antisociaux... ne contient en elle-même aucun précepte de haine... Que le chrétien et le circoncis, soit juif, soit musulman, s'écartent les uns des autres, le grand et noble emploi du gouvernement consiste à faire en sorte que chacune de ces divisions tourne au profit de la plus grande société. »[20]

Dans son *Rapport sur la nécessité et les moyens d'anéantir les patois et d'universaliser l'usage de la langue française,* l'abbé Grégoire, quant à lui, a clairement « annoncé la couleur » en précisant que l'intégration est indispensable par l'éradication linguistique. Le jacobin convaincu pense alors que le yiddish doit subir le même sort..., afin que naisse l'homme nouveau : assimiler en laminant selon la forte expression de Simon Dubnov, apôtre de la Nation juive. Il ne faudrait jamais oublier que la remarque est

19. Dans son *Traité de tolérance universelle,* Pierre Bayle réclamait, en 1713, « la liberté pour toutes les croyances et pour le juif, païen, mahométan, romain, luthérien, calviniste, arminien... ».

20. Cf. annexe I.

pertinente pour tous les groupes réclamant le maintien de leur différence.

Les problèmes que pose l'islam *ne seront pas tous résolus par décret,* notamment le droit privé, l'implantation des mosquées ou le statut de « communautés » qui apparaissent quasi insolubles.

Je voudrais rappeler deux contradictions majeures qui me semblent constituer en amont un premier obstacle à l'application du droit privé. Le premier est objectif : la démographie française est en baisse et le capitalisme a besoin de force de travail. Résoudrons-nous simplement par l'informatique, comme certains le croient, le problème du paiement de nos retraites et celui de la baisse de la population active ? Cette contradiction se double d'une contradiction idéologique qui tient aux caractéristiques de la gauche. Celle-ci doit en effet à la fois combattre l'exploitation des travailleurs, fussent-ils immigrés, par les capitalistes et tous les propriétaires, et dans le même temps affirmer le principe de la France terre d'asile qui propose au monde entier de bénéficier des droits inhérents à la personne humaine dont elle est le chantre[21].

Si la plupart des minorités se sont jusqu'ici glissées dans le moule de cette générosité en adhérant à l'Etat de droit, la minorité musulmane propose une alternative inadmissible pour la logique jacobine : en ce qui concerne la sphère du privé, l'application d'un droit particulier; en ce qui concerne la sphère du public, une représentation sur des bases particularistes et non générales.

Ainsi l'Etat de droit se trouve-t-il au bout de sa propre logique : en vertu de la reconnaissance du droit à la différence et dans le cadre de la décentralisation, doit-il reconnaître un droit d'héritage spécifique — la polygamie — et le droit à une éducation séparée ? A moins que, comme dans quelques pays européens, il accepte de financer le personnel cultuel qui remplit des fonctions culturelles (c'est le cas dans les trois départements alsaciens). Encore faudrait-il que ce personnel soit français.

Qui peut imaginer de confier des enfants français de confession

21. Je ne traite pas ici du problème des réfugiés. Cf. Bulletin du CEDRI (Comité européen pour la Défense des Réfugiés et Immigrés), Forcalquier, France et Bâle, Suisse, n° 8, décembre 1985 : « Minitour d'Europe de la honte... »

musulmane à des professeurs d'arabe issus de l'université d'Al-Azhar qui enseigneraient l'instruction civique ?

Il me semble que la République n'est pas prête à cette alternative. L'obstacle une fois encore se situe dans la société d'accueil plus que chez les musulmans qui, après tout, ne sont pas hostiles à leur propre mobilité dans le *Dar al-Islam.* Mais, alors, des conflits peuvent se poser si les concurrences entre droits ne sont pas clairement limitées.

Les règles du droit privé français, derrière une apparence générale et impersonnelle, structurent une société privée en fait essentiellement chrétienne pour ce qui concerne les rapports hommes-femmes-enfants et l'appropriation des biens. Le droit musulman envisage les choses un peu différemment non sans difficulté pour les magistrats français en attendant que le législateur en soit saisi[22]. La tension maximale porte évidemment sur les femmes et les enfants ; si l'on ajoute au ressentiment colonial le machisme ethnique, il est clair que la République est mise en danger sur le point précis où elle proclame la nécessité de l'assimilation. En attendant, elle pourrait du moins remettre en vigueur l'enseignement du droit musulman dans les facultés de droit et à l'école de la magistrature...

Dans les prochaines années, la représentation politique va en être modifiée puisqu'un certain nombre de musulmans français se présentent aux élections sous cette étiquette.

Ce phénomène demeurerait secondaire s'il ne se produisait pas au moment où Basques et Corses remettent en question l'unité de la République, tandis que la communauté arménienne avance des revendications spécifiques sur un autre terrain. Ainsi force est de constater que les minorités peuvent jouer sur plusieurs registres mais ne sont pas prêtes à céder sur ce qui fait leur spécificité. Bien au contraire, au fur et à mesure que l'Etat patauge dans les contradictions d'un droit qu'il produit, l'affirmation de l'entre-soi face à l'altérité et à l'assimilation s'exacerbe.

22. Outre sa prestation devant la commission du code de la nationalité, on pourra lire les nombreux articles de Mme Costa-Lascoux dans différentes revues spécialisées, notamment : « Intégration et nationalité », *in* l'ouvrage collectif coordonné par C. Withol de Wenden, *La Citoyenneté, op. cit.*, pp. 89-121.

Le cas le plus typique est la demande de lieux de culte par les musulmans. La Mosquée, en effet, plus que tout autre espace symbolise le lieu de l'autoaffirmation, de l'identité communautaire[23] de groupes sociaux dont je précise qu'ils ne sont plus simplement catégorisables comme « travailleurs » ou comme « nationaux-étrangers ». Un certain nombre de musulmans de la région de Marseille ont été interrogés : que signifie pour eux la nécessité de disposer de lieux de culte autres que ceux que le misérabilisme paternaliste de gauche leur octroie ? A part les caves et les pièces transformées dans les HLM, il n'est pas possible de concevoir une implantation « neutre » d'une mosquée n'importe où. L'ambiguïté de la mosquée en France hors du *Dar al-Islam* réside bien là, dans son statut cosmique et non pas dans la présence ou non d'un minaret ou des haut-parleurs pour l'appel à la prière. Les Français se trompent encore de cible parce qu'ils ne savent plus qu'une église est elle aussi orientée, parce que le sens du sacré s'est perdu lorsque le culte est devenu « show » et la langue, profane... L'islam vient brutalement leur rappeler cette règle commune à tous les lieux « sacrés », séparés, c'est-à-dire non profanes : la mosquée nécessite un ordonnancement qui la place dans la logique d'une cosmogonie particulière de l'ordre du monde musulman[24].

La mosquée n'est pas une église consacrée. Mais elle est *orientée* vers La Mecque selon un axe à la fois symbolique et géographique : cette situation fait que tout musulman prie dans la même direction. Cette lecture, qui peut être faite aussi des autres lieux de cultes de l'islam, comme la Ka'aba de La Mecque, est aussi pertinente pour comprendre une église, même si la plupart des chrétiens ont oublié cette symbolique. Pour les musulmans priant en rangs serrés, les pieds nus, orientés tous ensemble vers l'est, il ne fait pas de doute : c'est bien dans la mosquée, lieu ordonnant le monde, que se crée le sens qui restructure les émigrés perdus, occidentalisés, les croyants en déréliction et les prolétaires aliénés...

23. B. Etienne, « La mosquée comme lieu d'identité communautaire », *Les Maghrébins en France,* CHEAM-FNSP, M. Morsy Ed., 1985.

24. Que j'ai représenté par une série de schémas dans *Les Nord-Africains en France, op. cit.*, p. 135 sq.

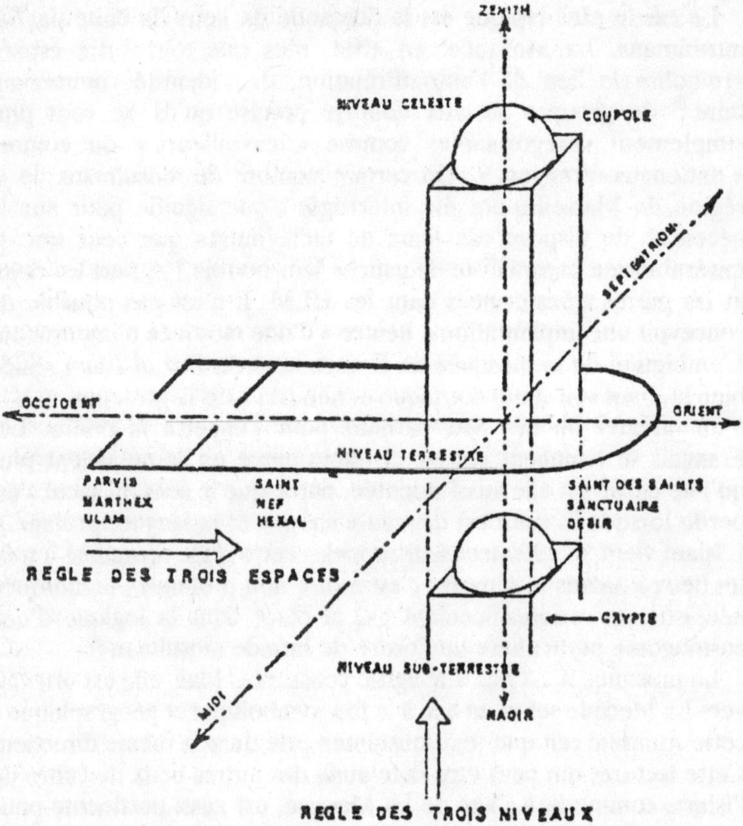

Mosquée type à partir d'un plan « cosmogonique »
Tiré de R. Berteaux, *La Voie symbolique*, Paris, 1978.

L'islam étant désormais la deuxième religion en France — même si l'on ne décompte que les musulmans ayant la nationalité française et, à plus forte raison, si l'on y ajoute l'ensemble des musulmans qui peuvent être Comoriens, Sénégalais, et pas seulement Maghrébins — comment se fait-il qu'aucune ou pratiquement aucune initiative publique ne soit prise en vue de la construction d'édifices religieux, de l'installation d'écoles coraniques partout où il y a des musulmans ? Qu'en est-il de la querelle scolaire envisagée d'un point de vue non catholique ? Qu'en est-il des aumôneries dans les lycées, les prisons et les facultés ? Comment gérer les interdits alimentaires dans les cantines ? les jours fériés religieux ? Qu'en est-il de la gestion de la mort ?

Le minaret contre le beffroi

Les problèmes concrets se posent en effet essentiellement au niveau communal. Si, en théorie, la République ne subventionne aucun culte, j'ai montré plus haut que les aides par le biais des associations entraient dans la logique des choses. Et aucun conseil municipal[25] ayant voté une subvention pour le local de l'Eglise adventiste du énième jour, ou d'une secte quelconque (car la définition anthropologique de la secte ne satisferait certainement pas les autorités religieuses), ne saurait refuser à un groupe de citoyens de confession musulmane l'autorisation de transformer un garage humide ou une arrière-boutique d'épicerie en lieu décent ayant pignon sur rue, même sans minaret, pour que le culte dû à Dieu soit rendu dignement. A Marseille, l'enjeu était tellement important sur le plan électoral (et sur le plan financier !) que l'ensemble du dossier a été renvoyé à « après les élections » communales de 1989, puis après les européennes, enfin aux calendes grecques... Une pétition a même circulé contre Robert Vigouroux favorable à la construction d'une grande mosquée. Mais nous ne pourrons pas éviter longtemps le débat, puisque le même problème se pose à Lyon, à Lille et ailleurs.

Face aux exigences des enfants musulmans de la troisième génération, le législateur va se trouver assez rapidement confronté à des difficultés juridiques extrêmement délicates.

Peut-on faire passer un examen le vendredi ? Faut-il établir des menus spéciaux dans les cantines scolaires ? Peut-on interrompre un enseignement en période de ramadan ? etc. A titre d'exemple, en 1988, le Yom Kippour est tombé un mercredi... Les fêtes musulmanes (cf. Annexe IV) (comme les fêtes juives) étant fonction du calendrier lunaire, le problème se pose pour les enfants et les travailleurs musulmans. Le calendrier chrétien-républicain devrait

25. Dans l'enquête effectuée à Aix et Marseille nous avons pu chiffrer le nombre des lieux de cultes : il est surprenant. 17 sectes répertoriées ont pignon sur rue et, rien qu'à Aix, il existe au moins 3 temples bouddhistes...

être sinon révisé tout au moins modulé, dans le cadre de l'assouplissement des heures de travail par exemple. Et pourquoi ne pas signaler les fêtes juives et musulmanes à côté des fêtes chrétiennes ? Cette éducation quotidienne permettrait à certains de constater que l'agneau pascal est partagé par les autres religions monothéistes sans que les uns ni les autres se convient mutuellement au banquet-catharsis de leurs holocaustes communs et réciproques...

A moins que la société ne continue, comme le disait Marcel Mauss, à se payer elle-même de la fausse monnaie de ses rêves en s'imaginant que les émigrés vont massivement rentrer chez eux. Dans cette hypothèse, il faudrait songer à les remplacer rapidement au risque de tomber de Charybde en Scylla...

La mosquée est en même temps le lieu de l'identité communautaire, un enjeu entre les musulmans français et étrangers, et, bien davantage, entre les musulmans étrangers eux-mêmes[26].

Les musulmans de nationalité française entendent tout simplement exiger de la République qu'elle leur permette d'être de bons musulmans dans le cadre de la législation française qu'ils respectent et qu'ils assument. J'ai pu ainsi constater un chassé-croisé à Aix et à Marseille entre différents groupes qui supportent mal l'amalgame grossier reproduit par la presse et, hélas, par certains ministres et non des moindres, entre intégristes et terroristes... Pour ces musulmans français, il s'agit tout simplement, *à partir d'associations culturelles légales,* d'obtenir le droit d'ouvrir des lieux de culte décents et de pouvoir donner à leurs enfants un enseignement religieux qui soit conforme à leurs convictions. Jusqu'à présent, les préfectures refusent sans explications ni motivations, les autorisations aux associations culturelles qui demandent le statut prévu par la loi de 1905. Ce qui me laisse supposer que le préfet, à tout le moins, se pose la question de la pertinence de la question...

Cf. Document sur la Fédération islamique, ci-contre et l'acceptation du Préfet au titre de la Loi de 1901.

Et pourtant la solution semble bien résider dans cette dualité de la demande : sociale ou religieuse ? La question n'est ni claire pour les acteurs sociaux ni facile à résoudre pour l'Etat. Les services sociaux des communes répondent plutôt en termes de « social »; ils ont

26. Cf. mon article dans *Les Temps modernes,* n° spécial sur l'émigration.

REPUBLIQUE FRANCAISE

PREFECTURE DES BOUCHES-DU-RHONE NO DOSSIER 3/18408

ASSOCIATIONS
(Loi du 1er juillet 1901)

RECEPISSE DE DECLARATION

Vu la loi du 1er juillet 1901 relative au contrat d'association;
Vu le décret du 16 aout 1901, portant règlement d'administration publique pour l'exécution de la loi précitée;

Le Préfet de la Région Provence, Alpes, Côte d'Azur Préfet des Bouches-du-Rhône
Officier de la légion d'honneur

Certifie avoir reçu de MR DAHMANI BACHIR

demeurant N°86 "BAT B3" LE BOSQUET 13010
MARSEILLE

une déclaration le 21 JUIN 1988

par laquelle il-elle fait connaitre la constitution d'une association ayant pour titre :

FEDERATION REGIONALE DES MUSULMANS DU SUD DE LA FRANCE

dont le siège social est situé 68 RUE ALFRED CURTEL
MARSEILLE

13010 MARSEILLE

ainsi que deux exemplaires des statuts de ladite association

MARSEILLE, le 21 JUIN 1988

POUR Le Préfet de la Région Provence, Alpes, Côte d'Azur
Préfet des Bouches-du-Rhône

PRÉFECTURE DES BOUCHES-DU-RHÔNE – Administration Générale 1er Bureau

par délégation
Le Chef du Bureau
de l'Administration Générale
et des Expropriations

A. ROCHAT

Extrait du décret du 16 aout 1901

Article 1er. La déclaration prévue par l'article 5, paragraphe 2, de la loi du 1er juillet 1901 est faite par ceux qui, à un titre quelconque, sont chargés de l'administration ou de la direction de l'association.
Dans le délai d'un mois elle est rendue publique au moyen de l'insertion au Journal Officiel, d'un extrait contenant la date de la déclaration, le titre et l'objet de l'association, ainsi que l'indication de son siège social."

Extrait de la loi du 1er juillet 1901

Les associations sont tenues de faire connaitre dans les trois mois tous les changements survenus dans leur administration ou leur direction, ainsi que toutes les modifications apportées à leurs statuts.

quelques raisons pour cela, même si elles me paraissent limitées ; mais nous savons que les services publics répugnent à traiter du religieux, — sans doute à juste titre.

La marginalité culturelle et sociale des émigrés et d'un certain nombre de français musulmans est à la fois un produit et un facteur du chômage et de la délinquance. Cela dit, avec toutes les précautions dues à notre méconnaissance de la réalité, cette marginalité illustre l'histoire en train de se faire, à travers l'intégration, l'assimilation, ou la constitution de ghettos et de groupes sans doute radicaux, type « White Muslims », à travers aussi quelques pathologies dont nous suivons des traces à Marseille et ailleurs : délires mystiques, régressions identitaires.

J'ai déjà essayé de proposer quelques explications sur l'ambivalence que rencontrent les maghrébins (?) qui vivent la transculturation de manière anxiogène : non seulement le passage d'une culture à l'autre est compliqué, puisqu'il s'agit d'adhérer à la culture hégémonique, dominatrice et destructrice d'identité, mais de plus celle-ci est perçue comme étrangère (allogène en tout cas) et implique l'abandon apparent de la culture religieuse d'origine. Certes, le plus souvent, les acteurs sociaux connaissent mal les deux aspects de cette culture (culturel et religieux). La transition est donc moins traumatisante que dans un cas de conversion par exemple.

Il faut cependant ajouter l'autre dimension de la migration : le travail, l'aliénation capitaliste se fait au prix de l'abandon des solidarités communautaires. Le passage au travail salarié, par exemple, perturbe l'équilibre d'une famille lorsque la fille gagne plus que son père ou ses frères... Mais il apprend aussi de nouvelles solidarités. Encore que les ouvriers émigrés ne se fassent plus d'illusions sur les capacités d'intégration dans la classe ouvrière. Nous retrouvons alors un grand principe (à la fois marxien et durkheimien) : l'anomie précède la réification capitaliste et seul le retour à l'islam peut éviter l'aliénation. Tout au moins la religion, loin d'apparaître comme « opium du peuple », permet-elle de ne pas sombrer dans l'absence d'identité : le migrant veut tout gagner de la société d'accueil ; pour cela il est prêt à tout perdre et en particulier ce qu'il a laissé là-bas. Mais un dernier sursaut lui fait demander qu'on lui laisse un peu d'islam.

La demande du sacré véhiculant un besoin primordial de sécurité est un remède à la schizophrénie menaçante ; en tout cas elle fournit un compromis face aux modèles étrangers (allogènes et alloglottes).

Les mutations sociales et, dans le cas des musulmans en France, la mobilité géographique, impliquent des mutations dans la conduite religieuse qui n'ont pas encore été bien étudiées[27].

Pour ma part, je constate que l'acteur social fournit deux types de réponse fort différentes : le recours à la religion « privée » comme l'a si bien démontré Sossie Andezian dans son enquête sur Aix précisément[28]. Mais alors se pose une question théorique : l'islam peut-il être réduit à la « religion privée » ? Le non ferme et unanime des réponses à mon questionnaire l'emporte : l'islam est « *din wa dunya wa dawlat* » — à la fois religion, monde, et Etat. Il va donc falloir faire admettre aux musulmans tous les avantages qu'ils peuvent tirer de la séparation, à l'instar des catholiques qui s'y opposèrent au début du siècle et qui en tirent tous les bénéfices aujourd'hui en matière de locaux et d'enseignement. Il faut les convaincre qu'il est possible d'être présent au monde sans être mondain.

La deuxième attitude est celle de la demande de rite. Celle-ci peut également être divisée en deux catégories : les retrouvailles des rites de la société d'origine, surtout à travers quatre d'entre eux : circoncision, mariage, pèlerinage et *Aïd el-Adha* (fête du sacrifice). J'hésite à ajouter : enterrement au douar d'origine, c'est-à-dire en *Dar al-Islam* qui est plus une retrouvaille *post-mortem,* et pourtant massivement attestée dans l'enquête. En effet les plus âgés font des économies qu'ils ajoutent à l'assurance prévue par l'Amicale, ce qui permet aux familles de « rapatrier » le corps du défunt en *Dar al-Islam*... Ce commerce porte sur des milliers de cas chaque année et rapporte gros à quelques officines spécialisées[29]...

Mais la nébuleuse de la tradition musulmane avec ses quatre rites connote plus l'indice de sociabilité dans la référence radicale à la *'aidat* (*coutumes*), la coutume paternelle, qu'une véritable piété. En effet la confusion règne entre ce que les demandeurs de sacré attribuent à la religion et ce qui ne ressort que de coutumes, bribes de bagages importés par les parents, primo-arrivants, reliquats

27. Sauf dans de fort belles thèses universitaires, entre autres : K. Bouguerra, Dhalil Jamal, A. Mrabet, *et alii, in Les Temps modernes,* n° spécial sur l'émigration et le n° spécial d'*Esprit.*

28. Outre sa thèse, un bon article dans la revue *Archives des S.S.R.,* n° 35/I, 1983.

29. Il y a bien longtemps que les anthropologues expliquent comment la sainteté rapporte. Cf. *L'Islam maghrébin en 1979 : 1400 H,* CNRS, 1981.

d'une mémoire communautaire largement entamée par la modernité, par la migration et par l'urbanisation.

Seule la demande de rite, et elle seule, me semble du domaine de *Din* (religion) : *la demande de mosquée,* bien que le mot utilisé, « *din* »[30], ne recouvre pas exactement la notion de « religion » mais plutôt un ensemble d'obligations qui effectivement ne peuvent être remplies que dans certains cas. Aussi la demande sociale est-elle réelle même si elle se trompe de champ et confond coutumes et obligations de la foi.

Cette attente me paraît plus forte lorsqu'elle émane de musulmans français qui n'ont plus que des référents mythiques avec le *Dar al-Islam* ou le pays d'origine. Ils n'ont plus à déculpabiliser en sanctifiant la loi du Père. Ils ont à vivre en musulmans en France ; c'est un tout autre projet. Ainsi la modernisation rituelle est-elle facilement admise parce que la tradition est acceptée. Dans le cas des mariages, on assiste le plus souvent à deux cérémonies. Un mariage parfaitement moderne, en robe blanche, cortège de voitures qui klaxonnent, etc. Et, à quelques heures d'intervalle, un autre, traditionnel, dans les cités, où une jeune fille nous dit qu'elle regrette toutefois qu'il n'y ait pas de fantasia avec les chevaux et le baroud...

La génération dite « deuxième »[31] se sécularise et se socialise dans un monde moderne dont elle assume fort mal les contradictions. Les adolescents sont actuellement scolarisés dans le système français, et stigmatisés par la générosité de ceux qui veulent, au nom de la différence, leur faire apprendre leur langue maternelle ou leur culture d'origine[32].

30. La notion de *din* recouvre au moins trois sens : jugement-rétribution selon la référence hébraïco-araméenne ; coutume-usage, dette, créance et soumission, dans la version plus arabe ; enfin « religion » immuable, vraie. Mais il s'agit là d'un débat complexe qui concerne les linguistes et les théologiens...

31. Imprécision du vocabulaire : première, deuxième génération. Statistiquement ceux de la première (nés en France) sont plus nombreux et d'autres sont de la... troisième !

32. En effet l'application de certaines circulaires conduit à des absurdités : la langue maternelle d'un enfant né à Marseille est définie comme celle d'origine, celle de ses parents, origine vérifiée par l'onomastique. L'enfant kabyle apprend ainsi... l'arabe ! cf. Françoise Lorcerie. Une série de rapports et d'articles dont on peut trouver le résumé dans la revue *Grand Maghreb,* n°s 32-33-34-35 de l'année 1984.

Ils sont pénalisés de cette différence parce qu'ils n'ont pas ou plus la culture originelle. L'enquête que j'ai menée à Marseille révèle que certains s'essaient à la lecture de l'islam et des traductions du Coran à partir de la langue française et non pas de l'arabe. D'autres apprennent le latin. Peu sont réellement bilingues mais tous sont en état de diglossie (arabe dialectal-arabe classique-« slang » berbéro-marseillais). Et rares sont ceux qui maîtrisent bien le français *et* l'arabe. Autrement dit la schizophrénie est devenue leur norme. L'irréparable est à l'œuvre.

La communauté : mais ça n'existe pas !

Lorsque la survie d'un groupe devient, pour ses membres, un objectif opposable aux objectifs individuels que, par ailleurs, ils se considèrent autorisés à poursuivre, on dira que ce groupement peut constituer une communauté ou qu'il est en voie de communalisation, *Vergmeinshaftung* (Weber)[33]. Et pourtant la presse retentit des clameurs des hommes politiques ou des gens pressés : la communauté algérienne, ou la communauté juive, ou la communauté harkie, ou la communauté pied-noir... bref une fois de plus la taxinomie dissimule mal l'incapacité à nommer... et à penser la lutte des classes !

Le fait que la France préfère les Etats aux groupes informels, ajouté à la tradition anti-islamique du parti socialiste français, place les musulmans en France dans une situation correspondant à celle des *dhimmi* en pays arabo-musulmans : minoritaires à statut « protégé », par une sorte de renversement ironique dont l'histoire a le secret.

Outre cette constatation, il faut rappeler une fois de plus l'ensemble des éléments constitutifs de l'imaginaire français : les croisades, la colonisation, la guerre d'Algérie, l'expédition de Suez, la présence massive des rapatriés, etc. Cet ensemble fait ressortir d'une façon très aiguë l'insupportabilité de l'établissement d'une communauté musulmane en France, dans une société disponible pour l'aventure xénophobe et prête à entendre les propos imprudents de divers hommes politiques. Il me paraît douteux en effet que

33. F. Bourricaud, *Dictionnaire critique de la sociologie*, PUF, p. 76.

les chiîtes, fort peu nombreux en France, puissent organiser la révolte de la classe ouvrière dans l'industrie automobile alors qu'ils ont tant de mal à expliquer aux immigrés qu'ils ne sont pas hérétiques. Certes, à Marseille, quelques cassettes traduites en arabe dialectal par les étudiants irakiens à destination des immigrés sur le thème : « Ni chiîtes ni sunnites, tous musulmans ! » ont circulé il y a quelques années. Ces cassettes n'ont trouvé qu'un écho paradoxal chez les « Béni-Gavroches » des quartiers Nord : « Notre Père, donnez-nous notre ration quotidienne, vive le shit ! » Le complot irano-libyen s'est effondré comme un soufflé... Le vrai problème de l'influence étrangère demeure : peut-être les Français avaient-ils simplement été trompés sur l'identité des Etats intéressés au contrôle des musulmans de France...

Le financement des communautés musulmanes suscite la même suspicion de la part des Français et des autorités qui voient sans arrêt la main de l'étranger derrière toute activité islamique. C'est faire peu de cas d'une pratique tout à fait banale dans la communauté musulmane, la *Zakat,* qui est la version islamique du denier du culte. Son homologue juif est remarquablement utilisé par les consistoires et les associations juives y compris étrangères ; et les musulmans commencent effectivement à prendre modèle sur le système emboité des associations juives. Dans tous les cas, que j'ai personnellement vérifiés, les petites communautés musulmanes utilisent les techniques traditionnelles pour ramasser l'argent destiné à la construction des mosquées. Toutefois quêtes et dons volontaires sont réinterprétés selon leur forme originelle : *Ziara* (offrandes à l'occasion des pèlerinages) ; *tizkiat* (forme moderne de l'aumône légale), auxquelles on peut ajouter la mise à contribution des ligues et des Etats islamiques, ainsi que des procédés plus simples comme l'utilisation des bénéfices d'une boutique (librairie, restaurant, épicerie) en faveur de la communauté dans la confusion des genres, la taxe sur la viande *hallal :* (il en va d'islam-viande comme du casher !) La sainteté rapporte et l'innovation l'emporte, tel qui a fait fortune avec la viande veut créer une grande radio musulmane et méditerranéenne dont en fait les intérêts sont multinationaux... Tel veut rentabiliser un tapis de prière qui donne l'orientation de La Mecque avec une petite boussole. Tel autre a inventé un réveil qui dit les heures de la prière mais n'arrive pas à le faire breveter. Tels qui possèdent un petit élevage de poulets aimeraient bien obtenir l'autorisation préfectorale de l'abattage et l'accord des religieux pour pouvoir commercialiser... Mais pour ce « Tabiznesse » il faut payer la *Zakat;* celle-ci sert à financer la catéchèse, etc.

L'exemple d'Aix et de Marseille est encore plus probant et confirme les observations faites ailleurs par Gilles Kepel ou certains de nos étudiants à Lille ou Lyon. Pendant le ramadan, l'une des communautés musulmanes organise à Aix des réunions avant et après la prière du Maghreb, en attendant la rupture du jeûne. Un certain nombre de travaux y sont effectués : apprentissage du *Tajwid,* lecture et commentaire du Coran, avant le repas en commun. Certains soirs, dans un de ces complexes culturo-cultuels et à la mosquée, il y a entre 35 et 60 personnes, dont beaucoup d'étudiants étrangers. Or, Aix compte compte plus de 10 000 « musulmans » potentiels. Ces réunions groupent donc moins de 1 % de la population potentiellement concernée. Je ne crois pas là non plus que le danger guette la France. D'autant que, la plupart du temps, tous ces gens sont relativement pieux et cherchent à développer les vertus morales propres à l'islam. L'un d'eux me disait : « Va dire à Defferre que s'il nous laissait nous occuper de la jeunesse, il n'y aurait plus de délinquance dans la banlieue marseillaise. » Cruel dilemme pour l'Etat monopolistique...

Par ailleurs beaucoup de musulmans ne sont pas islamistes. Ils ne se sentent pas concernés par une stratégie et une pratique combinant une conception du monde, sa représentation et l'exercice d'une fonction intellectuelle devant déboucher sur l'établissement d'une société fondée sur les valeurs musulmanes. La situation de l'islam en France paraît, sur ce plan, bien différente de beaucoup de pays d'origine.

Notamment, il existe en France une intelligentsia laïque chez les « musulmans » que l'on ne trouve *plus* dans les pays arabo-musulmans d'origine. Pour elle, la culture et les catégories occidentales sont devenues familières alors que, dans leur pays d'origine, elles deviennent impopulaires et que l'importance numérique des élites occidentales s'y réduit.

La diversité de la communauté musulmane en France se traduit par le fait qu'elle n'est pas structurée d'une façon unique. Les formes qu'ont prises géographiquement les différents groupes tiennent essentiellement à l'absence d'un corps homogène de savants du type *'Ulama,* identique à celui des pays d'origine. Ce facteur est compliqué par la provenance éclectique des émigrés, tant sur le plan de la nationalité que sur le plan social.

Très vite lorsque telle ou telle communauté a pu s'organiser localement, par exemple l'Association cultuelle des Mureaux ou l'Union islamique des Yvelines ou telle autre à Marseille, des dissensions sont apparues entre les Marocains, les Africains et les Français. A Lyon et à Marseille, il existe plus de 200 associations islamiques. Or, les petites communautés musulmanes locales se regroupent souvent par nationalité, ce qui est contraire à l'Islam et en même temps une garantie pour l'autonomie de l'islam français.

34

La difficulté surgit lorsque la communauté *musulmane stabilisée* doit aborder des négociations avec la société d'accueil. Celle-ci est une société de classe alors que la société musulmane est plutôt une société segmentaire. Comme nous l'avions prévu avec Gilles Kepel, les conflits auxquels nous assistons actuellement ressemblent fort à des OPA pour le contrôle des communautés musulmanes, qu'elles soient françaises ou étrangères. J'ai personnellement assisté à plusieurs réunions constitutives de « Fédérations » et suivi les débats et le cours des événements. Force est de constater que la concurrence est rude entre les groupes nationaux et étrangers pour la maîtrise des associations, des mosquées, des écoles et des radios[35], entre les responsables ou les patrons des petites communautés bien implantées localement, les représentants des ambassades ou des amicales des pays d'origine et un certain nombre

34. Illustration tirée des *Aventures de Petit beur,* Liana Levi, 1985.
35. Cf. Barbulesco, *op. cit.*

d'associations militantes ou prosélytes telles que je les ai décrites dans le monde arabe *(L'Islamisme radical...)*. La cause première de cette concurrence tient à la faiblesse des « cadres » potentiels. L'absence d'élites musulmanes dans la génération émigrée n'est pas encore compensée dans la génération des sédentarisés. De plus, une sorte de « perversion francophile » favorise d'une part l'intégration mais d'autre part obère les relations avec l'islam oriental. La place est donc encore utilisable par les apparatchiks maghrébins et les « petits entrepreneurs indépendants »... Le décalage est d'autant plus violent que les Français musulmans comptent, paradoxalement, des intellectuels de très haut niveau (Arkoun, Bencheikh, Merad...) auxquels les habitudes académiques ont donné le goût exacerbé de la liberté critique, pour le moment incompatible, voire insupportable aux yeux des autorités de la plupart des pays d'origine.

Les associations les plus militantes ou piétistes comme le Tabligh pakistanais ou Foi et Pratique semblent beaucoup plus proches des humbles et leur fournissent un discours plus conforme à l'imitation pieuse du Prophète (donc une religion « domestique »), tout en les écartant des querelles internes pour le contrôle des associations. Pour autant, les *Jamma'at al-Tablighi* ne sont pas aussi pures qu'elles le prétendent[36].

Même les groupes de militants prosélytes prônent la soumission aux autorités. Seuls quelques étudiants du Mouvement de la tendance islamique (tunisien), par exemple, utilisent une problématique radicale, d'ailleurs plus orientée contre les autorités des pays d'origine que contre la France. Ici, l'islam minoritaire est comme les autres religions : plutôt conformiste. Beaucoup d'immigrés admettent facilement que « le patron, c'est le patron », que « Dieu le veut » et qu'il ne faut pas trop abuser d'une liberté dont ils ne disposent pas dans leur pays d'origine. Il existe donc, dans l'islam *minoritaire* en France, plusieurs niveaux de structures absolument concurrentielles : de toutes petites communautés s'organisant localement, sans lien entre elles, qui cherchent tout simplement à organiser la vie des musulmans sur le plan cultuel. Elles éprouvent les plus grandes difficultés à obtenir un statut légal, qu'elles soient françaises ou étrangères, tant la résistance des *maires* est grande.

Le deuxième niveau est à la fois local et national. Il s'agit des associations mises en place par les Etats étrangers qui entendent

36. Cf. Kepel, *op. cit.*, p. 205.

contrôler leurs nationaux. L'Etat turc est celui qui organise le mieux sa communauté, entièrement encadrée par des imams nommés par la présidence de la République. Ceux-ci fonctionnent en coordination avec une union d'associations gérée par le représentant des affaires religieuses à l'ambassade. Etant donné les difficultés récentes que la Turquie a connues, le contrôle des associations est loin d'être complet à cause des dissensions entre les militants du Parti du salut national et ceux du Parti du mouvement nationaliste. Ce cas reste à ma connaissance le plus avancé. Les autres Etats éprouvent plus de difficultés à contrôler leurs nationaux même s'ils maîtrisent un certain nombre de mosquées.

La France, elle, n'y parvient absolument pas avec les musulmans français, non qu'elle le souhaite mais, parce qu'elle n'en a pas les moyens. La récente nomination d'un conseiller aux affaires islamiques réglera peut-être le problème à partir de la création d'un consistoire musulman.

PROPOSITIONS

VIII

L'ISLAM FÉDÉRÉ

Proudhon soutenait en 1863 : « Qui dit liberté dit fédération, ou ne dit rien. Qui dit République dit fédération, ou ne dit rien. Qui dit socialisme dit fédération, ou ne dit rien. » D'aucuns pourraient m'opposer que Hesse affirmait « le sionisme sera socialisme ou ne sera pas... ». Il n'est pas encore interdit d'espérer.

Depuis que j'ai proposé à la Commission du code de la nationalité la constitution d'une Eglise musulmane, quelques progrès ont été effectués en ce sens. Et pourtant ma proposition n'avait pas soulevé que des approbations. Certains m'ont reproché de ne pas savoir qu'il n'existait qu'une seule Eglise « celle de Notre Seigneur Jésus-Christ » (un lecteur du journal *Le Monde*). D'autres ont cru à ma stupide absence d'érudition en rappelant que l'islam ne s'est pas constitué en Eglise. Enfin tous ceux que ma proposition effrayaient parce qu'elle les obligeait à repenser le statut de leur Eglise se sont ligués avec ceux qui refusent de penser le statut des sectes et des Eglises de volontaires autrement que sur le modèle de l'exclusion césaro-papiste.

Plus sérieuse est la critique ferme de Mohammed Arkoun qui pense perdre là la grande liberté que permet l'islam et que j'ai maintes fois signalée : tout homme pieux et savant peut interpréter les Ecritures. Certes. Mais le calvinisme démontre sur ce point que l'organisation en Fédérations n'entame nullement cette faculté.

Il faut cependant traiter du problème tel qu'il se pose en France, aujourd'hui et non pas en Iraq au IVe siècle ou ailleurs.

La thèse générale la plus répandue, y compris par certains musulmans, est la suivante : l'islam ne s'est pas institutionalisé en magistère ecclésiastique et n'a pas produit de clercs, donc il ne peut s'ériger en Eglise comme le prévoit la loi de 1905. Belle affirmation mais que je crois infondée historiquement.

Pour clarifier les idées des lecteurs français, il faut tout d'abord interpréter ma proposition dans son sens le plus large. J'ai proposé une Fédération de fédérations qui combine à la fois le système protestant de fédérations emboîtées d'Eglises n'ayant pas toutes le même statut, et le système consistorial qui permet aux juifs français de gérer le communautaire par des laïcs et le cultuel par des clercs. Autrement dit la Fédération musulmane de France devra gérer, de manière laïque, les intérêts des communautés par des élus; et l'imamat, comme le rabbinat, sera structuré parallèlement selon des critères qui peuvent être différents.

Cette proposition est d'ailleurs la seule qui permette de gérer l'islam français dans le cadre de l'Etat de droit, sauf à changer tout le système juridique républicain, ce que nous serons peut-être amenés à faire sous la pression européenne comme je l'expliquerai dans le dernier chapitre.

En attendant cette échéance d'après 1992, l'obstacle principal est double : l'absence de clercs légitimes dans l'islam et la vigilance concurrentielle des Etats étrangers musulmans qui rejettent cette expérience — moins pour des raisons théologiques d'ailleurs que pour les désordres que ce modèle entraînerait chez eux. Certains Etats musulmans, plus encore que certains Français, ont intérêt à ce que le modèle que je propose ne voie pas le jour. Ils seraient eux-mêmes mis au pied du mur sur un certain nombre de points qu'ils n'ont pas envie d'étaler au nom de la sacro-sainte « non-ingérence »... Le problème n'a donc rien à voir avec l'islam mais plutôt avec les régimes politiques qui cachent leur légitimité derrière leur propre interprétation de la religion.

Le premier obstacle (l'incapacité de l'islam à ériger un magistère) me semble infondé et doit être légèrement déplacé. Je prétends en effet — contrairement à ce qu'affirme toute la profession — qu'il existe bien des clercs en islam. Même s'ils ne gouvernent pas, ils ont toujours existé [1] : les clercs légitimes de la gestion des biens du salut,

1. Je reprends la théorisation de Weber dans la présentation qu'en a donnée Pierre Bourdieu, « Genèse et structure du champ religieux », *Revue française de sociologie,* XII, 1971, pp. 295-334; et « Une interprétation de la théorie de la religion chez Max Weber », *Archives européennes de sociologie,* XII, 1971, pp. 3-21.

dans l'islam, sont, comme dans les autres religions monothéistes, des clercs sachant les Ecritures que l'on nomme en arabe *Rijal al-Din* (les hommes de la religion par opposition aux simples croyants). Ils produisent et contrôlent un habitus religieux dans un champ religieux où ils ont la prétention d'exercer leur hégémonie. Ils sont eux-mêmes hiérarchisés ; (*'Ulama, Fuqaha, Tolba, imams,* prêcheurs, personnels subalternes, *muezzin, cadi, mufti,* etc.), qui se livrent à des stratégies pour négocier avec les laïcs et les politiques les enjeux spécifiques de ce champ.

L'originalité de cette hiérarchie est qu'elle est civile et donc que l'appareil de l'islam est différent de celui de l'Eglise catholique. Parfois, elle s'érige même en magistère : l'université d'al-Azhar n'a-t-elle pas cette prétention, même si elle n'est pas une « Eglise » au sens où Christ dit à Shimon : « Tu es Pierre et sur cette pierre je bâtirai mon église » ? De même, au cours de l'histoire, plusieurs universités ou facultés de théologie ont pu remplir cette fonction : la Zitouna de Tunis ; la Qarawyine de Fès et d'autres au Machreq... Enfin de très grands savants ont prétendu légitimement au magistère et n'ont pas hésité en s'affirmant le pôle du temps (*al-Qotb*) à dire la *doxa,* tel le plus grand maître du XIXe siècle, l'émir 'Abd al-Qadir (Abdelkader), après tant d'illustres savants, saints et soufis, voire hommes politiques. Ce n'est tout de même pas sans de sérieuses références que certains musulmans s'appuient sur al-Mawardi, Ibn Taymiya, ou Ghazâli.

Le vrai problème n'est donc pas dans une impossibilité de l'islam à produire de tels clercs. Il réside dans la faiblesse des musulmans français qui maîtrisent fort mal leur propre religion et, surtout, dans l'hostilité des Etats étrangers à ce type d'expérience.

Pour pallier cette première difficulté réelle, je propose que les associations actuelles s'intéressent en priorité à la catéchèse, au lieu de gaspiller leur énergie en des combats stériles de représentativité concurrentielle : les enfants n'attendent pas.

Par ailleurs je suggère, outre l'introduction du cathéchisme à l'école, voire dans les collèges et lycées pour ceux qui le souhaitent, la constitution d'un enseignement religieux à plusieurs niveaux : formation des catéchistes, y compris des femmes, car certaines musulmanes se dévouent sur ce plan comme leurs consœurs chrétiennes. Mais aussi création d'un séminaire musulman et d'une Faculté de théologie musulmane sur le modèle des facultés protestantes ou des établissements de l'université de Strasbourg, confiée à des savants français, dans la lignée d'Arkoun.

L'Institut islamique pour la formation des prédicateurs et des imams créé en Belgique par la Ligue islamique mondiale en 1985 n'a pas su drainer les candidats à cette formation. Une telle initiative en France rencontrerait beaucoup plus de succès si elle émanait de la Fédération française et non de groupes étrangers, parce que nous avons un capital humain et intellectuel considérable en la matière et une demande sociale réelle.

Enfin, je suis partisan de la réintroduction des études de droit musulman dans les universités, et à l'Ecole de la magistrature. Nous sommes en effet devant ce paradoxe extraordinaire : la France, avec l'Empire colonial qu'elle a eu et face aux millions de musulmans présents sur son territoire, est incapable d'aligner plus de deux ou trois spécialistes de droit musulman, alors qu'il existait il n'y a pas si longtemps encore plusieurs chaires de droit musulman, des écoles et des œuvres lues dans le monde entier[3].

A Aix-en-Provence, nous réfléchissons depuis quelques années sur les conditions d'un renouveau des études juridiques musulmanes (sous l'impulsion de J. R. Henry), avec des partenaires maghrébins qui, souvent, après vingt ans de nationalisme jacobin, se trouvent dans une situation encore plus dramatique que nous sur ce plan. Nos universités aixoises forment des jeunes gens compétents, qui ne trouvent pas de travail ici et qui sont aspirés par des cabinets d'affaires anglo-saxons au Moyen-Orient. La France (c'est-à-dire les ministères des Affaires étrangères, de l'Education nationale et le CNRS) pourrait peut-être imaginer une politique stratégique sur ce point qui, j'en suis sûr, porterait rapidement ses fruits.

Cet ensemble doit être pensé comme une structure publique, même si elle est régie comme une instance privée : elle permettrait de constituer assez rapidement une génération de clercs, français et musulmans, sachant les Ecritures. La Fédération pourrait alors mettre en place un cursus complet.

Par-dessus tout, ce système constitue la seule chance pour les musulmans d'échapper au contrôle des Etats (qui se prétendent) musulmans étrangers et à celui des Ligues islamiques, mondiales ou financées par tel ou tel Etat qui cherche en fait l'hégémonie.

3. Notamment Milliot, *Introduction à l'étude du droit musulman,* rééd., F.-P. Blanc, Sirey.

Devant l'actuelle complexité du problème, l'édifice que je propose pourrait être couronné par la constitution d'un Conseil des Eglises réunissant sous la houlette d'un ministre des Cultes l'ensemble des religions exerçant leurs activités en France : les monothéistes, y compris les « sectes » jusqu'aux Rose Croix etc., mais aussi les autres, bouddhistes, Tibétains ou non, voire les Eglises de volontaires.

Projets et propositions irréalistes ?

Les choses vont vite en la matière. Depuis un an, le processus s'accélère au point que l'on voit déjà se dessiner un statut type : les quelques centaines d'associations culturelles islamiques, qui sont en fait des associations cultuelles, se réunissent en fédérations à tous les niveaux — local, départemental et même, depuis juin 1988, national —, mais en plusieurs groupes. Elles produisent des textes ; elles s'essayent à des stratégies plus ouvertes, ce qui ne signifie pas que les enjeux soient absents ou méconnus. Beaucoup de points se discutent dans ces conventions à peine exprimables il y a deux ans. En particulier celui de la Mosquée de Paris[4].

Il me faut là encore revenir aux propos que j'ai tenus au sein de la commission de réforme du code de la nationalité — propos qui avaient été d'autant plus mal interprétés que M. Pasqua, de retour d'un voyage en Algérie, avait déclaré le problème réglé[5]. Je dois avouer n'avoir jamais pu faire confiance à ce Corse marseillais, en particulier à cause de l'affaire des otages ; je ne crois pas que le problème soit aussi simple que M. Pasqua le prétend et, comme je ne sais pas quelles promesses il a faites à Alger, je ne peux qu'apporter mon modeste témoignage d'observateur anthropologue. L'Amicale des Algériens et la Sécurité militaire algérienne contrôlent une partie du culte musulman en France, avec la bénédiction des Renseignements généraux. Je trouve cette pratique

4. Il n'était pas possible, il y a six mois, de publier le contenu du *Nouvel Observateur* du 23 mars 1989.
5. *Le Monde,* 8 juin 1987, portant sur l'islam en France !

scandaleuse et contraire à la souveraineté française. Je n'ai pas constaté par ailleurs que le nouveau ministre socialiste de l'Intérieur ait changé cet état de fait.

J'avais donc déclaré que le prochain recteur de l'Institut et de la Mosquée de Paris, que l'imam, primat des Gaules, serait un Français. Je persiste et signe avec d'autant plus de certitudes que le Cheikh Abbas a compris mon propos qui était général pour l'avenir et qui ne le visait pas, lui, en particulier, d'autant qu'il fait aujourd'hui l'objet d'attaques de la part de l'Algérie. Le saint homme doit en effet à la fois préserver les intérêts de l'Algérie qui est sa patrie terrestre, défendre l'islam en général et l'islam en France en particulier. Cette dernière tâche lui paraît plus noble et plus grande que les exigences contingentes, aussi légitimes fussent-elles. Les Etats d'origine des migrants entendent en effet garder le plus possible le contrôle de leurs nationaux par tous les moyens, parfois à la limite du licite. Ils doivent cependant se soumettre à la législation française en la matière, mais ils ne peuvent sous-estimer le poids désormais majoritaire des musulmans français.

L'exemple que je donne ci-dessous illustre mon projet[6].

Conformément aux recommandations du XVIIIe Rassemblement islamique du 23 mai 1988, à la salle Vallier à Marseille, sous la haute autorité spirituelle de son excellence Cheikh Abbas Ben Cheikh Hocine, recteur de l'Institut musulman de l'Institut de la Mosquée de Paris, président de la société des Habous et Lieux saints islamiques, chevalier de la Légion d'Honneur, 147 associations islamiques représentant les composantes de la communauté musulmane du Sud de la France se sont réunies en assemblée générale extraordinaire, le 12 juin 1988, à la mosquée de la Capelette à Marseille, ont constitué la Fédération régionnale musulmane du Sud et ont élu son comité et son bureau fédéral.

La présidence de la Fédération est échue au Cheikh Bachir Dahmani, président de la mosquée de la Capelette. De même 4 vice-présidents représentant les plus importantes communautés ont été élus :

6. Bien que je répugne le plus souvent à citer les noms de mes informateurs ou à les jeter ensuite en pâture à un public non préparé, il m'a paru utile de préciser ce cas : il a valeur d'exemplarité nationale et, étant moi-même présent, je peux en contrôler la pertinence.

M. Allec Ali, président de la Confédération des Français Musulmans.

L'Iman Zahir Abdelaziz, représentant de la communauté marocaine.

M. Belfkih Mustapha, représentant de la communauté tunisienne.

L'Iman Danoune (Comores), 4e vice-président et trésorier avec pour adjoint M. Houidek (communauté ibadite).

Au secrétariat général : M. Slah Eddine Bariki, patron de Radio-Gazelle, avec pour adjoint M. Allel Ali, président de l'Association des jeunes musulmans de la région Provence-Alpes-Côte d'Azur. Ces deux jeunes gens sont des représentants types de la nouvelle génération de musulmans laïcs insérés dans le tissu social.

L'ensemble des composantes de la communauté musulmane est par ailleurs représenté dans les huit commissions : Religieuse, culturelle, sociale, relations extérieures, information et communication, pélerinage aux Lieux saints de l'islam, viandes halal, suivi des salles de prière et foyers.

Des délégués départementaux ont été désignés pour l'Hérault, le Gard, le Vaucluse, les Alpes de Haute-Provence, l'Aude, les Alpes-Maritimes, le Var et les Bouches-du-Rhône.

A l'issue de l'assemblée générale, l'ensemble des délégués présents ont décidé à l'unanimité d'attribuer à son Excellence Cheikh Abbas Ben Cheikh Hocine, la présidence d'honneur de la Fédération nouvellement constituée. Parmi les objectifs de cette Fédération, figurent notamment l'organisation et la représentation de la communauté musulmane du Sud de la France avec l'ouverture prochaine d'un important centre islamique à Marseille.

Quand on connaît les subtilisés marseillaises et les difficultés qui ont présidé aux négociations, force est de constater que cette réunion ne convenait pas à tout le monde. Deux groupes puissants en particulier, ont été écartés : celui de l'imam d'Aix et celui du patron réel de la mosquée de Marseille. L'Association Er-Ramaniyya n'est pas membre de cette Fédération : il est clair que cette initiative constitue une tentative de prise en main du leadership religieux à Marseille en concurrence avec celle-ci.

Mais cette initiative a déblayé le terrain et permettra sans doute de servir d'exemple national. Faut-il rappeler une fois de plus que nous avons mis trois siècles pour régler le problème protestant ; que le problème juif est réglé depuis cent cinquante ans ; il faut donc se

بسم الله الرحمن الرحيم

منذ سنتين تكونت الجامعة العامة لمسلمي فرنسا واخذت على عاتقها التمثيل والدفاع عن مصالح الاسلام والمسلمين فى فرنسا وخاصة فى المجالات المتشعبة والعويصة التى تعيشها الجالية الاسلامية ·

وها هى اليوم تاخذ على عاتقها المبادرة لتنظيم منبر حر يتعلق بموضوع اندماج الجالية الاسلامية ومشاركتها المشاركة الفعالة والايجابية فى المجتمع الفرنسى ·

كذلك تحرص الجامعة العامة لمسلمى فرنسا ان توفر الفرصة لطرح ومعالجة وجهات النظر المتعلقة بموضوع الاندماج وتسعى للوصول الى حلول المشاكل المشتركة التى تواجهها الجالية الاسلامية ·

نؤكد على حصوركم معنا ·

Depuis plus de deux ans, la **FEDERATION NATIONALE DES MUSULMANS DE FRANCE** s'est donné pour mission de "***représenter et défendre les intérêts de l'Islam en France***" et ce, dans les domaines les plus divers et les plus difficiles.

Aujourd'hui, pour accélérer l'Insertion naturelle de la Communauté Musulmane, la **FEDERATION NATIONALE DES MUSULMANS DE FRANCE** prend l'initiative d'organiser une **Tribune Libre**. Tous les points de vue sur la question pourront ainsi s'exprimer et éventuellement **apporter des solutions aux divers problèmes communautaires.**

Nous comptons sur vous.

بسم الله الرحمن الرحيم

نداء

إحياء لسنة رسول الله صلى الله عليه وسلم،
تدعوا جمعية مسلمي جنوب فرنسا، كافة
المسلمين بمدينة مرسيليا، للمشاركة في صلاة
العيد، التي ستقام يوم الأحد 24 أجوليه 1988
على الساعة السابعة (7,00) صباحا بإذن الله وذلك
بملعب: حي فيلكس بيات. (عيد سعيد وكل عام وأنتم بخير)
للقدوم: ميترو رقم: 2 محطة ناسيونال - الحافلة: 42-70 و89.

A P P E L

A l'occasion de la fête de l'AId-El-Adha, le dimanche 24 juillet 88, la fédération Régionale des Musulmans du Sud de la France, appelle tous les Musulmans de Marseille a participer à la prière commune qui se déroulera à partir de 7 H 00, au : Stade Félix Pyat .

METRO N° 2 STATION : NATIONAL .

BUS : 42 _ 70 _ 89

Renseignements : 91. 25. 95. 57.

réjouir de l'hypothèse islamique que je développe : elle ne prendra que cinquante ans...

Nous avons en tout cas désormais un outil de travail : un statut type. Certes ce statut ne me satisfait pas encore puisqu'il a été accepté par la préfecture sous le chapitre de la loi de 1901. Je gage que lorsque ce livre paraîtra, nous en serons aux négociations pour le passage à la loi de 1905.

La première Fédération régionale des musulmans du Sud de la France

STATUTS.

Art. 1 — Il est fondé entre les associations adhérentes aux présents statuts, une association régie par la loi du premier juillet 1901, modifiée par la loi du 9 octobre 1981.

Elle a pour titre :

FÉDÉRATION RÉGIONALE DES MUSULMANS DU SUD DE LA FRANCE

Art. 2 — Son siège social est provisoirement situé à la Mosquée « An Nasr » au 68 rue Alfred-Curtel à Marseille. Il pourra être transféré en tout autre lieu par simple décision du Conseil d'Aministration.

Art. 3 — Le but de cette association est essentiellement philanthropique.

Il consiste à pratiquer la charité et le bien dans le cadre de la spiritualité islamique ;

A créer, participer, patronner, diriger ou soutenir tout organisme, toute société et toute initiative ou œuvre susceptible de répondre à la culture islamique classique ou rénovée.

De favoriser l'assistance médico-sociale en direction des musulmans établis ou de passage en France ;

Entretenir des relations cordiales avec les pouvoirs publics locaux, les représentations consulaires accréditées dans la région, et les institutions représentatives des autres cultes, dans l'intérêt des musulmans ;

A assurer l'exercice du culte islamique dans la région directement ou par l'intermédiaire des Imams délégués et la protection des lieux cultuels et culturels islamiques ;

A secourir les nécessiteux, les déshérités, les détenus, les handicapés, les femmes et les enfants abandonnés ou sans soutien ;

A accepter la charge de délégation de pouvoir judiciaire ou municipal concernant le statut personnel des musulmans de la région dans le cadre de la loi et en accord avec les autorités qualifiées :

A participer et à représenter les musulmans aux cérémonies officielles organisées par les autorités locales ;

A faire respecter les fêtes musulmanes en conformité avec les décisions de la Mosquée de Paris ;

A assurer la charge de l'inhumation des musulmans décédés en France suivant les rites établis ainsi que le bon fonctionnement des cimetières musulmans ;

A gérer et contrôler les échaudoirs de viande licite ;

A mettre en œuvre tous les moyens légaux pour parvenir à ces buts.

Sur le plan moral ou officiel, dans le secteur cultuel, culturel, médico-social ou judiciaire, l'association est pleinement qualifiée pour défendre l'islam et poursuivre devant les tribunaux quiconque porte atteinte explicitement, par insinuation ou par écrit, aux dogmes de l'islam, à son Prophète (Que la bénédiction et le salut de Dieu soit sur lui) ou la communauté musulmane, que ce soit par racisme ou par intolérance, conformément à la législation en vigueur.

Art. 4 — La Fédération régionale des musulmans du Sud de la France est propriétaire légal et gestionnaire administratif exclusif de toutes les œuvres créées par elle, notamment le futur Centre culturel islamique de Marseille.

Les Imamats de la région en concertation avec la Mosquée de Paris et d'une manière générale de tout patrimoine meuble ou immeuble, en espèces ou en nature et ce, à titre de propriétaire statutaire permanent et exclusif au sens plein du terme ;

Toute prétention, ingérence, revendication ou contestation relative à son existence, son patrimoine, ses moyens, ses objectifs ou ses statuts et émanant d'un organisme quel qu'il soit, public ou privé, spirituel ou moral, d'une cultuelle établie en France, sont nulles et non avenues de plein droit.

Art. 5 — La Fédération régionale des musulmans du Sud de la France issue de XVIIIe Rassemblement des musulmans de France du 23 avril 1988, est contituée par des membres actifs qui se réunissent sur convocation du président à une date fixée par le bureau, au moins une fois par an en assemblée générale ordinaire et extraordinairement lorsque les circonstances l'exigent ;

Le bureau se compose d'un président d'honneur, le recteur de l'Institut musulman de la Mosquée de Paris, d'un vice-président, d'un secrétaire général, d'un trésorier, de quatre vice-présidents représentant les communautés les plus importantes.

Le bureau, les commissions ainsi que les délégués de la Fédération dans les régions P.A.C.A. et Languedoc-Roussillon ainsi que ses assesseurs forment le conseil d'administration ;

A l'exclusion des membres des associations organisatrices du XVIIIe Rassemblement, nul ne peut faire partie de la Fédération sans être agréé par le Conseil d'administration après examen de la candidature parraînée par au moins deux membres actifs, sous peine de nullité. L'agrément permet l'obtention de la carte de membre expressément revêtue des signatures du président et du secrétaire général, sans lesquelles la qualité de membre ne saurait être reconnue.

Le conseil d'administration est renouvelable par tiers par l'assemblée générale annuelle.

Le conseil d'administration, après délibération, peut exclure tout membre pour motif grave ou pour atteinte portée à la Fédération.

Tout membre actif peut-être exclu lorsqu'il encourt une peine infâmante pour toute condamnation, atteinte à l'honneur ou aux bonnes mœurs.

Art. 6 — Les instances dirigeantes de la Fédération examinent au cours de chaque réunion et à la diligence du président, un rapport moral relatif aux activités du bureau et du conseil d'administration, un rapport financier comprenant le bilan du budget précédent et le budget prévisionnel ainsi que toute question intéressant ses objectifs ; ces rapports ainsi que le renouvellement des membres du conseil d'administration concernés, constitueront l'essentiel de son ordre du jour.

Art. 7 — Les ressources de l'Association comprennent les dons, fruits de quêtes, les cotisations, les subventions, la zakat, les revenus de biens et valeurs appartenant à l'association et tout autre moyen conforme aux principes islamiques et à la législation en vigueur.

Art. 8 — Le conseil d'administration arrête un règlement intérieur conformément aux dispositions du présent statut. Ce règlement est destiné à fixer les divers points non prévus par les statuts, notamment ceux ayant trait à l'organisation interne de la Fédération et à la détermination du rôle de chaque membre du conseil d'administration et des commissions.

Art. 9 — En cas d'empêchement, de cessation d'activité, de démission collective ou de dissolution de la Fédération, la totalité de son patrimoine, biens meubles ou immeubles et notamment les bâtiments et accessoires, sera dévolue à la société des Habous et des Lieux saints de l'islam et la Confédération nationale des musulmans de France, dans l'état où ils se trouvent, en toute propriété et avec jouissance immédiate.

Déjà cette association type organise sa réflexion et elle ose l'annoncer : pour une intégration des musulmans en France (cf. document ci-contre).

Pour une Fédération française

La prochaine étape est en effet la constitution d'une Fédération musulmane française, conséquence logique de deux formules apparemment paradoxales — l'islam est une chance pour la France ; la France est une chance pour l'islam — que nous avons lancées sur le marché de l'intelligence de l'avenir avec P.P. Kaltenbach (conseiller d'Etat, président du Fonds d'Action sociale d'aide aux émigrés) depuis plusieurs années.

Une Fédération forte ferait de la France une puissance musulmane dans la perspective des relations Nord-Sud. Il me paraît désastreux pour notre avenir commun de ne pas saisir cette chance et de ne pas utiliser toutes les potentialités que représentent ces milliers de jeunes musulmans français qui pourraient servir de pont avec le reste du monde arabo-musulman. Mais avant d'en arriver là il faut réaliser le pari que je propose : la France, une chance pour l'islam.

La grandeur de la France est peut-être d'avoir avancé l'idée que tout homme a vocation à être majeur. L'islam français, sans rien renier de son ontologique dessein — trouver la paix dans la

L'intégration en cinq axes

Pratiques cultuelles privées et publiques

L'Islam, comme toutes les grandes religions, se caractérise par des pratiques cultuelles spécifiques qui peuvent ou non souffrir d'amendements. Jusqu'à quel seuil de tolérance peut-on raisonnablement descendre?

Identité culturelle (langue, traditions)

La culture d'origine de la majorité des Musulmans résidant en France est autant respectable qu'une autre. Nonobstant, certaines pratiques culturelles sont diversement appréciées par les tiers. Quelles concessions est-il possible de faire de part et d'autre?

Respect des Lois de la République

Les Musulmans sont tenus de se conformer aux Lois de la République. Il arrive néanmoins que ces dernières puissent comporter des éléments qui soient de nature à heurter certaines sensibilités religieuses. L'Identité Nationale aurait-elle vraiment à souffrir si l'on concédait à la minorité musulmane quelques aménagements législatifs ou réglementaires mineurs?

Nationalité

Est-il naturel de rester attaché à sa nationalité d'origine? Quelle importance exacte faut-il donc accorder à la nationalité?

Reprensativité de l'Islam en France

Sans représentants officiels, l'Islam est difficilement praticable en France. Cette situation compromet, entrave, voire rend impossible bon nombre de réalisations islamiques qui sont de prime nécessité (mosquées, centres éducatifs, assistance et défense des Musulmans dans divers domaines). Laissera-t-on les Musulmans s'organiser et désigner ceux qui, parmi eux, auront mérité leur confiance?

soumission à la volonté de Dieu —, peut réaliser les conditions de son propre *Aufklärung* et produire en France un Mendelssohn et un Hans Küng. Beaucoup de musulmans me disent que les conditions sont à nouveau réunies, ici plus que là-bas, pour cette nouvelle renaissance, qui serait à la fois *Baa'th* et *Nahda,* par référence aux deux grands mouvements de la modernité arabe et musulmane.

A l'instar du bouddhisme tibétain qui a trouvé la force de devenir universel dans la diaspora, pour ne pas disparaître ou se renier, du judaïsme qui a survécu à l'épreuve de l'Universel, si le jugement (*hkm*) n'appartient qu'à Lui (*Al-Qor'an,* s. XII, v. 40), peut-être l'islam revit-il la « Grande épreuve[7] » qui fut celle de ses fondements, pour de nouveaux horizons ; et la France constitue alors une chance pour lui.

Confortant plusieurs remarques que j'ai citées du Cheikh Abbas affirmant que l'Etat français n'était pas un obstacle à l'exercice du culte musulman, d'autres musulmans vont plus loin encore en affirmant les avantages du système de la séparation : « Aujourd'hui par exemple, l'école laïque en France respecte les convictions des musulmans. Grosso modo elle fournit un cadre acceptable à tous. Si ce n'était pas le cas, j'instruirais mon fils chez moi, et si on m'interdisait de l'instruire chez moi, j'agirais par la violence pour qu'il soit intruit jusqu'à sa majorité selon les règles que me dictent ma conscience et ma religion », déclare Amr Helmy Ibrahim au colloque « Laïcité 2000 »[8]. On croirait entendre un Breton du Diwan ou un Basque des Iskatola... Mais, ce faisant, ce musulman pose le problème d'un nouveau pacte laïque vivable dans la mesure où l'Eglise catholique elle-même s'est aussi rendu compte que l'école dite libre ou privée, initiée en 1959, n'est peut-être plus le cadre adéquat pour une véritable catéchèse. C'est dire le long chemin parcouru depuis que la droite (et non pas les catholiques) a fait chuter Savary en 1984 (auquel la République a fort mal rendu hommage).

Il semblerait que, dans une sorte de mouvement général auquel l'islam ne saurait échapper a priori, les démarches religieuses soient de plus en plus individuelles. L'Eglise catholique modifie petit à

7. Selon le titre d'un ouvrage puissant de Taha Hussein.

8. Actes du colloque « Laïcité 2000 », organisé par la Ligue de l'enseignement et publié par Edilig, 1987, p. 99.

petit sa théologie en fonction de son statut de groupe social minoritaire ; en fait et en droit. Nous sortons sans doute du césaro-papisme et seuls les laïcs militants du laïcardisme et quelques francs-maçons attardés s'y accrochent encore... Aujourd'hui les frontières sont moins nettes sur les grands problèmes éthiques entre croyants, incroyants et pratiquants (par exemple sur le Tiers Monde et sur le Quart monde) tandis que *tous* les cléricalismes sont dénoncés unanimement. Nous assistons peut-être à une sorte de nouvelle séparation de l'Eglise comme appareil et de la foi comme « circulation communautaire de la parole » selon la merveilleuse expression de Gauthier confirmée par Bernard Sarrazin[9]. Or, dans cette voie, le protestantisme, le judaïsme et l'islam sont en avance sur la catholicité. Alors pourquoi organiser le culte musulman, me dira-t-on ?

Précisément parce que la solution passe par plus d'organisation et moins d'Etat. Elle est la recherche de cette nouvelle église *horizontale faite de réseaux multiples,* précise encore B. Sarrazin. Et peut être également, la recherche d'un après-socialisme, selon le titre d'un ouvrage d'Alain Touraine[10].

L'islam français : vers la gallicanisation ?

L'Eglise gallicane approuve le concile de Constance de 1414-1418, qui déclare les conciles généraux supérieurs au pape dans le spirituel.

Le gallicanisme est donc la doctrine des partisans des libertés et fonde le principe de l'indépendance des églises nationales. Il est opposé à l'ultramontanisme, qui soutient le pouvoir absolu du pape en toute matière. De la même façon qu'il ne serait pas tolérable de voir l'Etat d'Israël nommer les rabbins de Marseille ou de Paris, de même il est inadmissible que des Etats étrangers gèrent le culte musulman français.

9. G. Gauthier, *La Laïcité au miroir,* Edilig, Paris, 1985, p. 92. Il ne manquera pas de petits malins pour souligner l'inconscience qui préside à mes références.

10. J. W. Lapierre, « Demain, quel socialisme ? », *L'Europe en formation,* n° 269, automne 1987.

Le cas de l'Alsace-Lorraine, plus exactement les départements du Bas-Rhin, du Haut-Rhin et de la Moselle, dans lesquels la loi de séparation ne s'applique pas, permet d'imaginer une renégociation du statut des Eglises séparées. Lors de la dénonciation du Concordat et de la rupture des relations avec le Vatican, en 1904, qui aboutirent à la loi du 9 décembre 1905, les provinces de l'Est étaient allemandes ; le Concordat reste donc toujours en vigueur. L'Etat rémunère le clergé. Le statut de ces départements y est comparable à ceux de la Belgique et de quelques Länders allemands. La France pratique donc déjà partiellement un système conforme au modèle européen sur lequel elle sera sans doute amenée à s'aligner après 1992.

L'islam, une chance pour la France

Une chance pour la France, une chance pour l'Europe... une chance pour l'islam et pour le *Sud*.

Mon idée est qu'une Fédération musulmane forte, structurée, permet de réguler un certain nombre de problèmes sociaux qui d'ordinaire renforcent le racisme. A la guérilla urbaine dont certains se repaissent avec fatalisme, je préfère la paix sociale fût-elle religieuse.

Le quadrillage de l'islam (mosquées, associations, catéchèse, viande « hallal », mort, aumôneries) peut assurer la paix sociale et faciliter le combat contre la délinquance, la drogue, voire enrayer partiellement l'échec scolaire. Il est préférable de favoriser l' « inculcation » de valeurs morales, y compris de sociabilité, aux enfants des banlieues en déréliction plutôt que de les laisser traîner à la merci de toutes les tentations dont les moindres ne sont pas seulement idéologiques. Un islam domestique, « pépère », peut remplir une fonction d'intégration rendant plus aisées les insertions économiques et sociales.

Mais cette possibilité nécessite un effort réciproque, de la part de la société laïque vers la compréhension d'un social-religieux minimum ; de la part de la société musulmane vers l'acceptation d'un minimum de règles laïques. Les Français se rendent-ils compte que les musulmans ont accompli un pas énorme déjà si l'on songe à l'importance du statut symbolique cosmique de la mosquée : elle a déjà perdu son minaret. De plus l'appel à la prière ne retentit pas dans le ciel de nos villes, mais uniquement dans l'enceinte de la mosquée. Beaucoup de musulmans trouvent que cette concession est à la limite de ce qu'ils peuvent admettre ; d'autres pensent que la piété suprême peut aller jusqu'à l'occultation du rite...

Le deuxième avantage de ma proposition me paraît plus névralgique. Une Fédération musulmane française devrait permettre de mettre au clair ce mal que décrit Gilles Kepel : l'ingérence des Ligues, la concurrence des Etats face à l'enjeu que représentent les émigrés. La constitution d'un islam français peut contrecarrer le contrôle des *Etats* étrangers et des *ligues islamiques* qui s'étend à toute l'Europe [11]. « Vous dites que vous croyez à la nécessité de la religion ? Soyez sincères ! Vous croyez à la nécessité de la police », affirmait Nietzsche. Certes je l'avoue : à tout prendre je préfère que les mosquées soient vaguement contrôlées par les RG français plutôt que manipulées par les services secrets d'Etats fort peu démocrates...

J'y vois d'autres avantages encore : un modèle d' « Eglise » séparée de l'Etat permettra aux musulmans d'apprendre progressivement la séparation des sphères du privé et du public. Puisque j'ai affirmé plus haut que telle était la condition d'une véritable citoyenneté, les enfants, non plus issus de l'émigration, mais les enfants français de parents musulmans aborderaient alors la civilité comme les autres enfants de leur âge, croyants ou non. La mixité à l'école en particulier, la modernité, la liberté ne sauraient sinon transformer les manières d'être musulman, du moins rester sans influences. En particulier, je suis convaincu que les femmes musulmanes joueront là un rôle non négligeable. Les autres religions ne s'y sont pas perdues ; elles ont même trouvé de nouvelles formes d'expression de la foi ; pourquoi l'islam ne pourrait-il affronter ce défi ? Mais, par-dessus tout, ce modèle pourra un jour servir dans les pays de départ grâce au maintien des liens familiaux et permettra ainsi de lutter contre la dictature et le sous-développement — après tout, je crois profondément que la dictature produit le sous-développement et non l'inverse.

Cette certitude s'appuie sur un autre argument. Je postulais dans mes travaux précédents que les « Ummistes » l'emporteraient sur les nationalistes ; autrement dit que les militants islamistes partisans de la *'Umma* et hostiles aux Etats nations modernes l'emporteraient.

11. Cf. chap. suivant.

Or il n'en a rien été, bien au contraire, et aujourd'hui, force est de constater que les Etats du Maghreb existent bel et bien et qu'ils ne sont pas prêts à abolir leurs frontières pourtant contraires à la logique « ummiste » du Dar al-Islam. Je crois que sur ce point les récents travaux de François Burgat[12] sont convaincants.

Alors mon hypothèse de la pertinence du modèle « français » prend consistance : si les *Etats-Nations* perdurent, nous allons voir apparaître au Sud des *Eglises musulmanes* locales — pour lesquelles l'exemple français pourrait être utile, ainsi que les expériences africaines (Mourides) ou américaines (Black Muslims)... L'islam algérien jacobin, l'islam tunisien pluraliste, l'islam marocain polycentriste, me paraissent aujourd'hui fort différents du monisme saoudite, en tout cas assez éloignés du radicalisme pakistanais. L'islam français sera, autre.

Paradoxe d'une histoire toujours surprenante, cela se produira au moment où le modèle français va sans doute lui-même être modifié par l'Acte unique européen non seulement en matière de statut religieux mais aussi en ce qui concerne la nationalité et la citoyenneté.

12. F. Burgat, *L'Islamisme au Maghreb,* Paris, Karthala, 1988.

IX

ISLAM, NATIONALITÉ, CITOYENNETÉ

Islam et nationalité

Certains citoyens et hommes politiques français estiment que les « musulmans » ne sont pas « assimilables » selon le processus que je viens de décrire et qui a permis tour à tour d'intégrer toutes les minorités indigènes et allogènes. Ces sceptiques en tirent, logiquement la conséquence qu'il faut limiter la possibilité d'acquisition de la nationalité française, notamment par le *jus soli,* le fait d'être né en France. Rappelons ici avec fermeté ce qu'Hannah Arendt a bien montré : les manipulations restrictives du droit de nationalité dans les régimes totalitaires ont été le signe avant-coureur le plus évident de l'exclusion des populations dissidentes ou ethniquement inassimilables : la droite française pense donc comme les nazis, les Roumains et les staliniens que la nationalité-citoyenneté « se mérite » et qu'on peut la perdre : Vichy, sur ce plan, a eu les mêmes pratiques que Moscou, il ne faut jamais l'oublier.

Qu'en est-il réellement ? Tout d'abord, comment est-on Français [1] ? Actuellement, trois articles du code précisent la chose : les articles 17, 21 et 23 auxquels il faut ajouter le fameux article 44 qui constitue l'objet du « débat » : est français, l'enfant légitime, naturel ou adoptif — ce qui n'a pas toujours été le cas — dont l'un des parents au moins est français (art. 17). Mais si l'enfant est né en France de parents apatrides ou qui ne peuvent lui transmettre leur nationalité, cet enfant est français par *jus soli* (art. 21) : On comprend ici la différence avec le *jus sanguinis.* Enfin l'enfant est français lorsque l'un de ses parents étranger est lui-même né en

1. Cf. Annexe II.

France : c'est en quelque sorte le double *jus soli* (art. 23)[2]. Or, du fait de la décolonisation, un certain nombre de personnes, qui avaient la nationalité dans l'ancien Empire français, se sont trouvées confrontées à de multiples problèmes. Le législateur s'est efforcé de les régler par toute une série de textes ou conventions bilatérales qui concernaient des gens venus de Pondichéry, du Viêt-nam, des Comores, du Sénégal, sans oublier l'Algérie française... dans laquelle les acquisitions par *jus soli* furent massives.

Par ailleurs, l'article 44 du code prévoit que devient Français de plein droit, l'enfant né en France de parents étrangers et qui réside en France depuis les cinq années qui précèdent sa majorité. Si l'on excepte d'autres cas d'acquisition volontaire — qui sortent de mon sujet mais que beaucoup de gens confondent avec cet article 44 —, c'est bien de ce mode d'acquisition dont il était question dans la formule : « On ne devient pas français par surprise », ou dans d'autres remarques destinées à frapper l'opinion — comme si l'on demandait à chaque nouveau-né son opinion sur la question et comme s'il était aisé de renoncer à sa nationalité.

Avant d'évoquer le cas des enfants de l'immigration maghrébine, donnons un aperçu des acquisitions de la nationalité française par les autres techniques. Environ 100 000 étrangers accèdent chaque année (c'est un chiffre constant depuis une vingtaine d'années) à la nationalité française par différents moyens : 40 000 enfants par *jus soli;* 25 000 enfants deviennent français parce que leurs parents ont changé de nationalité, et 35 000 adultes sont naturalisés ou « réintégrés ».

C'est donc cet article 44 qui concerne le plus de jeunes gens issus de l'émigration et qui pose problème à certains. Le plus gros du contentieux sur la nationalité a été épongé entre la France et l'Algérie entre 1962 et 1965 avec des délais d'option reportés plusieurs fois. En effet, depuis 1958, tous les habitants des départements d'Algérie étaient citoyens et nationaux français[3]. Mais aujourd'hui, arrivent à la majorité les enfants nés en France après

2. La réalité étant bien plus complexe, j'ai reproduit en annexe l'ensemble des textes et références ; il faut aussi comparer avec l'Europe : Catherine de Wenden a publié un tableau très instructif sur ce point dans la revue *Pouvoirs* n° 47, 1988, que je reprends également en annexe III.

3. Cf. Annexe II.

1965 et l'article 44 s'applique à plus de 10 000 cas par an depuis 1975, au moins, puisque l'enfant né en France de parents étrangers devient Français à dix-huit ans sans avoir à accomplir de formalités, s'il y réside à cette date. (Il y a toutefois la possibilité de décliner la nationalité française.) Ce caractère automatique fait qu'il n'y a pas de traces statistiques clairement repérables des effets de cet article, sauf le chiffre des renonciations (1 300 par an environ). Le service militaire ne donne qu'une idée imprécise : car, en vertu d'un accord franco-algérien, à compter du 5 décembre 1984, les jeunes gens peuvent choisir de faire leur service dans l'un ou l'autre pays. Contrairement à ce qu'une certaine presse a affirmé, 90 % d'entre eux n'ont pas choisi l'Algérie. Bien au contraire, 20 % environ ont demandé à effectuer leur service en Algérie, soit 3 000 jeunes parmi lesquels 26 % seulement l'ont accompli. Le débat porte donc sur moins de 1 000 personnes alors que l'INSEE évalue les « doubles-nationaux » franco-algériens à environ 85 000 par classe d'âge dont 43 000 garçons. Les informations sur ce sujet sont aussi légères que fantasmagoriques : outre les quelques lettres anonymes que j'ai reçues (les plus aimables me soupçonnent de vouloir vendre ma patrie aux fanatiques-terroristes...), cette question a fait l'objet d'interrogations parlementaires[4] (dont l'une émanait du capitaine Sergent, qui se rendit célèbre en 1960-1962 pour son amour immodéré des musulmans...). Les réponses ministérielles, y compris de l'armée, sont claires : contrairement au bruit répandu, la plupart des jeunes gens ne font pas leur service (ni en France ni en Algérie !) ; un quart l'accomplit en France et un peu moins du quart en Algérie[5]. J'ai pour ma part affirmé publiquement mon désir de voir abroger cette possibilité car l'allégeance à la République est une clé de l'intégration, du moins pour ceux qui la souhaitent.

Reste alors le problème de la religion comme obstacle à l'intégration. Sur ce point j'affirme d'abord — après des années d'enquêtes sur le terrain — que parmi les jeunes gens (80 000 environ qui arrivent sur le marché civique et économique chaque année), bien peu sont réellement musulmans pratiquants et l'islam ne constitue pas pour eux un véritable obstacle : seulement pour les Français,

4. *Journal officiel,* Débats, A. N., 1986, p. 2602.
5. Cf. *Etre français aujourd'hui, op. cit. ;* témoignage du général Burtin et de M. Roqueplo, contrôleur général, pp. 206 sq.

d'autant que ces derniers connaissent fort mal cette religion et qu'elle est liée à des souvenirs douloureux comme la guerre d'Algérie.

Mais le problème le plus complexe est ailleurs, dans la stigmatisation : comment être musulman dans le regard de l'autre surtout lorsque l'on est si peu pratiquant ? Le paradoxe est intenable : les jeunes ne sont pas musulmans mais ils sont stigmatisés comme tels. Aussi la tentation est grande de le devenir, en partie tout au moins.

L'islam apparaît alors comme « marqueur d'identité ». Et, à la différence du judaïsme, il ne l'est pas en tant que « religion » mais en tant que porteur d'une langue — l'arabe — qui peut produire des revendications culturelles de droit à la différence. Le « marqueur d'identité »[6] consiste d'ailleurs ici à se référer à un élément d'un héritage mal dominé ; par exemple beaucoup de Beni-gavroches disent : « L'arabe, c'est ma langue, mais je ne la connais pas, je ne sais pas la lire. » J'ai déjà expliqué que cette langue n'est pas neutre puisqu'elle est celle dans laquelle le Coran a été révélé. Le problème se pose aussi pour les musulmans indonésiens, malais, africains et donc pour les musulmans français non arabophones. Les nouvelles générations d'enfants nés et scolarisés en France abordent la question nationale d'une tout autre façon.

Les jeunes sans frontières

Les jeunes générations, nationales ou non, s'organisent dans un espace qui est de moins en moins national. Cet espace est double, me semble-t-il : à la fois parochial et mondial, et le lien entre les deux passe essentiellement par la « culture-jeune ». Les jeunes vivent dans leur quartier et voyagent sans passeport. Le tissu associatif constitue leur véritable lieu de convivialité entre la tribu-famille éclatée dont ils ne se sentent plus solidaires et la Cité-Nation contractuelle dont ils n'assument pas encore toutes les dimensions. Or, nous savons[7] une vérité sociologique simple : sans communauté

6. Jacquelin Billiez, *in Revue européenne des migrations internationales*, n° 2, décembre 1985.

7. Ce « nous » concerne ici essentiellement les politologues. Cf. C. de Wenden *op. cit.* mais surtout J. Leca, plusieurs articles féconds dans *Esprit* (juin 1985), *Projet* (janvier 1983) ; « Individualisme et citoyenneté » *in Sur l'individualisme,* Paris, Presses de la FNSP, 1986. Mais aussi le travail de Jocelyne Cesari sur Marseille, *in Pouvoirs, op. cit.*

il n'y a pas de citoyenneté, car une communauté politique (ou une « civil policy ») n'est pas la simple addition d'individus.

Ces jeunes gens remettent donc en question la relation nationalité-citoyenneté que, nous, Français, pensions définitive. Mais le pensions-nous sérieusement ou, pour notre propre sécurité, n'avions-nous pas envie de voir ce que tous les sondages et les enquêtes sur le « civisme » faisaient apparaître : des comportements bien peu conformes aux normes à propos du service militaire, de l'amour de la Patrie, du refus des frontières hostiles, de l'inanité des guerres passées en Europe, etc. Quelle idée saugrenue a germé dans quels esprits coupés de la réalité de nos jeunesses croisées ? Qui a pu proposer de revenir au serment civique ? Les jeunes, les groupes de pairs ne pouvaient pas comprendre cette discrimination ; ils sont ensemble depuis une dizaine d'années dans les « bahuts », depuis la maternelle jusqu'à la Faculté, dans les clubs sportifs, dans les fêtes et les boîtes — avec tous les accrocs violents qu'implique parfois cette cohabitation aussi irréelle que la collaboration de classes dans la nation. Et soudain se dresse entre eux le barrage de la citoyenneté-nationalité. Beaucoup trouvent cette situation stupide alors que l'Europe est déjà une réalité pour eux, ne serait-ce qu'à travers la possibilité d'y voyager à tarif « jeunes »... Face à cette réalité, ils ont manifesté leur désapprobation après la mort de Malek Oussekine, en tant que jeunes lycéens sensibles aux nouveaux messages des Restaurants du cœur, de SOS Racisme, avec une grande lucidité sur ces mouvements et non pas en tant que Beurs...

J'ai trop souvent affirmé dans cet essai que les Beni-gavroches étaient à la fois en avance dans le village mondial et en même temps liés à leur système parochial, reconstituant une vie tribale par quartier pour ne pas m'expliquer enfin.

En fait ils ne ressemblent à rien ni à personne que nous connaissions ; ils ont un plus, un *must* parce qu'ils inventent de nouvelles formes de citoyenneté-participation en réinterprétant le tissu associatif poussiéreux et péccamineux. De Vendredi/Harki à la Case de l'oncle Tom/Bougnoul de service, l'enfer a été pavé des bonnes intentions de l'antiracisme militant. Les Beni-gavroches ne veulent ni être des Noirs-alibis ni finir comme Martin Luther King : ils veulent *être*.

La jonction entre l'amont et l'aval, le particulier et le général, le village-quartier et le village-monde, la tradition et la modernité produit un type de pratiques, un croisement entre l'Occident et l'Orient à domicile en particulier à travers la musique : ce vecteur-média « moderne » qu'est le raï. Parce que le chiasme existentiel, le lieu du croisement du moment, est le lieu du consensus sur la cause, le temps et l'espace. Il donne le *sens immédiat* du monde et en particulier du monde social que Durkheim appelait « conformisme logique ».

Le « Cheb » (jeune chanteur de raï), vient peut être d'Oran mais il habite Levallois et fait sans cesse l'aller retour entre tous les pôles binaires : Le Nord et le Sud ; la tradition et la modernité. Cheb Khaled, Cheb Mami, Cheb Kader, Cheb Sahraoui et tous les cheb-s anonymes et même Chaba Fadala et les autres Benchenet, Zahouania, Bellamou Messaoud, etc. Et tous ces flambeurs chantent « *Salou Hanabi* », la prière du Prophète : « *Le Coran n'interdit pas de boire ; il est seulement dit qu'il ne faut pas prier quand on est saoul...* » Cette interprétation, après tout, me paraît plutôt orthodoxe. Il ne faudrait pas, en effet, réduire le raï à un « protest song » : il est cela et autre chose encore ; une musique traditionnelle modernisée dans la lignée des grands groupes pop-folk américains, maghrébins comme le furent il y a quelques années des chanteurs kabyles, algériens et des groupes marocains comme « Jil Jillali » ou « Nas al-ghiwane » : « les gens du langage secret-codé... » Ils participent, depuis l'époque des grands concerts de rock, à la culture mondialisée : curieuse revanche d'une histoire que n'avaient sans doute pas prévue Firlinghetti, W. Burroughs, poètes, écrivains américains et ancêtres des baba-cool et de la Beat Generation...

La question réelle est alors double : ces enfants issus de l'émigration menacent-ils l'identité française ou bien sont-ils simplement représentatifs de la nouvelle jeunesse française et européenne ? Pour répondre à cette question, il faut en poser une autre :

Qu'est-ce que l'identité française ?

La présence massive et sédentarisée de l'islam en France a produit entre autres une série de débats sur la nationalité, la citoyenneté, l'intégration, l'assimilation et donc sur l'identité française. Assez curieusement, les auteurs qui ont publié leurs réflexions, y compris dans l'axe polémique du deuxième centenaire de la Révolution française de 1789, soulignent tous l'extraordinaire diversité culturelle, voire ethnique qui caractérise le creuset français pour reprendre le titre de l'un d'eux (Gérard Noiriel). Depuis Fernand Braudel, Pierre Chaunu et Jacques Dupâquier s'y sont mis ; mais aussi Michel Taguieff, Emmanuel Todd, sans oublier Bernard Stasi et le Rital provocateur Cavanna [8].

Et si la Déclaration de 1789 définit un homme abstrait, détaché de toute ethnicité, même la Nouvelle Droite, le Club de l'Horloge, le GRECE et tous ceux qui insistent sur les origines celtes, franques, grecques, ne peuvent éviter de fustiger — *donc de reconnaître* — l'apport judéo-christiano-latin. Melting pot ? Non. Plutôt un lent processus de conciliation qui va aboutir à un consensus rousseauiste sur les valeurs de la bourgeoisie triomphante. Le génie de celle-ci tient au fait qu'elle a réussi, en partie et pendant deux siècles, à faire admettre que l'idéologie qui légitimait ses intérêts de classe était universelle et que ses valeurs modèles avaient vocation à l'exportation. Thèse réfutable, mais dont il faut bien reconnaître qu'elle a été pertinente de 1789 à 1989 sur la plus grande partie du globe... Elle ne nous laisse aujourd'hui le choix qu'entre deux affirmations dramatiques : ou affirmer qu'il n'y a qu'une seule humanité ; ou reconnaître la différence en la hiérarchisant. Il y a deux humanités, la sauvage et primitive (les barbares) opposée à l'autre, la civilisée et moderne (la nôtre) qu'il faut donc défendre à tout prix.

En ce qui me concerne, je prône le dépassement par l'affirmation de la pluralité des « nations » prises au sens anthropologique du XIXe siècle, lorsque Morgan parlait de la nation iroquoise. Je soutiens la possibilité de construire une Europe, non des Etats, mais des régions, sans que leur culture ni leur langue en pâtissent, à l'opposé de ce tyran suprême que fut l'Etat-Nation nieur d'identité et qui faisait dire à l'abbé Grégoire et à d'autres : « Tout à l'individu, rien au juif. » Belle pensée assimilationniste qui, comme la loi Le Chapelier, masquait à peine les appétits de cette bourgeoisie rêvant d'organiser la liberté du « renard libre dans le poulailler libre » selon le bon mot du bourgeois allemand Marx.

Toute cette littérature démontre que l'identité en tant qu'enjeu

8. Je ne peux tous les citer mais il me semble qu'il est possible de baliser les thèses dans le temps entre : Hervé Le Bras et Emmanuel Todd, *L'Invention de la France,* Hachette, coll. « Pluriel », 1980, et Gérard Noiriel, *Le Creuset français. Histoire de l'immigration, XIXe-XXe siècle,* Le Seuil, 1988.

politique fait l'objet de controverses d'autant plus virulentes qu'elles sont moins savantes. Une fois de plus, nous nous heurtons à l'imaginaire, à la représentation, au sens commun : force est de constater que ce que les gens croient est plus important que la réalité. Alors qu'est-ce que l'identité, sinon une série de postulats ?

Le premier porte sur l'unicité absolue de l'individu et sa non-identification avec n'importe quel individu A, B, L, ou X, et donc sa totale différenciation, sinon l'homme est une amibe. Je crois en effet que l'essence de l'être humain est d'être unique et différent. Cette unicité absolue se définit par une accumulation non reproductible de déterminations imprécises qui, chacune, nie l'unicité de XA dans un rapport quelconque : par exemple, je suis myope mais pas juif, ni physicien mais, comme Euripide, j'ai une verrue. Ou si l'on préfère, Woody Allen, le général Sharon et Elie Wiesel possèdent une accumulation de différences qui nient leur commune unicité supposée et stigmatisée : Sharon est Israélien mais athée et factieux alors que Woody Allen est lucide à travers l'humour new-yorkais dit juif sur des points cruciaux où Wiesel manque totalement d'humour, même juif. Ainsi mon collègue Michel Levy, en réponse à mes questions sur l'intégration, me répond-il : « Qu'est-ce qu'un juif ? C'est quelqu'un qui a épousé une juive. Qu'est-ce qu'un juif assimilé ? C'est quelqu'un qui épouse une juive assimilée. »

Le second postulat porte sur un oubli de taille. L'historien Pierre Milza a calculé qu'à l'heure actuelle, 18 millions de Français sont des descendants de migrants à la première, deuxième et troisième génération. Et encore ne remonte-t-il pas plus haut ! En ce qui me concerne j'ai essayé de pousser plus loin pour la ville de Marseille. La plus xénophobe des cités (et en même temps la plus accueillante pour les footballeurs de couleur et de toutes nationalités...) est celle qui compte le plus fort pourcentage de bénéficiaires du *jus soli*. Elle offre la plus grande variété d'origines diverses en dehors des « Maghrébins » dans une chaîne ininterrompue de générations, bien au-delà de la troisième : Grecs (Marseille est née d'un mariage mixte entre une « princesse celto-ligure » et un Phénicien c'est-à-dire un « Libanais », il y a 2600 ans), Arméniens, Italiens, Espagnols, Piémontais, Savoyards, Corses, pieds-noirs, juifs et j'en oublie.

Dès le milieu du XIXe siècle, les étrangers représentent presque 8 à 9 % de la population pour atteindre 20 % et plus, pendant toute la première moitié du XXe. Dès 1888, Marseille se lance dans une chasse à l'Italien — 3 morts et des dizaines de blessés cours Belzunce — dont la droite nous dit aujourd'hui qu'il est « assimilable ». Triste destin que celui de cette ville qui élit des députés racistes et pousse-au-crime, fils d'émigrés, et qui défile régulièrement aux cris de « Rendez-nous notre cours Belzunce ».

Le troisième postulat est lui aussi gommé : nul n'étant supposé ignorer la loi, l'unification linguistique demeure la base de la socialisation. Celle-ci a été réalisée grâce au travail de destruction systématique de la différence effectué par la IIIe République, enfoui dans la mémoire collective parce que sans doute un mal nécessaire. Il a d'ailleurs été intériorisé par les « grimpeurs sociaux ». Mais cela ne peut cacher que la carte linguistique des parlers non français fait apparaître en 1920 : 5 millions d'occitanophones, 4 millions de bretonnants, 4 millions de germanophones parlant trois dialectes (allamanisher, rhénan, flamand) ; 150 000 Basques et autant de Corses parlent leur langue, décrétée « patois à extirper ». L'idéologie activiste des hussards noirs de la République ne saurait se targuer du succès de l'entreprise pour transformer, aujourd'hui, la laïcité en dogmatisme et le droit à la ressemblance en laminoir ou rouleau compresseur de l'identité, fût-elle fantasmagorique.

Parce que nous ne savons toujours pas ce que recouvre cette mythique identité française dont Le Pen et une certaine droite nous rebattent les oreilles.

Ainsi le français typique est-il défini par des qualités typiques qui n'impliquent aucune référence à une fatalité de qualités : à part le béret basque et la baguette de pain ; il mange peu de cuisses de grenouilles (venues de Yougoslavie, d'ailleurs). La plupart des Français ne sont pas typiques : donc n'être pas typique est l'essence du Français moyen. Ce qui paraît normal dans un pays où les reines ont toujours été des étrangères... exogamie oblige.

Alors qu'est l'identité ethnique ? L'indigénat et l'autochtonie des juifs de la région Provence-Alpes-Côte d'Azur, par exemple, pose problème : par rapport aux vieux juifs provençaux insérés dans le tissu social depuis des siècles, les juifs venus d'Afrique du Nord, juifs nés en Algérie, devenus citoyens français un siècle avant les indigènes musulmans, ont une culture particulière et là encore, A égale rarement A. En effet, ils se révèlent beaucoup plus attachés à l'Etat d'Israël que les juifs provençaux ; ils se montrent beaucoup plus pratiquants, communautaristes, endogames, etc. Ainsi, par comparaison, les jeunes « Arabo-musulmans », issus de l'émigration et français depuis moins longtemps, présentent moins de caractéristiques communalistes : ils sont plus individualisés, moins liés au pays d'origine, moins solidaires avec la Palestine, etc. Il semblerait qu'ils sont plus facilement passés à la solidarité organique. Ma thèse sur la taille du groupe minoritaire semble pertinente : les musulmans — moins minoritaires que les juifs et les protestants — vont avoir de moins en moins besoin de signifier leur différence, d'autant que leur statut symbolique se renforcera et donc les sécurisera.

Plusieurs chercheurs ayant travaillé sur les cas italien ou turc par exemple (Antoine Peraldi et Pierre Milza ou Riva Kastoryano) s'accordent sur le fait qu'une intégration politique renforce l'intégration économique grâce au prestige social lié au droit de vote, sans que cela entame le noyau dur de l'identité (juive, musulmane, arménienne, corse...). Il faut donc comprendre pourquoi le problème porte sur la citoyenneté en France mais aussi en Europe, par-delà l'explication triviale de l'homothétie entre culture, nationalité et citoyenneté dans notre histoire. Il est aisé de penser qu'il existe vraisemblablement une identité politique au moment où, selon l'analyse de Baudrillard, les objets d'usage ou de pouvoir deviennent eux-mêmes des *simulacres.* La dérive du sens de l'identité se manifeste dans une société en crise (et ce n'est pas la première fois[9] !) parce que les nouvelles formes d'identités politiques sont le reflet des éclats du pouvoir. La France est bien plus attaquée par le haut (mondialisation, Europe) et par le bas (revendication du retour au tribalo-parochialisme...) que par les Beurs/Beni-gavroches qui sont peut-être, même, les derniers à avoir quelque intérêt à la nationalité-citoyenneté comme je vais le montrer maintenant.

9. Lucien Sfez, *la Symbolique politique,* PUF, « Que sais-je ? » n° 2400, 1988.

X

Vers une citoyenneté plurielle [1] ?

Comment déterminer l'extension de la citoyenneté ? Les conditions d'accès des individus au statut de citoyen ont conduit historiquement à la constitution de différents types de communautés politiques : celles des propriétaires, des contribuables, des nationaux, voire des membres d'une même ethnie ou d'une même religion (en Israël, en Arabie Saoudite ou au Canada, etc.). Aujourd'hui, en France et en Europe, la question se pose d'une citoyenneté de résidents territoriaux quelle que soit leur nationalité.

La nature et la portée des droits et des obligations attachés à ce statut peuvent varier, surtout lorsque les revendications particularistes se font contre la loi générale : par exemple, si un Corse ou un Kabyle refuse la loi pénale pour un meurtre d'honneur ; si un adepte d'une secte refuse de faire le service militaire ou laisse dépérir ses enfants pour respecter des interdits... Inversement, des minorités religieuses ou ethniques peuvent demander à bénéficier des mêmes droits que les membres de la majorité, voire à bénéficier de privilèges : menus spéciaux dans les cantines, dates particulières des examens, carrés séparés dans les cimetières, etc.

La principale difficulté provient surtout du concept lui-même : la citoyenneté désigne à la fois une réalité, en particulier juridique, et un idéal souhaité.

Or, d'après mes propres recherches, la citoyenneté pour les

1. Toutes ces réflexions doivent beaucoup à Jean Leca qui ne s'y reconnaîtra pas... à travers ses questions sur la citoyenneté et sur l'individualisme en particulier dans *Projet,* 1983, n° 171-172, dans *Les Cahiers de l'animation,* n° 38, dans le numéro spécial d'*Esprit* cité, etc.

jeunes issus de l'émigration est avant tout *instrumentale :* la présence dans le pays d'immigration dépend essentiellement des formalités bureaucratiques. Leurs parents ont douloureusement expérimenté tout le parcours face à des appareils d'Etat, répressifs autant que pitoyables : il faut avoir vu et senti la lèpre des salles d'attente dans les commissariats de quartier pour la carte de travail, la carte de séjour, la carte de ceci et la carte de cela... Et les pauvres fonctionnaires, sous-payés pour accueillir ces étrangers si proches de leur passé, irrités de la proximité-promiscuité, mal formés à ce type de tâche craquent parfois et constituent l'une des bases du racisme ordinaire vite récupéré par les manipulateurs de l'hystérie sécuritaire. Alors une citoyenneté, qui est dans un premier temps formelle, « pour les papiers », constitue pour les jeunes une précaution contre l'insécurité, la précarité, l'incertitude dans lesquelles se sont débattus leurs pères. Et cette attitude s'explique en tant que relation instrumentale non pas avec la société d'accueil mais avec la société d'installation.

Plus tard viendra la relation directe avec la communauté politique et à travers la citoyenneté active — comme le propose France Plus — qui devrait conduire la génération suivante vers une plus grande intégration et vers le droit à l'indifférence.

Mais il faut comprendre que ce que nous demandons à ces jeunes est la rupture avec la religion du père. La séparation entre l'appartenance citoyenne et l'appartenance aux groupes exclusifs implique l'abandon de l'autre communauté et des rôles prescriptifs. Autrement dit, la communauté politique implique le retrait de la communauté d'origine et la constitution d'une véritable société politique soumise à la loi. Or, si j'en juge par l'ambiguïté du débat sur la « société civile », je ne suis pas sûr que les Français et les Européens voient clair sur ce point. Pourquoi exiger plus des transitaires, sinon parce que nous avons peur de l'avenir et du résultat ? D'autant que citoyenneté et égalité sociale sont des concepts distincts. La citoyenneté n'a de sens pour les pauvres que si elle leur fournit une arme des pauvres contre les détenteurs de ressources ; pour les riches propriétaires, elle est le moyen d'assurer la conformité sociale des « grimpeurs sociaux périphériques ».

La difficulté tient également à l'empathie : la capacité de se mettre à la place des jeunes, de comprendre leurs stratégies, leurs intérêts et leurs préférences. En effet, les jeunes sont trop proches de nous et rappellent à beaucoup de Français et d'Européens que le même processus douloureux a été effectué par leurs parents ou leurs grands-parents : paysans piémontais, ouvriers polonais, colporteurs savoyards, Bas-Alpins émigrés en Algérie ou revenus du Mexique, Auvergnats de Paris, ouvriers du Nord, prolétaires en déréliction sortis des corons pour s'ennuyer dans le RER...

Les nantis, repus de citoyenneté, veulent enfouir leurs origines dans l'immémorial..., et empêcher les nouveaux venus de monter dans le wagon de chemin de fer... comme dans la parabole d'Alain.

Comment constituer une communauté politique, ou plutôt comment créer une civilité qui reconnaîtrait et tolérerait un attachement commun à l'ordre social — ainsi qu'une responsabilité commune envers lui —, en dépit de la diversité qui s'est installée ?

Inconsciente de toutes ces variables mais les pressentant en quelque sorte, la société française se pose cette nouvelle question : *comment conclure un nouveau pacte laïque vivable ?* Par un double effort de la société vers l'Autre, et de lui vers cette nouvelle civilité ; à deux conditions : que, d'une part, le pacte social soit compréhensible par tous les acteurs, y compris les nouveaux venus, et que, d'autre part, les « ethnies » culturellement trop séparées et économiquement trop inégales disparaissent parce qu'elles produisent un surcroît de solidarité automatique. Ainsi, je ne crois pas à la disparition du judaïsme en tant que *Gemeinschaft* parce que la communauté n'est pas dominée économiquement.

Cette communalisation-sociation pour utiliser le vocabulaire de Max Weber, passe par la disparition des « ecclesia » trop tribalo-parochiales par le bas, ou trop ouvertes internationalement par le haut. Les relations avec Rome, Jérusalem, Moscou ou avec la *'Umma* posent problème, ne l'ignorons pas.

Pourtant, la possibilité existe d'une construction intermédiaire dans la sphère du privé, avec un minimum d'engagement public de la part des acteurs les plus « privés » : je ne vais pas jusqu'à réclamer l'interdiction du droit de vote aux curés, aux rabbins, aux imams parce qu'ils se réfèrent à un centre de production de biens symboliques extérieur à la Cité-Nation. Mais il ne faut pas oublier qu'au bout de cette chaîne de « citoyenneté », peut apparaître une citoyenneté de substitution qui est alors une participation orientée vers une autre cité politique que celle dont le citoyen fait partie.

Pour cette raison je suis favorable à la proposition 48 de la commission du code de la nationalité qui s'est prononcée pour l'abrogation des accords[2] passés entre la France et Israël, d'une part, la France et l'Algérie, d'autre part autorisant certains jeunes à faire leur service militaire dans ces deux pays. Je trouve cette disposition scandaleuse et inadmissible : on ne peut pas vouloir l'intégration *et* la différence. Quand douze accords de réciprocité, à ce sujet, ont été signés entre la France et les Etats de la Communauté, ceux avec l'Algérie et Israël ne forment nullement des accords de réciprocité mais bien plutôt des facilités accordées à certains citoyens ou binationaux pour des raisons électoralistes, voire démagogiques. La citoyenneté moderne doit contenir un minimum de loyauté envers l'Etat d'accueil. Comment justifier qu'on fasse son service militaire « national » ailleurs dans une autre armée ? En effet, une communauté politique ne peut exister qu'à travers un minimum d'unification culturelle qui permette de promouvoir une conception du monde universelle, à la rigueur européenne. L'armée algérienne et l'armée israélienne me paraissent tout au contraire préparer les jeunes gens qui lui sont confiés à la régression nationalo-paranoïaque, à travers le complexe du colonisé pour la première et le mythe de Massada pour la seconde. Je préfère que les petits Beurs et petits Feujs ne fassent pas leur service militaire plutôt que celui-là...

La vraie distinction demeure : la citoyenneté n'existe que s'il existe un espace social entre le privé et le public. Une société conçue comme le seul lieu d'affrontement des intérêts particuliers, ou le seul résultat de l'action étatique, ne permet pas l'exercice ni même l'existence de la citoyenneté. Une fois encore, nous revenons à la société civile mais au sens hégélien cette fois : le passage au politique des jeunes issus de l'émigration s'est fait par le quartier et par le tissu associatif. *Cette zone* de la participation aux associations volontaires de caractère non directement politique, constitue un *réservoir de citoyenneté.* D'où la pertinence du slogan de France Plus : « La France, notre destin ; l'Europe, notre avenir ! »

Ces principes étant posés, comment allons-nous aborder le grand marché civique européen ?

La plupart des Etats modernes ne conçoivent pas (encore) la citoyenneté détachée de la nationalité. Et pourtant, le mouvement

2. Cf. sur ce point les débats devant la commission de réforme du code de la nationalité, *op. cit.*, pp. 210 sq.

est inéluctable : nous allons vers une nouvelle citoyenneté détachée (en partie) de la nationalité.

Le 15 novembre 1985, le Parlement européen s'est prononcé en faveur de l'octroi du droit de vote municipal dans l'Etat de résidence pour les ressortissants des Etats membres qui résident dans un autre Etat que le leur.

La mise en place de l'Europe des citoyens plaide en faveur de l'octroi de ce droit : en effet, plus de 4 millions de ressortissants des Etats membres sont privés de leur droit de vote au scrutin municipal, pour la seule raison qu'ils résident dans un autre Etat membre que le leur.

Le même problème se pose dans le cadre de la procédure électorale, uniforme pour les élections européennes. Près de 13 millions de résidents de la Communauté, soit 4,1 % de la population, n'ont pas la nationalité de leur Etat de résidence.

ÉTRANGERS RÉSIDANT DANS LES ÉTATS MEMBRES DE LA COMMUNAUTÉ

Population étrangère totale

Etats membres	Nombre (en milliers)	% de la population totale	% de la population étrangère de la CEE
Belgique . . .	891	9	6,9
Danemark . .	103	2	0,8
RFA.	4535	7,4	35,2
Grèce	84	0,9	0,6
Espagne . . .	210	0,6	1,6
France	3680	6,8	28,5
Irlande	232	6,8	1,8
Italie	312	0,6	2,4
Luxembourg	96	26,3	0,7
Pays-Bas . . .	546	3,8	4,2
Portugal . . .	63	0,6	0,5
Royaume-Uni	2137	3,91	16,6
TOTAL. . . .	**12889**	**4,1**	**100**

L'analyse politique révèle que les résistances sont d'autant plus fortes que les étrangers sont nombreux (Belgique, Luxembourg, France et Allemagne).

Les élections européennes au suffrage universel direct ont contribué à mettre en lumière ce paradoxe : des ressortissants d'Etats membres, établis dans un autre Etat membre, ont été privés de leur droit de vote. Cette situation conduit à une double revendication : de la part du résident qui réclame le droit de vote dans sa commune de résidence parce qu'il est soumis aux mêmes devoirs et obligations que les nationaux ; de la part des Etats membres, qui refusent d'abandonner le critère de nationalité jugé essentiel à l'octroi du droit de vote. (C'est dans cet esprit que Mgr Jacques Gaillot, évêque d'Evreux, le 27 décembre 1985, a pris position en faveur du droit de vote des immigrés.) Un souci de justice et le respect de la qualité démocratique des institutions conduit légitimement à se poser cette question. Cependant, l'importance du nombre des étrangers dans certains Etats membres a un double effet paradoxal : d'une part, le fait incite à la réflexion mais, d'autre part, nous ignorons les conséquences de l'élargissement du corps électoral. Faute de disposer d'indications exactes sur ce qu'il pourrait représenter, certains redoutent les changements dans les équilibres politiques traditionnels issus de telles élections.

La structure par nationalité montre que les plus nombreux en France sont les Portugais (20 % des étrangers) ; or depuis le 1er janvier 1986, ils sont ressortissants d'un Etat membre. Ils pourront donc voter en France.

La RFA est l'Etat membre qui compte, en valeur absolue, le plus grand nombre de résidents non nationaux (plus de 4,5 millions) soit 7,3 % de la population.

Il me paraît nécessaire de terminer cet essai en revenant à l'une des clés de ma thèse, l'Europe, et d'étudier maintenant les différentes situations avec l'idée que, peut-être un jour, la France devra aligner sa législation sur celles de ses partenaires.

Analyse comparée du droit de vote des étrangers dans les Etats membres de la CEE

Le droit de vote est reconnu par le Pacte international relatif aux droits civils et politiques, dont l'article 25 a) dispose que « tout citoyen a le droit et la possibilité... sans aucune discrimination... et sans restriction déraisonnable de prendre part à la direction des affaires publiques, soit directement soit par l'intermédiaire de représentants librement choisis ».

Cependant, le droit électoral repose classiquement sur deux conditions qui, selon les Etats membres, sont exigées alternativement ou cumulativement : la nationalité du pays dans lequel sont organisées ces élections ; la résidence dans ce pays, voire dans une entité territoriale plus petite qui peut aller jusqu'à la commune.

Quatre Etats donnent de façon totale ou partielle, à des non-nationaux le droit de vote aux élections locales. Dans les autres Etats, cette question soulève de graves problèmes juridiques et politiques.

La virulence du débat sur ce sujet, en France, est d'autant plus paradoxale que les Français semblent ignorer que de toute façon, tôt ou tard, il faudra bien harmoniser les législations sur ce point. Il est aisé de constater que ce problème n'a rien à voir avec le statut religieux alors que le débat français occulte ce rapport sous couvert d'identité nationale et évite ainsi de poser le vrai problème : celui de l'extension de droits civiques à des non-nationaux. Et pourtant, le Front national a fait sa campagne électorale de 1989 sur le slogan : « C'est la dernière fois que nous votons entre Français. »

Etats membres accordant le droit de vote à tous les étrangers

Seuls trois Etats membres, l'Irlande, le Danemark et les Pays-Bas, ont ouvert le droit de vote aux municipales à tous les non-nationaux, ce qui va au-delà des souhaits du Parlement européen.

Bien que traversée par de rudes conflits religieux dont la violence devrait rendre les Français plus circonspects dans leurs jugements sur le terrorisme « arabe » et « musulman », l'*Irlande* accorde une place exclusive au critère de résidence en matière de droit électoral : tout résident en Irlande peut se faire inscrire sur les listes électorales qui sont remises à jour chaque année, le 15 avril.

L'Electoral Act de 1973 permet à toute personne d'au moins 18 ans et dont la résidence ordinaire se trouve depuis au moins six mois en Irlande, de participer aux élections locales. En ce qui concerne l'éligibilité, l'Electoral Act de 1974 reconnaît ce droit à toute personne dans la commune où elle est domiciliée.

Le critère de nationalité n'entre absolument pas en ligne de compte dans l'attribution du droit de vote. Tous les ressortissants des Etats membres de la Communauté, et tous les non-nationaux sont électeurs et éligibles aux élections locales irlandaises.

Au *Danemark,* l'évolution du droit électoral s'est faite en deux temps. D'abord élargissement du droit de vote aux ressortissants de l'Union nordique, puis généralisation de ce droit. La première évolution limitée du droit électoral peut être riche d'enseignements pour la Communauté, tant sur le plan des principes que de son application. Cela prouve qu'il est politiquement possible d'élargir le corps électoral municipal, et pas nécessairement en faveur de tous les étrangers.

L'extension du droit de vote s'est d'abord réalisée au sein de l'Union nordique à laquelle appartient le Danemark. La loi du 18 mai 1977 a étendu le droit de vote aux élections locales aux ressortissants des autres Etats de ladite Union — Finlande, Islande, Norvège, Suède — sous réserve d'une obligation de résidence préalable qui avait été fixée à trois ans[3]. En 1978 a eu lieu le premier scrutin qui faisait appel à ce corps électoral. 59,2 % de ces nouveaux électeurs prirent part au scrutin.

Fortes de ces expériences, les autorités danoises ont poursuivi cette extension du droit de vote aux élections municipales. Aucun palier intermédiaire n'a été choisi (cela aurait pu être au profit des ressortissants des Etats membres de la Communauté), et la deuxième extension du droit de vote a été une généralisation à tous les citoyens résidant au Danemark, quelle que soit leur nationalité. Par la loi n° 143 du 30 mars 1981 modifiant la loi régissant les élections municipales, les personnes n'ayant pas la nationalité danoise ont le droit de vote et sont éligibles dans le cadre des

3. Les incapacités légales concernant les nationaux étaient aussi applicables à cette nouvelle catégorie de l'électorat.

élections municipales, aux trois conditions suivantes : avoir dix-huit ans ; être domicilié dans la commune ; avoir été domicilié au Danemark durant les trois dernières années avant les élections en question.

Le premier scrutin auquel ce corps électoral a pris part à eu lieu en 1981, avec une participation élevée de 61 %.

Les *Pays-Bas* présentent en revanche deux caractéristiques utiles pour les Français : ils ont hérité les séquelles de leurs colonies au même titre que nous, à travers un afflux non négligeable de populations allogènes fort différentes parmi lesquelles les musulmans — non arabes — sont un élément majeur. Mais en outre, pour les mêmes raisons que celles qui ont joué en France, les Pays-Bas ont reçu un fort apport de travailleurs surtout turcs et marocains.

Cet Etat membre a légiféré sur la question en dépit de l'obstacle constitutionnel qui existait : l'article 130 de la Constitution fut modifié pour que le droit de vote ne soit pas réservé aux seuls Néerlandais. Cette modification constitutionnelle fut approuvée par tous les partis démocratiques.

En 1983, la loi électorale municipale a été modifiée. Ainsi peut voter et être élu au conseil municipal tout étranger juridiquement établi aux Pays-Bas depuis au moins cinq ans. Les étrangers pouvaient déjà être élus à des conseils d'immigrés à pouvoir simplement consultatif, mais ces conseils n'existaient pas dans toutes les municipalités. Leur objectif était de favoriser l'intégration de la population étrangère sans que cela se traduise par une pleine participation aux délibérations des organes de décision.

La première application de cette réforme a eu lieu lors des élections municipales du 19 mars 1986. Le résultat demeure modeste : la participation des étrangers fut de 20 à 30 % inférieure à la participation globale de 73 %. L'ambassade d'Indonésie a rappelé à ses ressortissants qu'au regard de la loi indonésienne, il était interdit de voter à l'étranger.

Cependant, ces élections eurent un résultat tangible. Dans les 714 conseils municipaux des Pays-Bas, 20 conseillers municipaux sont désormais des étrangers (9 Turcs, 3 Marocains, 5 Surinamiens, 1 Yougoslave, 2 Portugais.)

Les trois situations démontrent que la réforme du droit électoral est possible et que même la réforme effectuée aux Pays-Bas va au-delà des souhaits du Parlement européen. Un obstacle, même constitutionnel, ne doit pas être considéré comme juridiquement infranchissable si la volonté politique existe réellement. Cette expérience peut être riche d'enseignement pour l'évolution du droit électoral souhaitée par le Parlement européen.

Etats membres accordant le droit de vote seulement à certains étrangers

Le Royaume-Uni et le Portugal permettent à certains non-nationaux de participer aux élections municipales dans un cadre très original qui pose le problème de la constitution historique d'une culture commune.

Royaume-Uni de Grande-Bretagne et d'Irlande du Nord. Selon les dispositions de l'article 2 de la loi de 1949 sur la représentation du peuple, les sujets britanniques et les ressortissants de la République d'Irlande sont électeurs dans la mesure où ils ont un domicile et une certaine durée de résidence. Le terme de « *sujet britannique* » prête à confusion. La nouvelle loi de 1981 sur la nationalité britannique, entrée en vigueur le 1er janvier 1983, fait référence à la notion de « *citoyen du Commonwealth* », notion extrêmement vaste dans la mesure où elle comprend, outre les ressortissants britanniques, tous les ressortissants des pays du Commonwealth. L'art. 51 paragraphe 1 de cette loi prévoit à cet égard qu'il y a lieu de considérer comme synonymes les termes « sujets britanniques » et « ressortissants du Commonwealth » : tout ressortissant d'un Etat du Commonwealth résidant au Royaume-Uni bénéficie du droit de vote aux élections locales dans la mesure où il est considéré comme sujet britannique. Il en va de même pour l'éligibilité. Mais un régime dérogatoire est applicable en Irlande du nord.

L'élargissement du droit de vote en Grande-Bretagne est fondé sur la prise en compte des liens historiques spécifiques s'étant traduits, par le passé, par l'appartenance à une même communauté voire à un même Etat ou une même patrie. Cet argument pourrait permettre d'élargir la réflexion, par-delà la décolonisation, à la francophonie, à l'Hispanidad (hispanité) et à l'espace lusitanien ; en effet, le cas du Portugal permet de soulever une telle question.

Le *Portugal* a été à la fois la dernière puissance coloniale européenne et le plus grand fournisseur d'émigration. A ces deux titres son cas est exemplaire.

L'article 241 paragraphe 2 de la constitution, tel que modifié en 1982, reconnaît aux seuls nationaux le droit de participer aux élections locales. Cette disposition s'applique aussi bien pour être électeur que pour être éligible. Cette disposition générale est confirmée par les termes de l'article 15 paragraphe 2 de la constitution, disposant que les droits politiques ne sont pas reconnus aux étrangers. Cependant le paragraphe 3 du même article prévoit une exception : « Les nationaux de pays de langue portugaise (Lusitaniens du Brésil) peuvent, par convention internationale et sous réserve de réciprocité, se voir accorder des droits qui ne sont pas reconnus aux étrangers en général. » Le seul traité qui ait été conclu en vertu de cet article est la convention relative à l'égalité des droits et obligations entre Brésiliens et Portugais, qui lie le Portugal et le Brésil depuis le 7 septembre 1971. L'art. IV de cette convention exclut de son champ d'application les droits réservés exclusivement, de par la constitution de chaque Etat, à leurs nationaux d'origine, et accorde donc aux Brésiliens la jouissance du droit de vote. Ce type de disposition trouve son origine dans l'histoire coloniale portugaise et de l'ensemble lusitanien.

Comme dans le cadre du Commonwealth, on imagine à quels élargissements la généralisation de cas portugais pourrait conduire à travers la francophonie et l'hispanidad, dans le cadre d'une extension du droit de citoyenneté par-delà la nationalité, à tous les ressortissants des anciens Empires coloniaux. Sans oublier le droit au retour que j'évoquais en introduction à propos des Canadiens francophones et le « droit à l'aller » pour les juifs en Israël ou pour les Beurs au Maghreb... Il me paraît évident que la France n'est pas prête à toutes ces éventualités et que la réflexion doit être conduite sur tous ces points si nous ne voulons pas nous trouver brutalement démunis devant certaines réalités.

Etats membres réservant à leurs nationaux le droit de participer aux élections locales

La majorité des Etats membres réserve *de jure* l'exercice des droits politiques à leurs nationaux. Cette conception, conforme à la tradition du suffrage universel, conquête démocratique, correspond à une époque où la notion d'Etat se confond avec celle de nation.

Le débat sur l'élargissement du droit de suffrage est identique à celui sur la démocratie. D'abord censitaire, il devient ensuite universel sans condition de revenu, mais dans certains cas, comme en France, il a fallu attendre 1946 pour qu'il le soit tout à fait par l'inclusion de l'électorat féminin.

L'idée d'étendre encore l'universalité de ce suffrage remet en cause les fondements politiques qui ont conduit à sa reconnaissance. Le fait déterminant fut l'afflux de main-d'œuvre étrangère qui devint résidente dans certaines communes. Ces possibilités furent à certains égards créées par le principe de la libre circulation et du libre établissement affirmé dans le traité de Rome. La consécration de la reconnaissance d'un droit — l'inscription dans la constitution — apparaît aujourd'hui comme un rempart que d'aucuns ne veulent pas franchir.

Cependant, là encore, il est nécessaire de faire la différence entre les Etats membres dont les constitutions ne réservent le droit de vote aux nationaux que pour les élections nationales, et ceux qui prévoient cette disposition, quelle que soit l'élection. De là provient la querelle sur la nature constitutionnelle de cette impossibilité.

Une modification de la constitution serait nécessaire pour accorder le droit de vote aux étrangers dans la plupart des Etats membres de la CEE, mais la situation réelle appelle des nuances, compte tenu des divers états du droit constitutionnel en la matière.

Par exemple, la constitution *grecque* précise : « Sauf si une loi spéciale en dispose autrement. »

Plusieurs propositions de modification ont été faites en *Italie* pour élargir le droit de vote, aux élections locales, aux citoyens des Etats membres de la CEE résidant en Italie.

La loi électorale *espagnole* prévoit que ce droit peut être accordé aux étrangers résidant en Espagne si un traité fonde le principe de la réciprocité.

Le cas du *Luxembourg* est encore plus intéressant dans la mesure où plus de 25 % des résidents du grand-duché sont des non-Luxembourgeois : si le droit de vote était élargi aux seuls ressortissants des Etats membres, cela pourrait remettre en cause l'équilibre politique. Or il existe depuis quelques années dans les communes les plus importantes du grand-duché des organes consultatifs, au sein desquels les étrangers peuvent exprimer leur avis sur les problèmes municipaux. De plus, la loi du 24 juillet 1972 a créé un Conseil national de l'immigration. Depuis 1977, les communautés étrangères les plus importantes y sont représentées. Aux termes du règlement grand-ducal du 29 juillet 1977, il s'agit d'un organe consultatif pouvant se prononcer sur toute question ayant trait à l'immigration. Un avis peut aussi être émis. L'existence et l'activité de cette institution permet, dans une certaine mesure, d'associer les étrangers à la vie municipale. Un projet de loi émanant du ministère de l'intérieur propose de rendre obligatoires de tels conseils dans toutes les communes comptant plus de 20 % d'étrangers.

Autre cas : la *Belgique* a été elle aussi une puissance coloniale mais sans politique d'assimilation comme la France et, par ailleurs, elle est également un pays d'immigration à dominante musulmane (Marocains et Turcs).

L'art. 4 paragraphe 2 de la constitution belge dispose : « La présente Constitution et les autres lois relatives aux droits politiques déterminent quelles sont, outre cette qualité de Belge, les conditions nécessaires pour l'exercice de ces droits. »

Le principe de la nature constitutionnelle selon lequel la qualité de Belge est indispensable pour pouvoir exercer des droits politiques en Belgique serait non équivoque si l'art. 5 paragraphe 2 n'apportait cette précision : « La grande naturalisation seule assimile l'étranger au Belge pour l'exercice des droits politiques. » Dès lors peut naître l'ambiguïté des droits attachés aux autres modes d'acquisition de la nationalité belge.

La participation aux élections locales ne requiert pas l'exigence de la grande naturalisation. En effet, il existe en Belgique deux catégories de naturalisation différentes : la grande naturalisation et la naturalisation ordinaire.

La loi pose donc le principe de la nationalité belge mais omet de préciser son mode d'acquisition. Car il y a lieu de savoir si cette imprécision doit être interprétée au regard du texte de la constitution.

La nouvelle loi sur le statut des étrangers de 1984 prévoit que dans certaines conditions, peuvent être institués des conseils communaux des étrangers, mais qu'ils n'ont qu'une compétence consultative. Cependant ils peuvent être élus au suffrage universel.

Dès lors, l'octroi à des non-Belges du droit de vote aux élections locales n'est pas de nature constitutionnelle et pourrait être fixé par voie législative. Cette position, qui ne fait pas l'unanimité de la doctrine, a été également combattue par le Conseil d'Etat.

La *République Fédérale d'Allemagne* pose un autre problème, car quelques Länders ne précisent pas le détail des élections. Or il existe plusieurs types d'élections parlementaires, régionales et fédérales, et autant d'élections municipales. L'art. 20 de la loi fondamentale peut paraître relativement clair dans la mesure où il dispose que « la souveraineté émane du peuple ». L'art. 28 ajoute que « dans chacun des Länders, Kreise et communes, le peuple doit avoir une représentation issue d'élections au suffrage universel, direct, égal, libre et secret ».

Les élections municipales étant citées expressément, le débat porte sur le point de savoir si la notion de « peuple » recouvre exclusivement les citoyens allemands. Toute extension du droit de vote nécessiterait une modification de la loi fondamentale, étant donné l'ambiguïté de la notion de peuple.

« Le Parlement européen se prononce pour le droit de vote des étrangers aux élections locales »

Par 149 voix contre 90 et 8 abstentions, le Parlement européen a adopté mardi 14 février à Strasbourg une résolution demandant aux pays de la Communauté d'accorder le droit de vote aux élections locales pour tous les étrangers vivant et travaillant chez eux.

Ce texte va plus loin que l'actuel projet de la Commission européenne, qui recommande le droit de vote aux élections municipales seulement pour les ressortissants des autres pays de la Communauté européenne. Les députés européens présents ont voté un amendement déposé par le groupe communiste demandant que « les Etats membres de la CEE qui ne l'ont pas encore fait accordent le droit de vote aux élections locales à tous les travailleurs migrants et leur famille résidant et travaillant sur le territoire, qu'ils soient originaires de la Communauté ou de pays tiers ».

Plusieurs pays de la Communauté ont déjà accordé un droit de vote aux étrangers. Au Danemark, tout étranger résidant depuis plus de trois ans a non seulement le droit de vote aux élections municipales, mais également le droit de se présenter. Même chose aux Pays-Bas, pour ceux qui y résident depuis plus de cinq ans.

En France, où une telle décision impliquerait une modification de la Constitution, le ministre de l'Intérieur, M. Pierre Joxe, s'y est déclaré favorable, lundi, lors de l'émission « L'Heure de vérité ». Il a toutefois estimé qu'il faudrait y aller progressivement et a suggéré que l'on commence par accorder le droit de vote d'abord aux ressortissants de la Communauté.

Le débat vient d'être relancé en Allemagne fédérale par le succès électoral de l'extrême droite à Berlin-Ouest et par la décision du Sénat de la ville-Etat de Hambourg, dirigée par une coalition de sociaux-démocrates et de libéraux, d'accorder le droit de vote à tous les étrangers pour les élections d'arrondissement.

A la suite de cette décision, le Parlement régional du Schleswig-Holstein vient d'adopter à son tour, mardi, une réforme de la législation électorale locale, soutenue par le Parti social-démocrate, majoritaire, et par le représentant de la minorité danoise. Cette réforme accorde le droit de vote dès les élections communales de l'année prochaine, sur une base de réciprocité, aux ressortissants des six autres pays européens où les Allemands de l'Ouest bénéficient déjà de ce droit (Danemark, Pays-Bas, Irlande, Norvège, Suède et Suisse). Il sera étendu à tous les étrangers pour l'élection suivante.

Le gouvernement fédéral lui-même est en revanche très divisé sur le sujet. Le ministre de l'Intérieur, M. Friedrich Zimmermann, membre de la CSU bavaroise, qui a toujours défendu une législation restrictive en matière d'immigration, s'est violemment élevé contre la décision de la Diète de Hambourg. Mais le ministre de la Justice, M. Hans Engelhard, membre du Parti libéral, s'est prononcé mardi pour le droit de vote des ressortissants de la Communauté.

Le Monde, 18 février 1987.

Le cas français

Les étrangers résidant en France n'ont jamais possédé de droits civiques. Certes, l'article 4 de la constitution de 1793 avait affirmé l'universalisme des révolutionnaires en des termes généraux : « Tout étranger âgé de 21 ans accomplis qui, domicilié en France depuis une année — y vit de son travail — ou acquiert une propriété — ou adopte un enfant — ou nourrit un vieillard — tout étranger, enfin, qui sera jugé par le Corps législatif avoir bien mérité de l'humanité — est admis à l'exercice des droits de citoyen français. » Cette Constitution ne fut hélas jamais appliquée.

Pendant la période coloniale, la France a utilisé plusieurs formes de citoyenneté, il ne faudrait pas l'oublier[4]. En particulier, après

4. Cf. en particulier Ch. Bruschi et J.-R. Henry, *in* la revue *Procès,* le n° 10 consacré au droit colonial.

1958, tous les « Algériens » étaient citoyens et nationaux français puisque le double collège avait été supprimé. Avant cette date, de nombreux habitants des colonies françaises pouvaient également acquérir la citoyenneté dans certaines conditions, ce qui n'est pas sans conséquences aujourd'hui encore.

L'article 3 de la constitution du 4 octobre 1958 dispose : « Sont électeurs dans les conditions déterminées par la loi, tous les nationaux français majeurs des deux sexes, jouissant de leurs droits civils et politiques. » Cette disposition s'applique à toutes les élections dans la mesure où, le Sénat étant élu par un collège qui comprend, entre autres, les délégués des conseils municipaux, il ne fait pas de doute que les élections municipales concourent par le biais du suffrage indirect à la détermination de la souveraineté nationale.

Certains juristes soutiennent qu'une modification constitutionnelle ne serait pas nécessaire dès lors que la composition du collège électoral sénatorial serait modifiée. Cette argumentation ne paraît pas tout à fait convaincante, parce que l'article 3 de la constitution peut s'appliquer à toutes les élections sans distinction.

Face aux problèmes posés par la présence massive d'émigrés, M. Mayoud (député UDF) déposa en 1983 une proposition de loi visant à créer des conseils consultatifs des communautés étrangères vivant en France : auprès des municipalités qui en exprimeraient le désir, ils pourraient orienter leur politique culturelle, éducative, sociale et économique, lorsque celle-ci concerne spécifiquement les populations étrangères concernées. Instance de dialogue et de concertation, ces conseils pourraient être associés aux efforts des élus visant à accélérer l'intégration ou l'insertion des ressortissants intéressés, comme à préparer leur retour au pays d'origine, s'il y a lieu. Cette proposition n'a jamais été discutée par le Parlement. Pourtant des expériences isolées furent mises en place par certaines municipalités. Ainsi, en mai 1985, la mairie de Mons-en-Barœul a procédé à l'élection de trois conseillers municipaux « associés » par la population étrangère.

Cette initiative provoqua de nombreuses réactions. Le parti socialiste s'est félicité de cette élection et a souhaité que les collectivités locales « avancent » dans le sens d'une plus grande participation des étrangers à la vie locale. Pour sa part, le secrétaire général du RPR a estimé qu'une telle initiative était à la limite de la légalité.

Il ne fait guère de doute, ni pour la doctrine dominante ni pour les pouvoirs publics, qu'une modification constitutionnelle est indispensable à toute extension du corps électoral municipal, bien que le Conseil constitutionnel, seul organe incontestable en la matière, n'ait jamais été amené à se prononcer. Telle est la position constante défendue par le gouvernement dans des réponses à des questions écrites de parlementaires.

En avril 1985, le président de la République déclarait que « (...) la participation des immigrés — qui se trouvent en France depuis un certain temps — à la gestion locale, pour disposer de droits correspondant à ceux des citoyens dès lors que leur vie en est affectée, me paraît être une revendication fondamentale qu'il faudra réaliser. Mais le gouvernement (...) doit tenir compte aussi de l'état des mœurs. C'est une revendication que je pense juste, qui inéluctablement s'inscrira dans nos lois, mais qui ne doit pas nécessairement exposer ce gouvernement à l'incompréhension générale (...) ».

Seule la délégation de l'Assemblée nationale pour les Communautés européennes a évoqué le problème spécifique du droit de vote des ressortissants des autres Etats membres. Dans les conclusions au rapport de M. Massat sur l'Europe des citoyens, la délégation, lors de la réunion du 27 juin 1985, « souhaite également la mise à l'étude d'une proposition récente concernant l'octroi du droit de vote d'un ressortissant d'un Etat de la CEE dans un autre pays s'il y réside. »

On s'aperçoit que tout comme en République Fédérale, la prudence caractérise les positions des formations politiques. Le poids de la démographie et l'exacerbation du thème de l'immigration auront contribué à faire disparaître du débat politique le thème européen. En effet, l'octroi du droit de vote pour les ressortissants communautaires n'est souvent pas analysé en soi, contribuant ainsi à fausser les bases du débat européen.

Bien plus, l'attitude des Etats à l'égard du droit de vote de leurs propres ressortissants, absents du territoire national, est différente : Très rares, en effet, sont les Etats membres qui accordent le droit de vote aux élections municipales à tous leurs nationaux résidant en permanence à l'étranger. Le Danemark, la République fédérale d'Allemagne, l'Irlande, les Pays-Bas, le Luxembourg et le Portugal, n'admettent pas la participation aux élections municipales de leurs nationaux ayant leur résidence habituelle à l'étranger.

Il apparaît que seuls les ressortissants de deux Etats membres (France et Espagne) conservent sans limites le droit de vote aux élections municipales. Inversement, seuls l'Irlande, le Danemark et les Pays-Bas accordent le droit de vote municipal aux étrangers. Les ressortissants des autres Etats membres, qui mettent en pratique le libre établissement dans un autre Etat membre, perdent le droit de vote aux élections municipales. Si certains citoyens établis à l'étranger ne votent pas aux communales, comment des étrangers pourraient-ils avoir ce droit ?

Les Espagnols résidant à l'étranger peuvent voter aux élections municipales par correspondance ou à défaut, par procuration.

Les Français établis à l'étranger peuvent rester inscrits sur la liste électorale soit de leur commune de naissance, soit sur celle de leur dernier domicile, soit sur celle d'un ascendant ou descendant, soit sur celle où ils sont redevables au titre de l'un des quatre impôts locaux. Dès lors qu'ils sont ainsi effectivement inscrits, ils peuvent voter par procuration aux municipales. Cette attitude très libérale semble connaître désormais des limites. Ainsi pouvait-on lire en 1982 dans l'exposé des motifs du projet de loi relatif à l'élection des conseillers municipaux et aux conditions d'inscription des Français établis hors de France : « On ne voit pas l'intérêt qui peut s'attacher au fait d'autoriser le vote, dans une commune, de personnes qui, par hypothèse, n'ont aucun lien avec cette commune[5]. » Bien que le droit de vote aux municipales des nationaux résidant à l'étranger n'ait pas été remis en question, il s'agit peut-être ici de l'amorce d'une évolution.

En Italie, les citoyens italiens résidant à l'étranger conservent leur droit de vote après leur départ du pays (article 13 de la loi sur les élections municipales). Mais ils doivent voter personnellement dans le bureau électoral de leur commune. Ils ont cependant droit au transport ferroviaire gratuit depuis la frontière jusqu'à la commune où ils votent et au retour.

La Grèce adopte une attitude identique. Cette possibilité théorique doit, dans la pratique, être nuancée du fait de l'obstacle que peut représenter le voyage vers l'Etat membre d'origine, surtout si celui-ci est éloigné des centres d'immigration situés en Europe du Nord.

Au Royaume-Uni, les Britanniques résidant à l'étranger ne

5. *Journal officiel.* Document Assemblée nationale n° 1030, p. 5.

peuvent participer aux scrutins locaux que s'ils sont militaires ou fonctionnaires.

La Belgique a une pratique semblable qui revient à exclure la quasi-totalité des ressortissants résidant à l'étranger.

Or pour que le suffrage soit vraiment universel, il faudra harmoniser toutes ces législations et prévoir ainsi, soit le droit de vote dans le pays de nationalité, soit dans le pays de résidence. En effet, comme le note le professeur Boulouis : « La mise en forme d'une procédure uniforme était au moins aussi importante que l'adoption du suffrage universel direct, auquel elle donnait une signification particulière : le passage d'une représentation des peuples des Etats à une représentation des peuples de la communauté[6]. »

L'Europe des peuples

Vers une nouvelle citoyenneté... européenne à travers le renouveau de l'ethnicité ?

On peut faire le pari que l'Etat-Nation est désormais un obstacle à la mondialisation du capitalisme. La phase de conquête des marchés intérieurs par une bourgeoisie nationale semble dépassée. L'Etat-Nation est donc tiré par le haut vers l'Europe et en même temps révoqué en doute par le bas. L'originalité de cette situation tient au fait que l'Europe peut, par exemple, s'accommoder d'un Etat catalan autonome sans doute bien mieux que la France et l'Espagne. Cette évolution sera d'autant plus aisée que les frontières des Etats — objet d'une véritable idolâtrie — sont trop récentes pour être définitives[7].

La France, qui a pratiqué la colonisation de peuplement au Maghreb, constate aujourd'hui la stabilisation d'une migration qu'elle croyait provisoire. Ce phénomène semble identique en Europe. La France réagit donc par un réflexe de peur et envisage de revenir sur l'acquisition de la nationalité par le *jus soli,* tandis que d'aucuns proposent un droit de vote limité sans citoyenneté. L'idée

6. *Droit institutionnel des Communautés européennes,* 1984, p. 89.
7. Aldo Dami, *Les Frontières européennes de 1900 à 1975,* éd. médicales et hygiène, Genève, 1976.

de citoyenneté moderne implique l'adhésion aux valeurs[8] de la communauté politique nationale et certains se posent la question des conséquences qu'aurait l'introduction d'une *doxa* allogène, d'une pensée indiscutée d'origine étrangère !

Autrement dit, le premier réflexe consiste en une *asocialisation préventive,* tant de la part des allogènes qui sont tentés de conserver leur citoyenneté culturelle d'origine, que de ceux qui envisagent de passer à la citoyenneté politique sans tenir compte des coûts psychologiques et sociaux : le plus grave consistant en l'abandon de la religion du père.

Je constate que personne ne leur demande leur avis, parce que le projet représente un fromage et un enjeu considérables entre les spécialistes de l'émigration, les professionnels du social, les politiques, les institutions, y compris étrangères (l'Amicale des Algériens en particulier). Chaque petit leader de groupe veut être représentatif de quelque chose : les candidats « grimpeurs sociaux » issus, non de l'émigration, mais ayant surmonté l'échec scolaire, commencent à déranger beaucoup de monde parce qu'ils veulent des places. Malika-Malcolm X nous a prévenus : « Les Beurs qui ont réussi ne veulent pas être cantonnés dans le service social de ceux qui ont échoué. » Et Nacera d'ajouter : « Ils ont pendu Rosa Luxemburg, moi, ils vont me guillotiner en 89 ! » Le Fonds d'Action sociale est désormais inutile, il faut penser aux Français, y compris ceux « d'origine étrangère »... S'il n'y a plus de migrants, restent les problèmes sociaux.

Cette constatation ne doit pas minimiser l'importance des travaux qui ont mis en lumière les expressions culturelles diverses[9] et socialement situées au sein des mêmes entités nationales constituées. Mais force est de reconnaître qu'un modèle intégratif politico-culturel s'est établi dans ce pays. Par le biais des matrices juridiques, administratives et politiques, une sorte de consensus contractuel s'est mis en place au cours du temps, unissant les citoyens dans un même sentiment d'appartenance. La pérennité du

8. Les valeurs centrales de cohésion de T. Parsons ou le conformisme logique de Durkheim, peu importe : il s'agit d'un minimum de consensus sur la cause, le temps, l'espace, etc.

9. Outre de nouvelles revendications culturelles (Corses, Basques, Tyroliens, etc.), les handicapés, les homosexuels se présentent comme autant de minorités.

« Contrat fondateur » de la réalité étatico-nationale nécessitait d'ailleurs une certaine intériorisation affective (se sentir français) mais aussi l'acceptation d'un minimum d'inégalités.

Or rien n'est moins simple lorsque l'on perçoit dans quel ensemble complexe et serré les immigrés ont à s'insérer de façon définitive : cette unité politico-administrative et anthropologico-culturelle que constitue la France.

L'immigré apparaît alors dans ce qui constitue son « écart » vis-à-vis de la société où il demeure, y campant — nomade et prolétaire — sans en faire vraiment partie. Du point de vue de la culture dominante locale, il apparaît régulièrement comme incapable d'entrer dans les structures profondes, dans l'intelligibilité d'une multitude de pratiques et de coutumes qui fondent les autochtones dans le moule des rapports sociaux locaux et qui règlent leurs relations avec l'expression ultime de la collectivité qu'est l'Etat. (C'est à dessein que j'ironise sur les indigènes et les autochtones...)

Sans doute est-il vrai que l'écart des langues et des coutumes, le peu de représentation politique et le type de défense des droits qui leur a été accordé jusqu'ici se sont opposés à ce que les immigrés se sentent partie prenante du moule politico-culturel unitaire des formations nationales où leur trajectoire migratoire les a « réenracinés ». Les tensions qu'introduit leur présence dans le jeu subtil qui s'établit entre l'Etat, la société civile et les acteurs individuels relèvent aussi des systèmes de valeurs et de code qui sous-tendent les relations de citoyenneté ou de ce que, d'une manière plus générale et faute d'une meilleure expression, on peut appeler les divers niveaux de *sociabilité* au sein de sociétés données.

La compréhension des processus à l'œuvre au cours de la nouvelle phase de l'histoire des migrations nécessite donc de porter l'interrogation au-delà des simples effets que pourrait avoir pour un temps encore l'attachement des immigrés à leurs modes de vie et coutumes d'origine. Et il est également insuffisant de considérer leur marginalité actuelle comme une sorte « d'épreuve initiatique » au seuil de leur nouvelle intégration nationale.

Mais en se référant une fois de plus à René Girard et à la violence fondatrice, puisque Malcolm X et Martin Luther King ont été assassinés, combien faudra-t-il tuer de Beurs pour que les autres soient « intégrables » ?

Ce qui est en jeu, c'est la rencontre et sans doute la permanence de sociabilités différentes sur un même territoire puisque certains observateurs de la réalité migratoire ont déjà attiré l'attention *à cet égard sur la bilatéralité des références « culturo-nationales » qui tendraient à s'installer de manière durable dans la tête des nouveaux citoyens d'origine étrangère.* En outre, il n'est pas évident non plus que le modèle de communauté représenté par les Etats-Nations européens puisse être considéré aujourd'hui par les nouveaux arrivants comme un *modèle attrayant* et plus signifiant pour exprimer leur situation de classe ou de marginalité que leur attachement aux groupes primaires, religieux ou nationaux d'origine. Enfin, si, en raison de leur haut degré de formalisme abstrait, les institutions des Etats nationaux européens peuvent éventuellement avoir la capacité d'intégrer des ressortissants culturellement hétérogènes, il n'est pas assuré en revanche que la *société civile* en soit capable, parce que le sexisme et le racisme ne font que traduire la difficulté de supporter une certaine quantité d'Altérité. Quelle quantité d'Altérité une société peut-elle supporter sans stigmatiser l'Autre jusqu'à son *holocauste ?*

La sociabilité des acteurs d'une société donnée est en rapport avec ce qui, dans cette société, délimite les relations fonctionnelles que chaque acteur doit ou peut légitimement entretenir avec les autres membres de la collectivité.

Il me semble que (si c'est bien cet ensemble de facteurs qui définissent le champ largement imprévisible où devront s'effectuer les décisions d'appartenance) les nations d'Europe occidentale s'acheminent vers des formes plurielles de citoyenneté.

Parce que l'Europe offre de plus larges possibilités de formes de sociabilité que l'Etat-Nation, en particulier parce que les clivages « privé-public » et « licite-illicite » de l'existence sociale n'y sont pas gérés culturellement de façon identique, et plus particulièrement dans les « jeunes » Etats-Nations (Allemagne et Italie) où la culture, au moins, est du ressort des instances locales. Quelques Esquimaux du Groënland et quelques Lapons appartiennent à la CEE par le biais des Etats scandinaves : alors pourquoi pas les Maghrébins ? Parce que les Français les croient moins intégrables que les Lapons ? Ce serait trop simple évidemment.

Les domaines respectifs de ce qui est considéré comme relevant de la sphère publique ou de la sphère privée de l'existence, ou ce qui est licite ou illicite dans chacune de ces sphères, peuvent varier considérablement selon les contextes sociaux considérés. Au fur et à mesure *que la différenciation entre les individus s'est accrue dans le contexte occidental,* elle a conféré plus d'autonomie aux acteurs.

Ceci s'est accompagné d'un déplacement de la zone des régulations et des arbitrages sociaux. Toujours à partir d'un point de vue occidental, ce sont les distinctions établies, d'une part, par Ferdinand Tönnies entre « communautés » et « sociétés » *(Gemeinschaft/Gesellschaft)*, et, d'autre part, par Durkheim entre « solidarité mécanique » et « solidarité organique » qui paraissent le mieux à même de rendre compte des logiques contextuelles différentes ; d'un côté, l'individu émerge peu *d'une collectivité de taille réduite fondée sur une homogénéité morale et sociale,* et, de l'autre côté, la primauté de la *division du travail* et l'émancipation *générale des individus les associent plutôt au travers des liens contractuels.*

La sociabilité des acteurs d'une société donnée doit être mise en rapport avec ce qui, dans cette société, délimite les relations fonctionnelles que chaque acteur doit ou peut légitimement entretenir avec les autres membres de la collectivité.

D'une manière certaine je rappelle que la citoyenneté *n'existe que si un espace social est aménagé entre la sphère privée de l'existence individuelle ou familiale, d'une part, et la sphère publique de l'action politico-étatique, d'autre part.*

Si nous tenons compte que les modèles de comportement observables dans les sociétés d'origines des immigrés produisent à la fois de l'oppression et de la solidarité, le passage du clan, du clientélisme, du patriarchisme à l'état de citoyenneté ne peut se faire *que si la transgression paie.* Si l'Etat est trop libéral, il ouvre la porte aux sectes, mais les Corses et les Kabyles ne sortent du clan que pour piller l'Etat parce que, si l'Etat opprime et oppresse, les groupes segmentaires sont plus rentables pour la survie. C'est donc bien entre la sphère des « affaires individuelles et privées » et celle des « affaires de l'Etat » que s'aménage de manière plus ou moins extensive la zone de participation volontaire à caractère non directement politique, mais qui constitue « un réservoir de citoyenneté » et l'apprentissage d'une nouvelle culture politique.

Mais comment ce niveau de citoyenneté se constitue-t-il dans chaque société considérée et confère-t-il aux individus la possibilité de poursuivre des objectifs de coopération et de réciprocité au sein de groupes secondaires (locaux, régionaux, professionnels, associatifs, etc.) ? Si l'on se réfère à la distinction de Tönnies, quelle influence exerce sur ce niveau de la sociabilité le fait de se trouver dans une « société de statut » aux solidarités segmentaires et traditionnelles, ou dans une « société de contrat » aux solidarités compartimentées en fonction des objectifs d'accomplissement et de mobilité poursuivis par les individus ?

Sur ce plan je soutiens que deux variables sont fondamentales. Dans l'Etat-Nation, on peut faire état de la différence culturelle mais cela ne peut que conduire à la constitution d'Etat. Sauf à détruire l'Etat actuel ou faire sécession. Or l'Europe menace plus la France que les nouvelles générations, et sur ce plan la réunification des Pays basques et catalans est du domaine du possible dans un cadre européen.

Une minorité culturelle peut gérer son sort à condition de mobiliser un centre étranger. Sur ce point, l'Algérie et le Maroc viennent de rappeler à leurs ressortissants de ne pas se laisser prendre « aux pièges démagogiques ». Certains milieux algériens parlent même de « dépersonnalisation », suite logique de la colonisation (dans laquelle la France avait su dissocier nationalité et citoyenneté, il faudrait s'en souvenir !).

La décision d'appartenir à la communauté civique passe par toute une série d'autres décisions bien analysées en France par Michel Oriol, par exemple [10], avec des étapes peu étudiées, comme celle du passage de l'endogamie à l'exogamie. D'après mes recherches il est difficile de chiffrer quantitativement les stratégies. Celles-ci peuvent se regrouper en trois grands faisceaux : l'adhésion inconditionnelle à la République laïque ; la lutte pour la conservation de la personnalité ethnico-culturelle, et l'utilisation cynique et instrumentale de tous ces registres intermédiaires pour « squizer [11] » le système.

Il n'y a pas de sociétés pluriethniques et pluriculturelles parce qu'il n'y a que l'hégémonie — en fait — et, aujourd'hui, ceux qui luttent contre la dispersion de l'identité française et sa dilution métèquoïdale, ne réalisent pas qu'en amont la culture est *déjà* « mondialisée » [12] ; il me semble que beaucoup de jeunes Français

10. *Revue suisse de sociologie* 2, 1984, pp. 541-562. *Cahiers internationaux de sociologie,* LXVI, 1979, pp. 19-26.
11. Le mot maghrébin est bien plus explicite quoique plus grossier.
12. Pères de familles conscients, regardez les programmes télévisés de vos enfants !!! Ils sont japonais et américains. Quant à la Cinq... elle n'est que violence et pseudo-technologie frelatée.

sont déjà dans la culture mondiale sans accéder toutefois à la jet society.

Paradoxalement, parce qu'ils restent attachés à la « pop-folk-music », ils gardent un lien ténu avec la terre de leurs ancêtres. Nous avons tué Dieu, le roi et le père. Comment sortir de la schizophrénie ? Sinon par la replongée dans l'ethnicité ?

Les Arméniens de la troisième génération jettent des bombes... Peut-être un jour les banlieusards maghrébins partiront-ils à la recherche de leur Tamazight (langue berbère) perdu ? Comme ces Indiens d'Amérique qui, à leur rythme, retournent fumer le calumet dans les « sweat-lodges ».

Ironie d'une histoire apocalyptique, d'un Occident qui n'a pas perçu l'inanité du ricanement de Staline : il parlait comme Renan, Barrès et... Fustel de Coulanges. Il y a deux cents ans, Robespierre dit à Marat : « Arrête de dire " *je* le veux "... Dis : " La Nation le veut. " Et il fut des êtres assez simples pour le croire. En effet, à la logique de la relativité des cultures — qui implique communication, dialogue, voire confrontation — s'oppose *l'absolutisme de chaque culture.* Nous sommes en 1992. Avons-nous clos le double siècle de l'hégémonie ? Je ne le crois pas.

Mieux, l'humanisme européen, guéri de l'ethnocentrisme, s'arroge le droit d'aider à la promotion de la différence culturelle. Ainsi le droit à la différence conduit-il à l'indifférence qui n'est qu'une forme subtile de *l'ostrakoïn* (exclusion grecque). La générosité de ce type de discours n'est pas en cause. Seule la lucidité peut nous permettre de ne pas sombrer dans les prises de positions idéologiques. Les faits sont là : il existe désormais en Europe des multinationaux sous-citoyens.

Saurons-nous passer à une pluricitoyenneté sans nationalité ? Si nous manquons cette étape, le seul refuge qui apparaîtra alors comme crédible aux yeux des plus fragiles, sera la marginalisation dans un retour utopique à la tribu ethnique, ou le repli frileux sur un individualisme accentuant l'anonymat dépersonnalisant des sociétés holistes.

Les jeunes Français sans distinction d'origine seront demain dans une Europe universitaire qui impliquera des possibilités de circulation immenses puisque déjà est acquise l'équivalence des diplômes à BAC + 3. Ne serait-ce pas leur faire injure que d'imaginer qu'ils ne pourront pas trouver par eux-mêmes de nouvelles formes d'une culture européenne qui ne soient pas simple retour à l'Europe christiano-latine et un avatar sous développé de l'anglo-computérisme ?

Face au rouleau compresseur de la mondialisation, le repli sur soi, le processus culturalo-cultuel et local, voire parochial, qui produit ces nouvelles cultures de quartiers, est le seul lieu et champ de résistance identitaire. Cette quête d'identité, cet ethno-narcissisme confinent certes à la barbarie aux yeux des gens des Lumières, qui condamnent le relativisme culturel... Mais cette quête, ce repli, cette re-découverte de soi à travers le culturel constituent la seule réponse à la modernité anxiogène.

« Je prèfe ma cousine » est, au fond, le refus de la mondialisation-aliénation-disparition-dissociation schizophrénique. Pour éviter la folie, il est plus aisé de revenir, même formellement, à la religion du père, de s'accrocher aux bribes de culture religieuse qui restent encore, avant le désastre de la disparition dans l'assimilation. Pour cela les « marseillais-berbéro-banlieusards-du-village mondial » vont du *raï* à Michael Jackson... Ils sont en avance et préparent mieux que nous l'après 1992.

Parce qu'ils ont tout à gagner et peu à perdre. La voix par excellence, Oum Koulsoum (la mère de tous les Hommes), ne chante-t-elle pas : « Ô mon âme, ne me demande pas où est le passé ; c'était un édifice de rêve et il s'est écroulé... » Les enfants des migrants ont en effet hérité deux histoires en négatif : celle de l'Algérie et celle de la France : les vainqueurs vaincus ; celle du père, l'immigré, simple force de travail... celle de la mère, femme sans voix... Les Beurettes, elles, donnent de la voix, hurlent... mais qui les entend ?

En ce qui me concerne je suis persuadé que sur ce point l'apport des Beurs, des Beni-gavroches, des enfants issus de l'émigration, tous ces ex-Maghrébins, ex-orientaux, néo-musulmans Berbères, kabyles ou arabophones modernes mais français, ne sera pas négligeable dans l'acte d'imagination créatrice absolument nécessaire pour que l'Europe vive.

DIS-MOI QUI TU HAIS, JE TE DIRAI QUI TU ES

J'avais écrit dans *L'Islamisme radical* que l'alternative oscillait entre les deux opiums du peuple : le football et les Frères musulmans. Une fois de plus, je me trompais. La vague islamiste est passée et le football a été complètement récupéré et réifié par le capitalisme transnational : la violence, le fric, la triche et le pire de tous ces maux, l'ennui. Maradonna/Madonna ne fait pas particulièrement dans la transcendance. Comment rêver alors face au simulacre (Baudrillard) dans cette « ère du faux » (Umberto Ecco) ? D'autant que la diversité voyante de l'éventail confessionnel (Jean Seguy) dissimule mal la saisine du sacré par ce même capitalisme incroyablement apte à tout récupérer : et pas seulement dans les « sectes » prosélytes, y compris les « orientales » venues chez nous via les Etats-Unis, et pas seulement chez les prêcheurs-TV, et pas seulement dans le *Tabizness* (mot de l'argot berbéro-marseillais) de la viande hallal ou casher, ou encore dans les nourritures terrestres garanties harmonisées avec les biotoniques, macrobio-écolos du consumérisme ambiant.

Les trois religions monothéistes sont à la recherche de nouveaux codes. Le judaïsme s'en tire mieux parce qu'il a un temps d'avance dans la gestion de la crise et une longue mémoire. Mais le problème n'est pas là. Aujourd'hui, l'ennemi commun qu'était le scientisme marxiste s'est effondré et le danger qui pointe à l'horizon est beaucoup plus sérieux parce que non issu du monisme monothéiste : le XXIe siècle sera peut-être religieux, si Malraux a raison, mais alors il sera « oriental », bouddhiste, ou religieux à la soft-cool cosmogonie, pluriel-doux ; car le monisme existentiel a montré ses limites :

violence, terreur, dogmatisme, apocalypse, destruction de la planète, mépris assassin de l'Altérité sous toutes ses formes, arrogance et ignorance des mécanismes réels du cosmos.

Peut-être alors les Français comprendront-ils brutalement que l'islam et les musulmans étaient trop proches d'eux pour qu'ils s'aperçoivent de la non-différence. Entre l'individuation égotiste et la tragédie de masse, la société post-hégélienne moderne n'a su établir que le néant tragique et meurtrier de relations abstraites, à travers l'universalisation des concepts qu'elle a produits : l'Etat, la Nation, l'individu couronnés par la sinistre plaisanterie planétaire des Droits d'un Homme aussi abstrait que le citoyen de Sieyès... La boucle est bouclée. L'Histoire, de linéaire et progressiste qu'elle fut pendant ces deux siècles, est redevenue circulaire. Elle n'avait plus aucun sens après en avoir eu *un* seul. Maintenant, enfin, elle a peut-être quelques chances d'avoir *du* sens...

Ceux qui disent qu'ils sont différents sont comme les Crétois... Ils sont comme nous mais ils ont eu un destin différent. Le poète israélien Bialik a coutume de dire : « Je n'aime pas les Bédouins, ils ressemblent trop à nos Sépharadim... »

La capacité à désigner un ennemi est pour certains la meilleure définition de la politique. Il faut bien avouer que sur ce plan-là, les Français ont souvent hésité et ont longtemps persisté dans leurs errements. Dans ma courte vie, j'ai entendu parler de la perfide Albion, de Fachoda à Mers el-Kébir, des Prussiens, des Germains et des Teutons et autres hordes de Boches. Mes enfants trouvent très normal de voyager en Angleterre et en Allemagne comme moi j'allais de Nîmes à Aix-en-Provence... Ayant vécu très jeune les horreurs de la guerre je n'ai personnellement pas pensé que les Viets et les Fellegha étaient mes ennemis héréditaires. J'ai compris assez tôt, me semble-t-il, que détruire l'Autre revient à s'autodétruire. Je suis donc devenu politologue mais cette aventure individualiste ne supprime pas le problème. Mon collègue et ami Raphaël Drai le rappelle vertement dans *Guerre, éthique :* « Le stade du narcissisme obsidional, qui se sent menacé dès qu'il est interpellé ou invité au dialogue, que ce stade est progressivement dépassé par et vers le besoin de reconnaissance d'autrui[1]... »

Et si la présence reconnue de l'Autre — ici le musulman — chez

1. Raphaël Drai et Cao-Huy Thuan, *Guerre, éthique et pensée stratégique à l'ère thermonucléaire, op. cit.*

nous, nous permettait enfin de nous dépasser dans une éthique ouverte... sans ennemi, donc sans politique ? Je suis partisan de tenter l'expérience parce que, s'il a fallu des siècles à l'instinct de vie pour construire, nous savons maintenant (après l'Holocauste) qu'il suffit d'un bref instant pour que l'instinct de mort fasse table rase.

ANNEXES

I

MIRABEAU : SUR MOSES MENDELSSOHN [1]

« Quels motifs ont pu engager les gouvernements européens à observer, pour ainsi dire d'un commun accord, des procédés si barbares envers la nation juive ? Il est difficile de se persuader que tant d'hommes industriels ne puissent être utiles à l'Etat parce qu'ils sortent de l'Asie et qu'ils se distinguent par la barbe, la circoncision et une manière particulière d'adorer l'Etre suprême. A la vérité, ce culte, qui leur a été transmis par leurs pères, les rendait incapables de jouir des mêmes droits que les autres citoyens, s'il renfermait des principes contradictoires aux devoirs envers l'Etat, s'il leur défendait de respecter la bonne foi (...).

« Mais la religion des juifs, fondée sur la loi de Moïse, laquelle est en vénération chez les chrétiens qui l'attribuent à l'inspiration immédiate de la Divinité, ne contient certainement pas de principes antisociaux. Ses commandements ne sont point en contradiction avec ceux de la justice et de l'humanité ; ils ne heurtent pas la bonne foi, ils n'ordonnent point la fraude ; loin d'y inviter ses enfants, la loi mosaïque, particulièrement fondée sur l'agriculture, et même spécialement contraire au trafic, [interdit] celle de toutes les professions qui peut naturellement y conduire (...)

« La religion moderne des juifs ne contient en elle-même aucun précepte de haine et d'offense contre les membres d'une communion différente ; elle est à cet égard parfaitement semblable à toutes les religions qui rompent plus ou moins les liens naturels des hommes, et imposent toujours à leurs sectateurs une certaine répugnance pour ceux d'une autre communion. A Dieu ne plaise que ce soit là une raison de refuser les droits des citoyens aux sectateurs de quelque culte que ce soit. (...)

« On ne peut pas douter de bonne foi que des traitements meilleurs n'extirpassent les préjugés de religion qui empêchent les enfants de Moïse

1. Mirabeau, *Sur Moses Mendelssohn et sur la réforme politique des Juifs,* 1787, p. 63 s. Tiré de R. Neher-Bernheim, *Histoire juive,* t. 1, pp. 205-206.

d'être plus sociables. Le juif est plus homme encore qu'il n'est juif ; et comment n'aimerait-il pas un Etat dans lequel il lui serait permis de devenir propriétaire ? Où ses contributions ne seraient pas plus grandes que celles des autres citoyens ? Où rien ne l'empêcherait d'aspirer à l'estime et à la considération ? Pourquoi haïrait-il des hommes dont il ne serait plus séparé par des prérogatives humiliantes et dont il partagerait les droits et les devoirs ? La nouveauté de ce bonheur, et la malheureuse probabilité que de longtemps sa nation ne peut se flatter de l'obtenir ailleurs, en augmenterait le prix à ses yeux. Son pays deviendrait sa patrie. Il la regarderait avec la tendresse d'un fils longtemps méconnu et rétabli dans ses droits. Ces sentiments inséparables du cœur humain parleraient bien plus haut que tous les sophismes des rabbins qu'on a tant exagérés, si ce n'est calomniés. »

II

Conditions d'accès à la nationalité française [1]

1. *Français d'origine*
par filiation (et adoption plénière)

Si au moins un des deux parents est français (art. 17).

La nationalité française peut être répudiée 6 mois avant 18 ans par l'enfant né à l'étranger si un seul de ses parents est français (art. 19).

par naissance en France

Enfant né en France de parents étrangers et à qui n'est attribué par les lois étrangères la nationalité d'aucun parent (art. 21-1).

Enfant né en France si un des parents au moins y est né (art. 23).

Si un seul des parents est né en France, possibilité de répudier la nationalité française 6 mois avant 18 ans (art. 24).

2. *Français par acquisition*
par naissance et résidence en France

L'enfant né en France de parents étrangers acquiert la nationalité française à sa majorité s'il a depuis cinq ans sa résidence habituelle en France (art. 44).

Possibilité de décliner la qualité de Français auprès du juge d'instance, dans l'année précédant la majorité avec l'autorisation parentale.

par déclaration (auprès du juge d'instance)

Après mariage avec un(e) Français(e) (art. 37-1).

Le mariage n'exerce de plein droit aucun effet sur la nationalité (art. 37).

1. Textes de référence : Code de la nationalité française, complété par la loi du 5 janvier 1973.

Toutefois le certificat définitif de nationalité française ne peut être obtenu qu'à l'expiration de l'opposition gouvernementale (un an).

Le divorce ne fait pas perdre la nationalité française au possesseur d'un tel certificat.

Enfants nés en France :

Déclaration faite par les parents s'il a moins de 16 ans.

Déclaration faite par le mineur lui-même s'il est âgé de 16 à 18 ans (avec l'autorisation de ses parents) (art. 52, 53, 54).

Dans ces deux cas, le déclarant doit justifier de 5 ans de résidence en France.

Enfants résidant en France :

Ayant fait l'objet d'une adoption simple par une personne de nationalité française (art. 55).

3. *Français par décision de l'autorité (à condition d'avoir sa résidence en France)*

Naturalisation : (qui n'est pas un droit) accordée par décret. En général justifier de 5 ans de séjour en France, de son assimilation à la communauté française, d'une connaissance suffisante de la langue française.

Pas de conditions de séjour :

pour le père ou la mère de trois enfants mineurs,

pour les ressortissants ou anciens ressortissants des territoires ou Etats sur lesquels la France a exercé soit la souveraineté, soit un protectorat, un mandat ou une tutelle.

La réintégration : concerne les personnes qui établissent avoir possédé la nationalité française (art. 97-2).

Elle est accordée par décret (ou dans certains cas par déclaration) après enquête et visite médicale, sans condition d'âge ni de séjour antérieur (art. 97-3).

Le ressortissant d'un pays d'Afrique noire francophone — ancienne communauté de 1958 — peut souscrire une déclaration de réintégration auprès du juge d'instance de son lieu de résidence.

L'acquisition de la nationalité française n'entraîne pas forcément la perte de la nationalité d'origine et ses effets sont à étudier en référence avec le code de la nationalité du pays d'origine.

4. *Abandon de la nationalité française*

Soit par simple déclaration.

Soit par une demande de « libération des liens d'allégeance », qui est une demande d'autorisation de perdre la nationalité française.

Dans le premier cas, il s'agit d'une perte ou non-acquisition par déclaration, touchant le plus souvent les enfants atteignant leur majorité et qui répudient la nationalité française ou de personnes s'étant mariées avec un(e) étranger(e).

Ils doivent s'adresser au greffe du tribunal d'instance de leur domicile ; au consulat ou à l'ambassade s'ils résident à l'étranger sans oublier que les déclarations de répudiation de la part des enfants français ou de déclaration de la part d'enfants susceptibles d'acquérir la nationalité française à 18 ans doivent être souscrites 6 mois avant la majorité pour les répudiations et un an avant la majorité pour les déclinations.

Dans le deuxième cas, toute personne même mineure, possédant une autre nationalité, peut demander de perdre la nationalité française, le Gouvernement prenant la décision sur rapport du ministre chargé des naturalisations.

Le dépôt de demande se fait à la préfecture du lieu de résidence sinon au consulat ou à l'ambassade de France.

5. Situation des Algériens

Pendant la colonisation les indigènes d'Algérie sont français.

Après l'indépendance de l'Algérie (juillet 1962[2]), les Français de statut civil du droit local ont perdu la nationalité française le 1er janvier 1963, sauf s'ils ont souscrit avant le 23 mars 1967 une déclaration de reconnaissance de la nationalité française en France, mais même dans ce cas, ils sont restés Algériens en Algérie.

Cette déclaration avait un effet collectif sur les enfants mineurs.

Passée la date du 23 mars 1967, les Algériens ne peuvent acquérir la nationalité française (avec effet sur les enfants mineurs) que par réintégration (par décret).

Les enfants mineurs, nés de parents qui ont choisi de rester français ou de le redevenir, sont donc Français en France, mais Algériens par filiation paternelle pour l'Algérie.

Les enfants nés en France après le premier janvier 1963 de parents algériens sont français en application de l'article 23 du Code de la nationalité française, parce que leurs parents sont nés en France, l'Algérie étant alors française.

Cependant au regard de la législation algérienne, ils sont Algériens (extrait du Code de la Nationalité algérienne ordonnance 70/86 du 15 décembre 1970).

Est de nationalité algérienne par filiation :

– l'enfant né d'un père algérien,

2. Cf. Bruno Etienne, *Les Problèmes juridiques des minorités européennes au Maghreb,* Paris, CNRS, 1968.

l'enfant né d'une mère algérienne et d'un père inconnu,
l'enfant né d'une mère algérienne et d'un père apatride.

SÉNATUS-CONSULTE
sur l'état des Personnes et la Naturalisation en Algérie[3].
Du 14 Juillet 1865

Napoléon, par la grâce de Dieu et la volonté nationale, EMPEREUR DES FRANÇAIS, à tous présents et à venir, SALUT.

AVONS SANCTIONNÉ et SANCTIONNONS, PROMULGUÉ et PROMULGUONS ce qui suit :

Extrait du procès-verbal du Sénat

SÉNATUS-CONSULTE
Relatif à l'état des personnes et à la naturalisation en Algérie

Art. 1er. L'indigène musulman est français ; néanmoins il continuera à être régi par la loi musulmane.

Il peut être admis à servir dans les armées de terre et de mer. Il peut être appelé à des fonctions et emplois civils en Algérie.

Il peut, sur sa demande, être admis à jouir des droits de citoyen français ; dans ce cas il est régi par les lois civiles et politiques de la France.

2. L'indigène israélite est français ; néanmoins il continue à être régi par son statut personnel.

Il peut être admis à servir dans les armées de terre et de mer. Il peut être appelé à des fonctions et emplois civils en Algérie.

Il peut, sur sa demande, être admis à jouir des droits de citoyen français ; dans ce cas, il est régi par la loi française.

3. L'étranger qui justifie de trois années de résidence en Algérie peut être admis à jouir de tous les droits de citoyen français.

4. La qualité de citoyen français ne peut être obtenue, conformément aux articles 1, 2 et 3 du présent sénatus-consulte, qu'à l'âge de vingt et un ans accomplis ; elle est conférée par décret impérial rendu en Conseil d'Etat.

5. Un règlement d'administration publique déterminera :

3. Source : Bulletin des Lois de l'Empire français, XI série, n° 1315, 1865, p. 177.

1° Les conditions d'admission, de service et d'avancement des indigènes musulmans et des indigènes israélites dans les armées de terre et de mer ;

2° Les fonctions et emplois civils auxquels les indigènes musulmans et les indigènes israélites peuvent être nommés en Algérie ;

3° Les formes dans lesquelles seront instruites les demandes prévues par les articles 1, 2 et 3 du présent sénatus-consulte.

Délibéré et voté en séance, au palais du Sénat, le 5 juillet 1865.

Le Président,
Signé TROPLONG.

LOI sur l'accession des indigènes de l'Algérie aux droits politiques.

Le Sénat et la Chambre des députés ont adopté,

Le Président de la République promulgue la loi dont la teneur suit :

TITRE Ier

DE L'ACCESSION DES INDIGÈNES D'ALGÉRIE A LA QUALITÉ DE CITOYEN FRANÇAIS

Art. 1er. — Les indigènes d'Algérie pourront accéder à la qualité de citoyen français en vertu des dispositions du sénatus-consulte du 14 juillet 1865 et de la présente loi.

Art. 2. — Tout indigène algérien obtiendra, sur sa demande, la qualité de citoyen français, s'il remplit les conditions suivantes :

1° Etre âgé de vingt-cinq ans ;

2° Etre monogame ou célibataire ;

3° N'avoir jamais été condamné pour crime ou pour délit, comportant la perte des droits politiques, et n'avoir subi aucune peine disciplinaire soit pour actes d'hostilité contre la souveraineté française, soit pour prédication politique ou religieuse ou menées de nature à porter atteinte à la sécurité générale ;

4° Avoir deux ans de résidence consécutive dans la même commune en France ou en Algérie ou dans une circonscription administrative correspondante d'une colonie française ou d'un pays de protectorat français ;

Et s'il satisfait, en outre, à l'une des conditions spéciales suivantes :

a) Avoir servi dans les armées de terre et de mer et justifier de sa bonne conduite par une attestation de l'autorité militaire ;

b) Savoir lire et écrire en français ;

c) Etre propriétaire ou fermier d'un bien rural ou propriétaire d'un immeuble urbain, ou être inscrit au rôle soit des patentes, soit des impôts de remplacement, depuis un

4. Source : Journal officiel de la République française du 6 février 1919.

an au moins dans la même commune pour une profession sédentaire ;

d) Etre titulaire d'une fonction publique ou d'une pension de retraite pour services publics ;

e) Avoir été investi d'un mandat public électif ;

f) Etre titulaire d'une décoration française ou d'une distinction honorifique accordée par le Gouvernement français ;

g) Etre né d'un indigène devenu citoyen français, alors que le demandeur avait atteint l'âge de vingt et un ans.

La femme d'un indigène devenu citoyen français postérieurement à son mariage pourra demander à suivre la nouvelle condition de son mari.

Art. 3. — L'indigène musulman algérien qui désire bénéficier de la présente loi doit adresser au juge de paix, ou à l'autorité qui le remplace, une demande en deux exemplaires et y joindre les pièces suivantes :

[...]

TITRE II

Statut politique des indigènes musulmans algériens qui ne sont pas citoyens français.

Art. 12. — Les indigènes musulmans algériens qui n'ont pas réclamé la qualité de citoyen français sont représentés dans toutes les assemblées délibérantes de l'Algérie (délégations financières, conseil supérieur de gouvernement, conseils généraux, conseils municipaux, commissions municipales, djemaas de douars) par des membres élus, siégeant au même titre et avec les mêmes droits que les membres français, sous réserve des dispositions de l'article 11 de la loi organique du 2 août 1875.

Dans les assemblées où siègent en même temps des membres indigènes nommés par l'administration, ceux-ci ne peuvent pas être en nombre supérieur aux membres élus.

Les conseillers municipaux indigènes participent, même s'ils ne sont pas citoyens français, à l'élection des maires et adjoints.

Art. 13. — Il est statué par des décrets spéciaux sur la composition du corps électoral indigène, et sur le mode d'élection des représentants des indigènes dans chaque assemblée.

Sont, dans tous les cas, incompatibles avec les mandats de conseiller municipal, conseiller général et délégué financier : les fonctions de caïd, agha, bach-agha, secrétaire de commune mixte, de sous-préfecture, garde champêtre, garde forestier, agent de police, cavalier de commune mixte.

A titre transitoire, les membres des assemblées désignées dans le paragraphe précédent qui ont été choisis par l'autorité, conserveront leurs fonctions actuelles dans les conditions où elles leur ont été conférées ; les membres élus investis actuellement de ces fonctions pourront, leur vie durant, continuer à les cumuler avec leur mandat électif.

Art. 14. — Les indigènes musulmans non citoyens français sont admis au même titre que les citoyens français, et sous les mêmes conditions d'aptitude, aux fonctions et emplois publics.

Néanmoins, un décret déterminera la liste des fonctions d'autorité qu'ils ne pourront exercer que s'ils sont citoyens français.

Ceux qui seront inscrits sur les listes électorales ne peuvent être condamnés, en ce qui concerne les contraventions et les délits, que pour les mêmes faits et par les mêmes tribunaux que les citoyens français, sous réserve des mesures spéciales édictées pour la protection et la conservation des forêts par la loi du 21 février 1903, et des dispositions de la loi du 14 juillet 1914 relatives à la mise en surveillance spéciale.

Art. 15. — Dans les douars constitués en exécution du sénatus-consulte du 22 avril 1863, et dans tous les groupes de population indigène régulièrement pourvus d'une djemaa, les prestations fournies en argent ou en nature par les habitants du douar, pour les chemins vicinaux et ruraux, déduction faite des contingents prélevés au profit des départements, et les revenus des biens communaux appartenant au douar, seront exclusivement affectés aux travaux de viabilité ou d'aménagement des sources et des puits ou autres travaux d'utilité publique intéressant la population de ce douar.

Art. 16. — Les dispositions de la présente loi sont applicables à tout le territoire civil de l'Algérie.

La présente loi, délibérée et adoptée par le Sénat et par la Chambre des députés, sera exécutée comme loi de l'Etat.

Fait à Paris, le 4 février 1919.

R. POINCARÉ.

Par le Président de la République :

Le garde des sceaux, ministre de la justice,

LOUIS NAIL.

Le ministre de l'intérieur,

J. PAMS.

III

PRINCIPES ET CONDITIONS D'ADMISSION D'UN ÉTRANGER À LA NATIONALITÉ DANS LES SEPT PRINCIPAUX PAYS EUROPÉENS D'IMMIGRATION *

Pays	Principes fondamentaux	Accès à la nationalité par naissance sur le territoire	Accès à la nationalité par déclaration
France	Large place au droit du sol	Procédure la plus généreuse : nationalité accordée à tous les étrangers nés en France, lors de leur majorité, après cinq ans de résidence habituelle sur le territoire français ou dès l'âge de 16 ans avec autorisation des parents	Nationalité par déclaration pour les époux de Français après six mois de mariage et pour les ressortissants des anciennes colonies nés avant l'indépendance (réintégration sous la nationalité française)
Belgique	Large place au droit du sol	Pas automatique	Nationalité par déclaration pour les jeunes de 18 à 25 ans sous condition de résidence
RFA	Droit du sang : la naissance dans le pays ne donne pas accès à la nationalité	Non	Nationalité par déclaration pour les personnes d'ancienne origine allemande venant des anciens territoires allemands de l'Europe centrale
Suisse	Droit du sang	Non	Aucune possibilité de naturalisation par déclaration
Suède	Droit du sang	Non	Naturalisation par déclaration pour les citoyens de pays nordiques
Grande-Bretagne	Large place au droit du sol	Oui	Naturalisation par déclaration pour les ressortissants du Commonwealth et pour les épouses de citoyens britanniques mariées avant 1983
Pays-Bas	Place faite au droit du sol	Pas automatique	Naturalisation par déclaration pour les jeunes de 18 à 25 ans ayant vécu dès leur naissance dans le pays
Notes	• Droit du sol : les personnes nées sur le territoire d'un Etat sont considérées comme nationaux de cet Etat • Droit du sang : réserve la nationalité aux descendants de nationaux		

* Tableau établi par Catherine de Wenden d'après un texte de Gérard de Rham (Institut d'Etudes sociales, Genève) sur *Nationalité et citoyenneté dans les pays européens* (exposé présenté lors d'une « rencontre » du CERI, Paris, le 17 décembre 1987).

Pays	Accès à la nationalité par naturalisation ordinaire				
	Durée de résidence	**Coût**	**Règles de bonne conduite**	**Autres conditions**	**Connaissance de la langue**
France	**5 ans**	**Gratuite pour les personnes à faibles revenus**	**Absence de condamnation pénale d'une certaine gravité + exigence de bonne conduite, de bonne moralité et de bon caractère**	**La naturalisation a été envisagée tantôt comme condition, tantôt comme conséquence de l'intégration**	**Oui : condition explicite à la naturalisation**
Belgique	**10 ans (5 ans pour naturalisation commune et 5 ans pour pleine naturalisation)**		**Preuve de bonne conduite apportée par le procureur du roi**	**S'assurer de la volonté de s'intégrer**	**Non précisé**
RFA	**10 ans**	**Varie selon le revenu jusqu'à 2 700 $**		**Conditions quant à la loyauté envers l'ordre constitutionnel et les institutions politiques**	**Oui : condition explicite à la naturalisation**
Suisse	**12 ans**	**Varie selon le revenu jusqu'à 50 000 $**		**Une enquête doit déterminer de l'intégration et de l'acceptation du mode de vie des nationaux**	**Oui : condition explicite à la naturalisation**
Suède	**5 ans**	**Gratuite**	**Absence de condamnation pénale d'une certaine gravité + exigence de bonne conduite, de bonne moralité et de bon caractère**		**Pas d'exigence**
Grande-Bretagne	**5 ans**	**Taxe fixe de 250 $**		**Prestation d'un serment d'allégeance à la Couronne**	**Oui : condition explicite à la naturalisation**
Pays-Bas	**5 ans**	**Taxe fixe de 150 $**		**Solidarité minimale avec la société néerlandaise**	**Non précisé**
Notes					

Pays	Double nationalité	Tendances de la politique de la nationalité	Proportion annuelle des résidents ayant acquis la nationalité	Enjeux politiques de la naturalisation
France	Signataire de la Convention de Strasbourg du 6 mai 1963, mais non inscrite dans la loi nationale (application réservée aux ressortissants des autres Etats contractants)	Libérale	3,4 %	Réservent aux seuls nationaux la plénitude des droits des citoyens
Belgique	Non signataire de la Convention de Strasbourg	Assez libérale (depuis la révision de la loi sur la nationalité en 1984)		Réservent aux seuls nationaux la plénitude des droits des citoyens
RFA	Signataire de la Convention de Strasbourg inscrite dans la loi nationale	Protectionniste	0,3 %	Réservent aux seuls nationaux la plénitude des droits des citoyens
Suisse	Non signataire de la Convention de Strasbourg	Protectionniste	1 à 2 %	Les étrangers jouissent du droit de vote au niveau local dans certains cantons (Neuchâtel, Jura)
Suède	Signataire de la Convention de Strasbourg, inscrite dans la loi nationale	Libérale	5 %	Les étrangers jouissent du droit de vote au niveau local
Grande-Bretagne	Signataire de la Convention de Strasbourg, non inscrite dans la loi nationale (application réservée aux ressortissants des Etats contractants)	Libérale		Les ressortissants du Commonwealth votent à toutes les élections
Pays-Bas	Signataire de la Convention de Strasbourg présente dans la loi nationale	Assez libérale	3,5 %	Les étrangers jouissent du droit de vote au niveau local
Notes	• Cette convention vise à la réduction du nombre des cas de nationalité double ou multiple, principalement par le principe de l'obligation à renoncer à la nationalité précédente en cas de naturalisation	• Libérale : prévoyait de larges possibilités d'acquisition automatique ou par déclaration, fondées partiellement sur le droit du sol, c'est-à-dire des conditions de résidence de durée limitée (5 ans), une procédure simple et gratuite et des exigences assez souples en matière de conduite et de maîtrise de la langue • Protectionniste : chance et possibilités d'acquisition automatique ou par déclaration, très forte prédominance du droit du sang, conditions de résidence de longue durée (10 ans) ; exigences sévères quant à la conduite et à la maîtrise de la langue, allant jusqu'à l'assimilation, procédures complexes et coûteuses	• 2 conceptions de la naturalisation : — stade final d'un processus d'assimilation (tendance protectionniste) — moyen d'intégration dans la société où l'on réside durablement (tendance libérale)	Les deux Etats nationaux qui ont accordé aux étrangers résidents certains droits politiques sans permis, ceux qui pratiquent la politique de naturalisation la plus ouverte

IV

Le culte

Les cinq piliers de l'Islam

1. *Le témoignage* qu'il n'y a de dieu que Dieu, et que Mohamed est Son prophète, *al-šahada.*
2. *La prière, al-salat.*
3. *L'aumône légale, al-zakkat.*
4. *Le jeûne* du mois de ramadan, *al-sam.*
5. *Le pèlerinage,* aux Lieux saints de l'islam pour les croyants qui ont la possibilité physique et matérielle de le faire, *al-hajj.*

Le témoignage

La profession de foi : *al-šahada,* est l'affirmation de ce que croit le musulman. Il croit en l'existence d'un Dieu unique créateur de tout l'univers ; au prophète Mohamed comme envoyé de Dieu ; au Coran, à l'Au-Delà et à tous les prophètes de Dieu sans exception, aux anges, à la vie éternelle, etc.

Les ablutions

Pour faire sa prière, un croyant doit remplir les conditions suivantes :

Etre propre et laver certaines parties du corps avec de l'eau pure, c'est-à-dire non altérée par un corps impur.

Etre décemment habillé.

Etre orienté vers la Qaaba (La Mecque).

Les ablutions se font avec intention et invocation de Dieu

Le croyant se lave les mains jusqu'aux poignets.

Se rince la bouche trois fois.

Se lave le nez par absorption et dégagement d'eau dans les narines.

Se lave le visage trois fois.

Se lave les bras jusqu'aux coudes trois fois.

Passe les deux mains mouillées sur les cheveux trois fois.

S'essuie les oreilles par introduction de l'index mouillé dans les orifices auriculaires.

Se lave les pieds jusqu'aux chevilles.

La prière (al-Salat)

Manière de se rapprocher de Dieu et de l'adorer.

Chaque croyant et chaque croyante est tenu de faire cinq prières par jour.

Horaire des prières

Office de l'aube : *Sobh,* 2 *rekaa* (unité constitutive de la gestuelle comprenant l'inclinaison, les génuflexions-prosternations et la position rituelle sur les talons).

A n'importe quel moment entre l'apparition de l'aube réelle, environ une heure et demie avant le lever du soleil, jusqu'à environ une demi-heure après le lever du soleil.

Office de midi : *Dohr,* 4 *rekaa,* depuis le moment où le soleil franchit le méridien jusqu'à environ 3 heures plus tard.

Offices tard dans l'après-midi : *Asr,* 3 *rekaa,* depuis cette dernière heure jusqu'au coucher du soleil.

Office du soir : *Maghreb,* 3 *rekaa* depuis le coucher du soleil jusqu'à disparition du crépuscule, environ une heure et demie plus tard.

Office nocturne : *Icha,* 4 *rekaa,* à partir de la disparition du crépuscule jusqu'à l'aube, c'est-à-dire l'heure de la première prière.

La prière en groupe est *recommandée* aux musulmans, afin de se rendre régulièrement à la mosquée, d'être discipliné, d'implorer en même temps, dans le même geste, la miséricorde de Dieu derrière l'imam.

La prière du vendredi est obligatoirement faite en groupe à la mosquée Elle remplace le *Dohr.*

Entre la prière du *Asr* et celle du *Maghreb,* aucune prière à titre facultatif n'est à faire ainsi qu'entre le *Sobh* et le *Doha* (c'est-à-dire la prière de cinquante minutes environ après le lever du soleil).

Le jeûne

Il freine les désirs de l'individu et fortifie sa volonté.

C'est une hygiène pour l'organisme.

Il permet de se rapprocher des nécessiteux et des affamés.

Les différentes sortes de jeûne :

Le mois de ramadan de 29 à 30 jours par an est obligatoire ;

Le jour de l'*Achoura* est recommandé ;

Les jours de l'*Aïd El Fitr* et de l'*Aïd el Adha* sont interdits.

Les enfants et les vieillards, les voyageurs au-delà de 80 km et les malades sont dispensés de jeûne.

Le jeûne est recommandé aux musulmans et va du lever du soleil au coucher du soleil. Certains musulmans pieux jeûnent le mercredi d'autres deux jours par semaine, etc.

Tableau des fêtes musulmanes

Année de l'Hégire	1er Muharram	Anniversaire du Prophète	1er Ramadân	Fête des sacrifices
1408	26 août 1987	5 nov. 1987	19 avril 1988	26 juil. 1988
1409	14 août 1988	24 oct. 1988	8 avril 1989	15 juil. 1989
1410	4 août 1989	14 oct. 1989	29 mars 1990	5 juil. 1990
1411	24 juil. 1990	3 oct. 1990	18 mars 1991	24 juin 1991
1412	13 juil. 1991	22 sept. 1991	6 mars 1992	12 juin 1992
1413	2 juil. 1992	11 sept. 1992	24 fév. 1993	2 juin 1993
1414	21 juin 1993	31 août 1993	13 fév. 1994	22 mai 1994
1415	10 juin 1994	20 août 1994	2 fév. 1995	11 mai 1995
1416	31 mai 1995	10 août 1995	23 janv. 1996	30 avril 1996
1417	19 mai 1996	29 juil. 1996	11 janv. 1997	19 avril 1997
1418	9 mai 1997	19 juil. 1997	1er janv. 1998	9 avril 1998
1419	28 avril 1998	8 juil. 1998	21 déc. 1998	29 mars 1999
1420	17 avril 1999	27 juin 1999	10 déc. 1999	17 mars 2000

L'année hégirienne musulmane étant purement lunaire, sans intercalation, n'a que 354 ou 355 jours (avec, dans un cycle de trente ans, onze années de 355 jours, et le reste, de 354 jours). Elle est donc plus courte de 11 jours que l'année grégorienne, chrétienne, ou solaire ; et c'est ainsi que les fêtes islamiques font graduellement le tour de toutes les saisons. C'est généralement 71 jours après le commencement de l'année de l'hégire que tombe l'anniversaire de la naissance du prophète, le 12 *Rabî-al-awal;* et 166 jours plus tard commence le ramadan, mois de jeûne (qui a tantôt 29 jours et tantôt 30) ; 98 jours après, tombe la fête des sacrifices, le 10 *Dhulhijah Aïd al Adha.*

Il peut y avoir une différence d'un jour entre les dates données dans la table suivante et l'observation du croissant dans un horizon quelconque, chose qui seule détermine la fête, pour les habitants de telle ou telle localité.

La zakât

Est une aumône légale que les plus nantis doivent faire aux plus démunis. Elle signifie d'ailleurs *purification.*

Il est recommandé de donner la *zakât :*

Aux pauvres.

A l'endetté.

Au voyageur sans ressource.

Au combattant qui défend sa religion ou sa patrie.

Pour les réalisations sanitaires et sociales en général.

Elle est en général de 10 % sur les revenus et de 2,50 % sur les marchandises stockées depuis plus d'un an.

Le pèlerinage : hajj[1]

C'est la visite des Lieux saints de l'Islam : La Mecque et Médine, mais aussi dans certains cas Jéruslam-al-Qods, Kerbala, etc. Il est demandé aux musulmans qui en ont la possibilité matérielle et physique, de le faire au moins une fois dans leur vie. Le pèlerinage permet de prendre contact avec son frère de religion, en mettant fin à toute idée de frontière, de race, de couleur et de nationalité.

Il existe deux sortes de pèlerinages pour les musulmans. Le petit pèlerinage dit de la *omra* qui est facultatif, et le grand pèlerinage dit *hajj* obligatoire (*fard*) une fois dans la vie du croyant.

Les deux sont faisables une fois par an. L'*omra* que certains Maghrébins appellent également *ziyara,* a lieu durant le mois de ramadan. Le *hajj* dure de 25 à 30 jours.

Afin que le pèlerinage soit valable, il faut souscrire à certaines conditions. Etre musulman et avoir l'âge adulte.

Etre en bonne santé physique et mentale.

Etre libre de tout engagement, avoir la possibilité matérielle et physique de faire le voyage et ne pas laisser sa famille dans le besoin. Pour les pèlerins n'étant pas nés dans des pays dits musulmans ou ayant changé de nationalité, un certificat de coutumes établi par la mosquée est exigé par les autorités saoudiennes. Pour les convertis un certificat de conversion est également exigé, il est délivré par la mosquée.

Le passeport est obligatoire pour l'entrée en Arabie Saoudite. Le visa obligatoire est délivré par le consulat de ce même pays. Le voyage peut s'effectuer en avion, bateau, autocar ou voiture (seul ou à plusieurs).

Les voyages en autocars sont organisés par des associations islamiques à partir de la France, de la Belgique, de la Hollande et de l'Espagne.

L'*Aîd el-Kébir* étant le jour qui clôture le *hajj* et celui-ci durant de 25 à 30 jours, il est nécessaire de prévoir l'arrivée à La Mecque au maximum 25 jours avant la fête.

Autres pratiques

Mariage religieux[2]

Pour se marier en islam, il faut réunir trois conditions.

Avant tout le consentement des deux futurs conjoints, qui est une

1. Cf. mon article *in Histoire des pèlerinages non chrétiens,* sous la direction de J. Chelini, Paris, Hachette, 1988.
2. Cf. Saibi, *Guide pratique du musulman en France, op. cit.,* p. 73 sq.

condition *sine qua non.* Le mariage par « Fatiha » est contraire à la loi française.

La présence de deux témoins (le témoignage d'un homme vaut celui de deux femmes) est obligatoire, le mariage devant être déclaré au grand jour.

La dot est obligatoire ; il revient au mari de remettre un ou des biens à la mariée, sous forme d'argent, de bijoux ou tout autre objet de valeur. La dot étant symbolique, son montant peut être infime.

C'est un accord le plus souvent écrit entre les mariés et leurs familles. En fait il s'agit plus d'un douaire que d'une dot : elle doit être restituée au mari en cas de divorce décidé par la femme.

La présence d'un représentant de la famille de la mariée (*wali :* tuteur) est nécessaire. Celui-ci peut être le père, la mère ou quelqu'un de son choix, mais il doit être musulman. Une musulmane n'a pas le droit de prendre un non musulman pour époux, alors qu'un musulman peut prendre pour épouse une femme de n'importe quelle confession, si elle est croyante.

Le mariage religieux ne peut se faire qu'après la déclaration du mariage civil à la mairie.

La mosquée, lorsqu'il s'agit d'un ressortissant étranger, déclare le mariage au consulat de l'époux, le texte devant être enregistré par les autorités.

Le divorce est l'affaire de la justice française et de la mairie.

Le droit musulman est très différent sur ce plan selon les pays d'origine, et ne s'applique pas ici.

Décès

En cas de décès d'un musulman, il existe à la mosquée des imams chargés de la toilette obligatoire des morts et du linceul.

L'imam doit être avisé du décès au plus tard 2 jours avant l'inhumation. Il se déplace à l'hôpital ou au domicile des requérants, ou à la morgue de l'hôpital pour le mort à rapatrier en pays étranger. Il doit être présent pour le départ, une fois le permis d'inhumer obtenu. Les corps devant être envoyés à l'étranger sont mis sous scellés.

Les familles peuvent demander qu'une vitre soit prévue pour voir le visage du mort.

Au cimetière, des prières spéciales peuvent être dites. Il y a plusieurs « carrés musulmans » désormais dans les grandes villes. Mais le corps ne peut être mis directement en terre ; par contre la tombe est orientée, tout au moins la position du corps est rituellement déterminée.

Conversion

La demande de conversion est volontaire.

A la mosquée de Paris, il existe un service de conversion. L'enseignement religieux pour les profanes est assuré par un mufti.

Après cette prise de contact avec l'islam, lorsque le mufti considère que le nouveau fidèle est prêt, c'est-à-dire après la première prière, la connaissance de la *chahada* et la compréhension de l'islam, il délivre un certificat de conversion devant les musulmans présents ce jour-là. Il est possible de se convertir à l'islam sans l'aide du mufti mais le certificat exigé par les autorités saoudiennes, pour le pèlerinage à La Mecque, ne peut être délivré que par une autorité religieuse reconnue. Ce qui prouve bien qu'il existe des clercs et des structures dans l'islam.

La viande « *Hallal* »

Le sang étant considéré comme nourriture impure, la viande doit être issue d'un animal abattu et égorgé selon le rite. Les musulmans peuvent consommer la viande casher.

De nombreuses associations veillent sur cette activité dont l'association Tayibat citée plus haut, y compris en province. L'abattage des animaux étant réglementé, de nombreux problèmes se posent au particulier pour la fête du sacrifice en souvenir d'Abraham. Beaucoup de Cités possèdent désormais un local spécial pour l'abattage.

MINISTÈRE DE L'INTÉRIEUR
ET DE LA DÉCENTRALISATION

DIRECTION DE LA RÉGLEMENTATION
ET DU CONTENTIEUX

BUREAU DE LA POLICE ADMINISTRATIVE

REG/10 -

CIRCULAIRE N° 83-297

PARIS, le 20 DEC. 1983

LE MINISTRE DE L'INTERIEUR
ET DE LA DECENTRALISATION

à

MESSIEURS LES COMMISSAIRES DE LA REPUBLIQUE

MONSIEUR LE PREFET DE POLICE
MESSIEURS LES COMMISSAIRES DE LA REPUBLIQUE DELEGUES POUR LA POLICE

MESSIEURS LES COMMISSAIRES DE LA REPUBLIQUE ADJOINTS (en communication)

OBJET : Abattage rituel clandestin.

J'ai l'honneur d'appeler votre attention sur les dispositions du décret du 1er octobre 1980, publié au Journal Officiel du 5 octobre 1980, relatif à l'élevage, au parcage et à l'abattage.

Ce texte, dans son article 10, interdit l'abattage rituel en dehors d'un abattoir. Ces mesures sont complétées par le décret du 18 mai 1981 (N° 81-606) selon lequel, l'abattage rituel ne peut être effectué que par des sacrificateurs habilités par les organismes religieux agréés, sur proposition du Ministre de l'Intérieur et de la Décentralisation, par le Ministre de l'Agriculture.

A défaut d'organismes religieux agréés, le Préfet du département dans lequel est situé l'abattoir utilisé pour l'abattage rituel peut accorder des autorisations individuelles, délivrées aux personnes justifiant de leurs aptitudes.

Or, il m'a été signalé la multiplication d'abattages rituels clandestins pratiqués par des particuliers de religion musulmane, notamment dans des foyers de travailleurs.

Le développement de telles pratiques pose un problème sérieux de santé publique en étant à l'origine de nombreux cas d'hydatidose humaine, particulièrement dans le SUD-EST du territoire français.

En outre, ces agissements sont en infraction avec les dispositions du décret du 1er octobre 1980, pris pour l'application de l'article 276 du Code rural, et sont punis des peines prévues aux articles R. 38 et R. 39 du Code pénal.

Je vous demande, en conséquence, de bien vouloir faire assurer dans votre département la plus large diffusion de ce texte, notamment auprès des directions départementales des services vétérinaires et des services de gendarmerie et de police, afin que les infractions aux textes susvisés fassent l'objet systématiquement de procès-verbaux.

Je vous signale tout l'intérêt qui s'attache à une stricte application de ces mesures; je vous demande donc d'y veiller tout particulièrement.

TABLE DES MATIÈRES

PROPOSITIONS

ANNEXES